발리보다 인도네시아

발리보다
인도네시아

불타는 땅 꿈꾸는 섬

글·사진 김무환

휴엔스트리

세상에는 참 많은 얼굴이 있다

우리의 시선은 얼굴로 향한다

나는 다른 사람에게 다른 사람은 나에게서
서로 얼굴을 본다

단 하나인 얼굴을 마주 본다

발리, 우붓

자바, 빵안다란

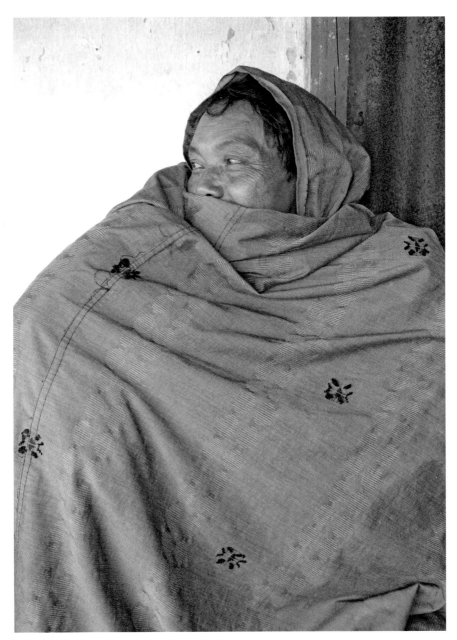

자바, 디엥 고원

자바, 까와 이젠

수마트라, 마닌자우

숨바, 와이까부박

깔리만딴, 잔뚜르

술라웨시, 마마사

148 days in Indonesia

브로모 화산이 하얀 입김을 날리며 깨어나는 아침. 태초의 시간인 듯 또 하루의 삶이 주어지면 탱거르인들은 산정에 올라 아침 기도를 바친다. 자신들이 맨손으로 일궈온 계단밭과 마을에 새겨진 삶의 터무늬를 자부심에 찬 눈빛으로 바라보며 아이들에게 성실한 노동과 우애의 역사를 들려준다. _ 박노해 〈칼데라의 아침〉

그동안 아시아 곳곳을 누벼왔지만 내 머릿속 여행지도에 인도네시아는 들어 있지 않았다. 신혼여행지 발리만 알았지 화산의 땅 인도네시아는 몰랐다. 적도 섬나라는 배낭여행이 불가능해 보였다. 계절이 겨울에서 봄으로 바뀌던 시기, 한 사진전에서 새벽안개에 감싸인 화산 브로모와 대면하기 전까지는 말이다. 그것은 시인이자 노동운동가, 이제는 평화운동가에 시 쓰는 사진가인 박노해의 사진이었다. 그 후 나는 3년에 걸쳐 세 차례, 모두 148일 동안 인도네시아를 여행하고 경험했다.

인도네시아 하면 어떤 이미지가 떠오르는가? 휴양 관광, 원시 야생, 이슬람, 신화와 축제, 화산과 쓰나미? 아마도 대개는 휴양지 발리부터 먼저 떠올리지 않을까 싶다. 평소 이 나라에 관심을 가진 사람이라면 발리 무용, 자바 커피, 코모도 왕도마뱀, 열대과일 두리안, 화산에서 치솟는 연기, 하늘에서 내려다본 정글, 수상 가옥에 거주하는 원주민, 한글을 배워 자기네 말을 적는다는 찌아찌아족 등을 연상하지는 않을까.

2016년 한 해 인도네시아인 30만 명이 우리나라를 방문했는데 이는 전년보다 곱절이나 증가한 숫자라고 한다. 케이 팝, 드라마, 영화, 패션 등이 인기를 끌면서 인도네시아 사람들 사이에 한국에 대한 관심이 부쩍 늘어난 덕분이다. 한류 열풍에는 '사막 이슬람'에 견주어 상대적으로 포용력이 큰 '열대우림 이슬람'의 풍토도 한몫했을 터이다. 반면 우리나라에 소개된 인도네시아 영화나 음악은 한 손에 헤아릴 정도로 적다. 싱가포르, 말레이시아, 중국, 호주, 일본에 이어 여섯 번째로 많은 한국 여행객이 인도네시아에 들르고 있으나 즐겨 찾는 관광지는 발리, 길리, 자카르타, 족자카르타, 바땀 등 몇 곳으로 한정된 게 현실이다. 우리는 인도네시아에 대해 인도네시아인의 삶에 관해 얼마나 알고 있을까.

인도네시아는 많은 것이 많은 나라다. 가장 많은 섬으로 이루어진 나라, 화산이 가장 많은 나라, 가장 많은 무슬림을 거느리고 있으나 다른 종교를 인정하는 나라, 세계 네 번째로 인구가 많은 나라. 2억 6천만의 인구, 17,500개 넘는 섬, 500여 화산, 350여 종족과 600여 언어… '다양성 속에 하나 됨'을 지향하는 다민족 다문화 국가, 자원 부국이면서 자원 수입국, 새롭게 떠오르는 아시아 경제 대국. 또한 모순과 혼돈 속에 공존을 추구하는 곳이다. 오랜 억압에서 벗어나 민주화 과정을 밟고 있다. 급속한 자본주의화와 도시화를 겪으면서도 지역마다 고유한 문화가 살아 있다. 첨단을 달리는 미래와 선사시대에 머문 과거가 혼재한다. 마천루가 하늘을 가리고 매일 교통지옥을 빚는 거대 도시가 있는가 하면, 인간 사냥꾼의 후예들이 사는 초가집, 마당이 고인돌 묘지인 마을이 그대로 남아 있다.

인도네시아는 극한 직업의 땅이기도 하다. 상어잡이를 생업으로 하면서도 상어 지느러미 요리는 입에 넣어본 적이 없는 어부, 매일 독한 가스를 마시며 자기 몸무게를 훌쩍 넘는 유황 덩이를 지고 나르면서 아내에게 유황이 들어간 화장품 한 번 선물하지 못한 광부. 수천 잔 끓이고도 남을 커피콩을 수확하는 농부 아낙이 하루 버는 돈이라고는 고작 우리네가 마시는 커피 한 잔 값. 한창 학교에서 공부할 나이에 밥벌이에 나선 아이들. 그리고 도로와 버스를 일터로 삼은 별난 직업들. 인도네시아만큼 가지각색 벌이로 살아가는 데도 없을 법하다.

이렇듯 몇 마디 말로 이 나라를 정의 내리기란 어려운 일이다. 수마트라, 깔리만딴, 술라웨시, 자바, 발리에서 티모르에 이르는 소순다 열도, 말루꾸 제도, 빠뿌아… 섬 이름만 열거해도 그 가마득함에 먼저 압도되고 만다. 섬마다 닮은 듯하면서 다른 풍경이 펼쳐진다. 발리만 인도양의 보석이 아니듯이 자바가 인도네시아의 전부는 아니다. 그야말로 모든 섬이 보물섬이다. 1만 7천 가지 매력을 지닌 곳, 무궁무진 인도네시아, 우리가 모르는 더 많은 인도네시아가 있다.

나는 2014년 3~5월에 자바, 술라웨시, 수마트라를, 2015년 9~10월에는 발리, 롬복, 숨바와, 플로레스, 떠르나떼, 깔리만딴을, 그리고 2016년 11~12월에 자바, 숨바, 서티모르를 여행했다. 지방마다 이름을 달리하는 미니버스, 오젝이라 불리는 오토바이 택시, 물길을 오르내리는 모터보트와 카누를 주로 이용했고, 때로는 야간열차나 섬을 잇는 페리를 타기도 했다. 저가 국내선 비행기에 오른 것만도 경유를 포함해 열일곱 차례에 달했다. 모두 합쳐 백 곳 가까이 머물렀을 터이다. 깔리만딴 마하깜 중류의 강마을, 수마트라 꺼린찌 계곡, 향신료 섬 떠르나떼와 띠도레, 숨바 고인돌 마을, 티모르 옛 부족 마을은 방송 촬영이나 인류학적 조사 목적이 아니고서는 모르긴 몰라도 내가 최초로 발을 디딘 한국인 여행자가 아니었을까. 그렇지만 찾아가는 길이 고되고 험하다고 해서, 지금껏 누구도 몰랐을 장소에서 경이로움을 만끽했다고 해서 호들갑 떨며 과장하고 싶은 마음은 없다.

화산을 비롯한 자연경관에서 시작해 발길을 거듭하는 동안 인도네시아의 풍물과 역사로 시선의 지평이 넓혀졌다. 통과의례인 양 배앓이를 했고 원인 모를 열병에 시달렸다. 지구상 가장 뜨거운 땅에서 한기에 떨며 고원의 밤을 보내기도 했다. 얼핏 하찮아 보일지라도 누구도 대신할 수 없는 저마다의 생을 사는 사람들을 만났다. 처음에는 '슬픈 열대'의 방랑자였으나 마지막에는 문화인류학자 흉내라도 내고 싶어졌다.

생활은 풍요로워졌는데 왜 우리네 삶은 불안과 불만으로 가득 차 있을까. 남들 보기에 그럴듯하고 번듯한 '살이'를 좇느라 자신이 진정으로 바라는 삶을 누리지 못해서 그런 건 아닐까.

행복이란 무언가를 소유하는 것이 아니라 행하는 데서 비롯된다. 내 삶의 자유도를 한 뼘 높일 때 비로소 행복을 향한 첫걸음을 뗄 수 있다. 여행도 마찬가지라서, 스스로 일정을 짜고 길을 택하고 미지의 장소와 사람을 알아가는 데서 순수한 기쁨을 맛본다. 기대는 어긋나고 설렘과 두려움은 엇갈리기 마련이다. 그럴 때면 우연을 계획의 일부로 받아들이고 마음이 가리키는 속도대로 따라가면 된다. 혼자 하는 여행이 외롭지 않고 낡은 버스로 천천히 움직이는 여행이 즐거운 이유이다.

여행의 기쁨은 우리를 여기 아닌 먼 곳으로 데려가는 데 있다. 여행은 새로운 세계를 만나고 타인과 마음을 나누며 순간의 깨달음에 이르는 길이다. 세상에는 가보지 않으면 알 수 없는 많은 것들이 있다. 다르다고 해서 모자라거나 그릇된 건 아니다. 우리는 이국의 여행지에서 다름을 접하며 차이를 배우고 그러면서 서로가 비슷함을 깨닫는다. 더불어 자신을 돌아보고 삶에 감사하는 마음을 갖게 된다. 자 이제, 열대 섬들이 선물하는 다름 속으로 먼 길을 떠나보자.

2018년 이른 봄
김무환

차례

*api(아삐), air(아이르), bumi(부미)는 각각 불, 물, 흙을 가리키는 인도네시아 말이다.

일러두기

- 여행의 현장감을 살리고 싶어 현지어 그대로 많이 표현했다.
- 여행하는 데 보탬이 되도록 지명을 비롯한 현지어는 실제 인도네시아 말에 가깝게 적었다. 예를 들어, 인도네시아어 자음 k, p, t, c는 각각 된소리 ㄲ, ㅃ, ㄸ, ㅉ로 발음한다. 또한 이슬람 경전은 '꾸란'으로, 이슬람교도는 '무슬림'으로, 이슬람 사원(모스크)은 '마스지드'로 표기했음을 밝힌다. 단, 자바, 수마트라, 자카르타, 족자카르타, 티모르 등과 같이 우리에게 익숙한 지명과 대통령 이름 등 일부 인명은 일반적인 표기법을 따랐다.

반다아쩨

따껭온

말레이시아

브루나이

브라스따기

또바

말레이시아

싱가포르

수마트라

뽄띠아낙

무아라문따이

마닌자우

깔리만딴

사마린드

빠당

록사도

꺼린찌

반자르마신

자카르타

반둥

마두라

빵안다란

브로모

이젠

아메드

족자카르타

린자니

자바

발리

롬복

인도네시아 지도

떠르나떼

술라웨시
마사
따나또라자   말루꾸

마까사르   빠뿌아

바자와
끌리무뚜   동티모르
플로레스

이까부박   꾸빵
바   서티모르

인도네시아에 대해
알고 싶은 몇 가지 것들

'인도네시아에 대한 오해와 진실' 같은 그럴싸한 제목을 붙여준다면, 이 토막글들은 일면적인 진실 어쩌면 설익은 경험이 낳은 오해를 담고 있을지도 모르겠다.

인도네시아 속에 유럽이 들어간다

일반적으로 우리가 접하는 세계 지도는 메르카토르 도법으로 그려진 것이다. 이른바 대항해 시대에 항해용으로 널리 쓰인 메르카토르 도법의 맹점은 적도에서 고위도로 갈수록 면적이 확대 과장된다는 사실이다. 그래서 적도가 지나는 아프리카 대륙이나 인도네시아 같은 나라는 상대적으로 훨씬 작게 표시된다. 지구는 구형인데 이를 평면에 펼쳐놓으니 그런 왜곡이 생길 수밖에 없다. 어찌 보면 유럽 중심적 세계관이 빚어낸 산물이다. 이에 반발하여 실제 면적에 근접하게 그린 지도가 페터스 도법이다. 이 도법에 따르면 그린란드는 기껏해야 아프리카 대륙의 14분의 1이고 유럽은 아프리카 3분의 1 크기에 지나지 않는다.

인도네시아에는 '사방에서 머라우께까지'라는 말이 있다. 웨 섬이라고도 불리는 사방 섬은 수마트라 북서쪽 끝이고 머라우께는 빠뿌아(이리안자야) 동남쪽 끝이니, 이것은 인도네시아 전 국토를 아우르는 표현인 셈이다. 사방에서 머라우께까지는 직선거리로 5,200킬로미터에 달하며, 인천에서 자카르타까지 비행기를 타고 가는 거리와 거의 맞먹는다. 인도네시아는 중국, 인도, 미국에 이어 세계 네 번째 인구 대국이며 국토 면적으로는 열다섯 번째이다. 주변 해양을 포함하면 그 안에 유럽이 통째로 들어갈 정도로 넓은 나라가 인도네시아다.

나라 이름 인도네시아

인도네시아Indonesia라는 말은 그리스어로 인도를 가리키는 '인도스indos'와 섬을 뜻하는 '네소스nesos'에서 따왔다. 19세기 중엽에 한 영국인 언어학자가 이렇게 이름 붙였다. 한 국가 명패치고는 내력이 평범하다. 유럽인 눈에는 중국과 인도가 아시아의 전부로 여겨지던 시절이었으니, 이 일대를 식민 지배하던 영국이나 네덜란드 입장에서 말레이·인도네시아 제도는 단지 인도의 일부 또는 인도 동쪽에 자리한 여러 섬에 지나지 않았을 터이다. 현지인들이 쓰는 누산따라Nusantara라는 말 역시 '많은 섬들'이라는 의미를 지닌다. 인도네시아에는 많게는 1만 8천여 적게는 1만 3천여 섬이 분포한다고 알려졌으나, 그 숫자는 섬에 대한 기준을 어떻게 정의하느냐 언제 어떤 방식으로 조사하느냐에 따라 달라지는 까닭에 정확한 개수는 아무도 모르는 형편이다.

　인도차이나 아래, 말레이 반도와 순다 열도 지역에 오늘날 말레이시아, 싱가포르, 브루나이, 인도네시아, 동티모르로 불리는 나라들이 세워진 연원은 포르투갈, 스페인, 네덜란드, 영국 등 제국주의 열강이 향신료와 중국산 사치품, 천연자원을 확보하기 위해 경쟁을 벌이던 17~18세기로 거슬러 올라간다. 동인도회사(VOC, Vereenigde Oost-Indische Compagnie)를 통해 무역과 자원 약탈에 열을 올리던 시기를 포함하면 네덜란드가 인도네시아 지역을 지배한 기간은 300년이 넘는다. 이로 말미암아 당시 인도네시아 사람들은 네덜란드 식민 정부를 '회사'와 동일시하여 '꼼빠니'라 불렀다. 다양한 문화와 민족으로 얽힌 군도群島가 하나로 묶여 인도네시아 공화국으로 탄생한 배경에는 서유럽 작은 나라에 침탈을 받은 역사적 우연이 자리한다.

인도와 인도네시아에 없는 것 두 가지

많은 것이 많은 나라 인도네시아, 한편으로는 없는 것이 많은 곳이기도 하다. 인도India와 마찬가지로 인도네시아에는 인도人道가 없다. 차도는 있되 인도는 없다. 설사 인도가 마련돼 있다 하더라도 도보를 쉽게 허락하지 않는다. 대도시에서마저 신호등 달린 횡단보도를 찾기란 보물찾기처럼 어렵다. 어지간한 강심장이 아니고서야 심해 물고기 떼인 양 끊임없이 질주하는 차량을 헤치고 도로를 횡단하려고 감히 엄두를 낼 수 있으려나. 그런 찻길을 따라 온갖 장애물과 함정을 피하며 산보라도 할라치면 꽁무니에 매연을 뿜으며 오토바이를 몰고 가는 사람들로부터 희한한 인종으로 취급받기 십상이다. 또한 인간으로서 지켜야 할 도리인 인도, 인간으로서 누릴 당연한 권리인 인권은 무시되기 일쑤다. 특히나 대중교통편을 이용할 때에는 이 단어는 잊는 게 좋다. 또 뭐가 없을까?

우산 장수가 없다?

빗방울이 듣기 시작하면 지하도 입구나 길거리에 우산을 내놓고 파는 상인이 등장하는 건 한국에서는 자연스런 풍경이다. 그러면 연중 강수량이 풍부하고 우기에는 하루에도 수차례 비가 내리다 그치길 되풀이하는 인도네시아에서는 어떨까. 우산 받쳐주고 돈 받는 우산돌이 '오젝 빠융'은 있지만, 비가 내린다고 해서 우산을 내놓고 파는 장사꾼은 보기 어렵다. 비가 쏟아지면 행인들은 대부분 잠시 처마 밑으로 몸을 피하거나 그대로 비를 맞으며 제 갈 길을 갈 뿐이다. 시골에서라면 바나나 잎을 슬쩍 꺾어 머리 위에 쓰기도 할 테지만 말이다. 인도네시아 여행의 필수품은 우산이 아니라 차라리 갑작스러운 정전에 대비할 손전등이다.

지하철이 없다

인도네시아 수도 자카르타에는 버스전용도로인 '버스웨이', 이 정해진 버스길을 지하철인 양 질주하는 시내버스 '트랜스자카르타', 아무 데서나 태우고 내려달라면 내려주는 작은 버스 '메트로 미니', 자카르타와 보고르를 잇는 통근용 전철 등은 있으나, 지하철은 아직 없다. 자카르타의 교통지옥 문제를 해결하기 위해 2019년 완공을 목표로 지하철 공사가 진행 중이긴 하다.*

인도네시아인에게는 성姓이 없다

족자카르타에 도착한 다음 날이었다. 나는 따만 사리Taman Sari 옆 골목을 서성거리던 차에, 청년들이 모여 미술과 음악 작업을 하는 공간에 발을 들여놓게 되었다. 자칭 종합예술가인 그들과 통성명을 하고 얘기를 나누고 기념사진까지 찍었다. 그런데 어떤 친구는 이름이 한 단어였고 다른 친구는 두 단어였다. 수첩에 적어준 글씨를 가리키며 어느 게 성이냐고 물었더니 그저 웃기만 했다. 그들에게는 가문을 나타내는 성씨가 없었던 거다.

　인도네시아인 대부분은 성姓이 따로 없다. 다수 인구를 차지하는 자바(자와) 사람들이 특히 그렇다. 자식은 아버지에게 성을 물려받지 않는다.

....
* 2019년 3월, 인도네시아 최초 지하철인 MRT 1호선이 자카르타에 개통되었다.

최근에는 아버지 이름을 성처럼 뒤에 붙여 쓰는 경우도 생기고 있으나 그것도 실상 성은 아니다. 두 낱말로 이루어졌다 하더라도 둘 다 이름일 뿐이다. 예를 들어, 7선 대통령을 지내며 장기 집권했던 수하르토의 전체 이름은 하지 모함마드 수하르토이지만 여기서 '수하르토'는 이름이며 성은 아니다. '하지Haji'는 메카로 성지순례를 다녀왔다는 표시이고 '모함마드'는 이슬람 선지자 무함마드에서 가져온 흔한 이름이다. 한편 수마트라의 바딱족이나 미낭까바우족 등은 부족을 상징하는 성을 붙인다.

찜통더위에 긴팔 옷과 점퍼로 무장한 사람들

열대우림기후에 속하는 인도네시아. 그런데 한낮 무더위에 반팔과 긴팔이 반반이라면? 젊은이들은 멋이라도 부리듯 후드를 걸친 채 거리를 활보한다. 40도를 넘나드는 불볕더위 속에도 오토바이를 모는 사람들은 약속이나 한 듯 하나같이 우리나라 늦가을에나 입을 법한 점퍼 차림이다. 살갗을 태우는 땡볕을 어떻게든 피하거나 맞바람 열풍에 맞서려는 고육책으로 보인다. 자외선 차단제 사용이 보편화되어 있지 않은 데다 피부 노출을 꺼리는 종교적인 이유가 더해져서 그럴까. 여자들도 긴소매 옷을 많이 입고 다닌다.

찬기에 익숙하지 않은 탓인지, 버스 승객들은 "빠나스(더위)"라고 중얼대다가도 비가 내려 기온이 조금 떨어진다 싶으면 창문을 닫아걸고 몸을 움츠리며 "딩인 딩인(춥다 추워)!"이라 외친다. 나 역시, 태양이 작열하는 해안 도시에 한동안 머물다가 희뿌연 안개가 내린 산간 마을로 옮겨온 날이면 감기에 걸릴 지경이었다.

길거리 가수 뼁아멘

승객 몇을 더 태우려고 버스가 멈추거나 길이 막혀 차들이 거북이걸음을 하면 으레 등장하는 사람이 있다. 가뜩이나 미어터지는 미니버스 출입문에 걸터앉아 처연히 기타 줄을 튕기거나 저녁이면 길가를 점령한 와룽(포장마차 식당)을 돌며 순회공연을 벌인다. 두셋씩 어울려 다니며 기타와 더불어 급조된 드럼이나 탬버린을 두드리면서 연주하고 노래한다. 나이 든 맹인 가수가 슬픈 노래를 부르며 감정을 돋우면 조력자 역할을 맡은 젊은이가 돈을 걷으러 돌아다닌다. '뼁아멘pengamen'이라 불리는 현대판 베짱이, 길거리 가수들이다. 요즘 말로는 버스커busker라 불러줘야 할까.

내가 만난 뼁아멘들의 가창력은 천차만별이었다. 조율 안 된 악기로 박자를 무시하며 목이 터져라 노래를 부르는 초짜부터 오디션 프로 예선쯤은 무난히 통과하고도 남을 노련한 뼁아멘, 예쁘장하게 치장하고선 기타 치는 시늉만 내다가 별 호응이 없자 옆 포장마차로 가버리는 아가씨

뺑아멘까지.

뺑아멘보다 먼저 교차로나 버스 통로를 차지하는 무리는 무점포 행상인 '아송안asongan'이다. 가뜩이나 속도를 내지 못하는 차가 아송안과 뺑아멘 탓에 더욱 지체를 빚는 데다 덥고 복잡한 버스 안에 소음이나 다름없는 노랫소리가 울려 퍼지면 짜증이 날 법도 한데, 뺑아멘이 내미는 모자나 봉투에 음악 감상료 조로 잔돈푼을 던져주는 승객을 심심찮게 볼 수 있다.

흥미롭게도, 자바 섬에서는 그렇게 뻔질나게 출현하던 뺑아멘이 술라웨시나 수마트라에서는 통 보이지 않았다. 그도 그럴 것이, 뺑아멘 시장에도 엄연히 수요와 공급의 경제 법칙이 적용되었던 거다. 적정 규모 이상의 관객(승객)을 확보해야 흥행을 자신할 수 있는데 두 섬에서는 그런 수요가 충분치 않았다.

비공식 교통경찰 빡 오가

신호등 없는 교차로에 진입하거나 유턴을 시도하는 차량 따위를 상대로 수신호를 보내 교통 법규와 상관없이 '원활한' 흐름을 유도하고 지폐 한 장을 받는다. 빡 오가pak ogah(직역하면, 막대기를 흔드는 아저씨) 또는 뽈리시 쯔뻭polisi cepek(100루삐아 경찰)이라는 별명으로 불리는 이들이다. 여기서 한 걸음 더 나간 경우도 있다. 중앙선에 돌덩이를 놓아두거나 폐타이어 조각이나 나뭇가지를 이용해 일종의 과속방지턱을 멋대로 설치해놓고 지나가는 차에다 대고 통행세 조로 돈을 달라고 봉지를 내민다. 산사태가 나서 흘러내린 흙더미를 치운다는 핑계로 혹은 도로가 유실되거나 파인 자리에서 손짓 몇 번 하고서는 지나가는 운전자에게 대가를 요구하기도 한다.

담배 권하는 사회

인도네시아 여행 중 외국인 무리와 멀어지고 현지인과 가까워졌다면 담배 연기와도 친해져야 한다. 수마트라 북단 반다 아쩨에서 시작해 브라스따기, 또바, 부낏띵기, 빠당 등지를 거치며 남쪽으로 쭉 내려와 배 타고 자바 섬으로 건너가기. 내가 머릿속에 그려본 수마트라 종단 루트였다. 그런데 부낏띵기행 야간 버스에서 겪은 악몽 같은 시간은 이것을 한낱 꿈으로 그치게 만들었다. 낮부터 다음 아침까지 여럿이 돌아가며 동시에 뿜어대는 지독한 담배 연기를 속절없이 들이마시며 괴로움에 허덕여야 했기 때문이다.

담배 맛을 커피 향에 비유한 광고판이 커피 산지 길거리에 줄줄이 서 있다. 흐릿하게 보이는 해골을 배경으로 멋있게 연기를 내뿜는 남자가 나오는 포스터는 담배를 끊으라는 공익광고인지 흡연을 권유하는 상업광고인지 헷갈린다. 열 살이나 될까 말까 한 아이들이 길모퉁이에 모여 앉아 교복을 입은 채 여봐란듯이 담배를 피우는 광경은 놀랄 일도 아니다. 너도나도 담배를 피우는 데에는 이슬람 전통에 따라 음주는 거부하면서도 흡연에는 관대한 사회 분위기도 한몫했을 게다.

현지인과 얘기를 나누다 보면 혼자 담배 피우는 게 미안하기라도 한지 아니면 예의를 차리려고 그러는지 종종 내게 담배를 권하곤 했다. 그럴 때마다 나는 "뜨리마까시, 띠닥 머로꼭(고맙지만, 난 담배 안 피워요)"이라는 말로 사양해야 했다. 입가에 늘 미소를 머금은 사람들, 입에는 항상 담배꽁초를 문 인니印尼 남자들.

새벽잠을 깨우는 소리

인도네시아의 아침은 유난히 일찍 시작된다. 새벽 공기를 가르며 수십 개 마스지드(모스크)에서 동시다발적으로 줄기차게 퍼지는 아잔(이슬람에서 기도 시간을 알리는 소리), 확성기를 통해 장시간 생중계되는 꾸란 낭송과 설교, 시골이라면 이에 질세라 울어대는 닭 울음소리, 이어지는 오토바이 행렬의 폭음…. 잠을 설치게 하는 소리들이다. 이런 소리나 소음에 둔감해지고 담배 연기 속에서 태연히 숨 쉴 수 있다면 당신은 인도네시아 땅에 단련되었고 인도네시아 여행에 성공을 거두었다고 하겠다.

종교의 자유는 있어도 종교를 갖지 않을 자유는 없어

인도네시아 신분증에는 종교를 표시하는 칸이 따로 있다. 의무적으로 이슬람교, 힌두교, 개신교, 가톨릭, 불교, 유교 중 하나를 자신의 종교로 선택해야 한다. 일부 소수민족에게 여전히 남아 있는 조상신 숭배나 정령신앙 같은 원시종교는 여기서 제외되었다. 종교로 보기 어려운 유교는 중국계를 고려하여 2006년에 추가했다. 이런 법이 시행되는 바람에 종교가 없던 사람들마저 하나를 골라야 했고 그러다 보니 다수 종교인 이슬람을 택한 이들이 많았다. 또한 수하르토 정권하에 공산주의자와 중국계에 대한 탄압이 가해지면서* 어쩔 수 없이 종교를 선택한 경우도 있었다. 종교가 없는 사람은 공산주의자로 몰렸기 때문이다.

통계상으로 인도네시아 국민 87%가 이슬람을 믿는 무슬림, 10%가 기독교인, 2%가 힌두교인, 나머지는 1%다. 인도네시아에는 종교가 없는 사람이 없는 셈이다. 종교 선택은 자유가 아니라 의무다. 나처럼 종교를 갖지 않은 사람은 영혼이 흐릿한 자로 여겨지곤 한다.

무슬림 남자는 송꼭, 여자는 뚜둥

머리에 쓴 모자나 스카프, 옷차림만 보고도 인도네시아 사람이라는 걸 알아챌 수 있다.

• 송꼭songkok: 인도네시아에서 무슬림 남자들이 공적인 자리에 착용하는 챙이 없는 둥근 벨벳 모자. 역대 인도네시아 대통령 사진을 보면 다들 검은색 송꼭을 쓰고 있음을 알 수 있다. 자바에서는 '꼬삐아'라 부르기도 한다.

....
* 1965년 인도네시아에서 '공산당 박멸'을 내세운 대학살이 일어났다. 이 사건의 진상을 다룬 영화로 2015년 우리나라에서도 개봉된 〈침묵의 시선〉(감독 조슈아 오펜하이머)이 있다.

- 뚜둥tudung, *끄루둥*kerudung: 무슬림 여성이 머리카락과 가슴 부분을 가리는 데 쓰는 스카프. 히잡의 한 형태다.
- 무꺼나mukena: 허리와 엉덩이 아래까지 덮는 망토 달린 옷으로 차도르와 유사하다. 검은색 위주인 차도르보다는 훨씬 화려하다.
- 질밥jilbab: 인도네시아식 히잡 종류를 통칭하는 말이다.
- 사룽sarung(sarong): 허리 아래로 치마처럼 두르는 넓고 긴 천. 대개 바띡 batik 방식으로 염색한 천을 사용한다. 남자들은 격자무늬, 여자들은 꽃문양이 들어간 사룽을 주로 입는다.
- 끄바야kebaya: 속이 살짝 비치는 얇은 원단에 화려한 색과 문양으로 장식한 블라우스나 드레스. 행사에 참석할 때면 여자들은 끄바야로 멋을 내곤 한다.

공휴일이 많은 이유

여섯 가지 종교가 인정되는 나라, 그래서 인도네시아에는 국가기념일은 적은 반면 종교 관련 공휴일은 무척이나 많다. 양력 신년, 이슬람 신년, 힌두 신년(녀삐), 음력설, 무함마드 탄신일과 승천일, 석가탄신일(와이삭), 예수 탄신일(크리스마스)과 승천일, 이슬람 성인일, 이슬람 명절인 르바란(이둘 피트르)과 꾸르반(이둘 아드하) 등 주말을 제외한 공휴일만도 연간 20일이 넘을 정도다.

인도네시아에는 설날이 네 번이나 있다. 그중에서 힌두 신년인 녀삐는 발리인에게 가장 큰 명절이면서 '침묵의 날'이기도 하다. 녀삐는 힌두 사까 달력으로 새해 첫날(춘분 무렵)이다. 이날 발리 섬은 고요에 잠긴다. 거리에 인적이 끊기고 차량은 운행을 멈춘다. 방송은 중단되고 전등마저 켜서는 안 된다. 주민은 물론 관광객마저 외출을 삼가야 한다. 아무도 없는 조용한 섬이라 믿게끔 꾸며 악귀들이 떠나도록 하려는 의미라고 한다. 녀삐 전날은 반대로 소란한 축제의 날이다. 집 앞, 교차로, 사원마다 악령을 달래는 제물을 놓아둔다. '오고오고'라는 커다란 악령 인형을 앞세우고 마을 곳곳을 떠들썩하게 돌아다닌다. 행진이 끝나면 인형을 불태우는 의식을 치른다.

르바란Lebaran*은 무슬림 최대 명절이다. 이슬람력 열 번째 달인 샤왈 초하루 날이면, 라마단(단식월)이 끝났음을 축하하는 축제로 온 거리가 들썩이고 이슬람 사원에서는 대규모 집회가 열린다. 이웃과 음식을 나누며 가족과 친지를 방문한다. 우리네가 추석에 송편을 먹는 것처럼 이들은 끄뚜빳(야자 잎으로 엮은 망에 쌀을 넣고 떡처럼 찐 음식)을 만들어 나눠 먹는다.

....

* 라마단이 끝났음을 축하하는 날이 '이둘 피뜨리'(아랍어로는 이둘 피트르Ei-dul-Fitr)이며, 르바란은 이둘 피뜨리를 포함한 축제 기간을 가리킨다.

르바란의 공식 휴일은 이틀이지만 짧게는 닷새, 길면 2주를 휴가로 보낸다. 이 기간에는 고향 가는 사람들로 도로가 북새통을 이룬다. 아무래도 외국인은 라마단과 르바란을 피해 인도네시아를 여행하는 편이 좋다.

인도네시아를 하나로 묶는 바하사 인도네시아

'상상의 공동체'인 국가와 민족. 다민족 국가인 인도네시아를 하나로 통합하는 데에 이슬람과 더불어 바하사 인도네시아Bahasa Indonesia(bahasa는 '말·언어'라는 뜻)가 큰 역할을 해왔다. 독립 후 인도네시아 정부는 사용 인구가 다수이지만 구조가 복잡한 자바어 대신에 수마트라와 믈라까 해협 일원에서 상거래에 널리 쓰인 믈라유Melayu어를 표준화하여 국가 공식어로 채택했다. 현재 바하사 인도네시아는 인도네시아 영토 거의 전역에서 통용된다.

인도네시아어는 문법이 단순하고 발음의 불규칙한 변화가 없어 배우기가 쉽다. 영어 알파벳으로 표기되어 외국인 입장에서도 접근이 쉬운 편이다. 인도네시아를 여행하다 보면 자주 접하기 마련인 자연과 지명에 관련된 낱말부터 익혀보자.

· 섬: 뿔라우pulau, 누사nusa, 길리gili(작은 섬) · 산: 구눙gunung

· 분화구: 까와kawah · 강: 숭아이sungai · 호수: 다나우danau

· 바다: 라웃laut · 해변: 빤따이pantai · 물: 아이르air

· 폭포: 아이르 떠르준air terjun · 온천: 아이르 빠나스air panas

· 숲: 후딴hutan · 언덕: 부낏bukit · 공원: 따만taman

· 농장·정원: 꺼분kebun · 시장: 빠사르pasar · 거리: 잘란jalan

· 집: 루마rumah · 마을: 깜뿡kampung, 데사desa · 도시: 꼬따kota

하루 네 번 인사

하루 중 시간대에 따라 건네는 인도네시아 인사말은 네 가지나 된다. 하루에 적어도 네 번은 기분이 좋아지는 셈이다. 그러고 보면 우리네 인사말은 참 심심한 편이다.

아침에 "슬라맛 빠기Selamat pagi", 점심 무렵(오전 11시~오후 3시경)은 "슬라맛 시앙siang", 오후에는 "슬라맛 소레sore", 저녁과 밤이면 "슬라맛 말람malam". 이에 대한 응답은 '슬라맛'을 빼고 각각 간단히 "빠기/시앙/소레/말람!" 하며 외치면 된다. '슬라맛' 뒤에 단어를 붙여, 슬라맛 다땅datang(어서 오세요), 슬라맛 띵갈tinggal(안녕히 계세요), 슬라맛 잘란jalan(잘 가세요), 슬라맛 마깐makan(맛있게 드세요), 슬라맛 띠두르tidur(잘 자요) 하는 식으로 얼마든지 응용이 가능하다.

"다리 마나Dari mana?", "디 마나Di mana?", "꺼 마나Ke mana?" 여행길에 마주치는 현지인에게 듣기 마련인 질문 3종 세트다. "어디서 왔고(출신국), 어디에 머무르며(숙소), 어디로 가는가(행선지)?" 폴 고갱의 마지막 역작 〈우리는 어디서 왔으며, 우리는 무엇이고, 어디로 가는가〉를 연상시키는, 어찌 보면 인간사에 관한 철학적인 물음들이다. 그리고 나 홀로 여행자라면 여기에 어김없이 덧붙여지는 말, "슨디리sendiri(혼자냐)?"

현지인이 다가와 "꺼 마나(어디 가요)?"라고 묻는다면, 그건 어디로 가는 길인지 정말 궁금해서라기보다는 단순한 인사일 소지가 다분하다. 그래서 "꺼 마나?"에 대한 답은 "잘란잘란!"으로 족하다(잘란잘란jalan-jalan은 '산책하다, 돌아다니다'라는 뜻이다). 내친김에 기본적인 인도네시아어 표현을 더 배워보자.

- 안녕하세요(How are you)? 아빠 까바르?
  Apa kabar

- 좋아요 바익
  Baik

- (사물) 좋은 바구스
  bagus

- (저는) 한국에서 왔어요 (사야) 다리 꼬레아
  (Saya) Dari Korea

- (당신) 이름이 뭐예요? 시아빠 나마 안다?
  Siapa nama anda

- 제 이름은 ~입니다 나마 사야 ~
  Nama saya

- 감사합니다 뜨리마까시
  Terima kasih

- 천만에요 사마사마 / 끔발리
  Sama-sama   Kembali

- 실례합니다 뻐르미시
  Permisi

- 미안합니다
  마아프
  Maaf

- 이거 뭐예요?
  아빠 이니?
  Apa ini

- 얼마에요?
  버라빠 하르가냐?
  Berapa harganya

- ～이 어디에 있나요?
  디 마나 아다 ～?
  Di mana ada

- 이 버스 공항 가나요?
  비스 이니 꺼 반다라?
  Bis ini ke bandara

- 브로모 산에 가고 싶어요
  사야 마우 뻐르기 꺼 구눙 브로모
  Saya mau pergi ke Gunung Bromo

환영받은 오랑 꼬레아

외국을 여행하노라면 우리나라 사람은 일본인이나 중국인과 동류로 묶이기 일쑤다. 한데 인도네시아에서는 "오랑 즈빵(일본인)?"이나 "오랑 찌나(중국인)?"보다는 "오랑 꼬레아(한국인)?"라는 말을 곧잘 들었다. 한국에서 왔다고 하면, 아저씨들은 축구 선수, 여학생들은 한국 보이 밴드, 아줌마들은 한국 드라마를 화젯거리로 올렸다. 어떤 이는 우리말로 반갑게 인사를 건네며 돈 벌러 한국에 갔던 때를 회상했다. 현지 한국 기업에서 일한 적이 있다며 자랑스러워하기도 했다. 그러면 나는 슬그머니, 매년 찾아드는 흰 눈 내리는 계절, 만물이 다시 피어나는 한국의 봄날에 대해 얘기를 들려주고 싶어졌다.

api·불

어디에도 없을
인도네시아

알고 보니 지구는 참으로 작고 참으로 연약한 세계이다.
지구는 좀 더 소중히 다루어져야 할 존재인 것이다.
_ 칼 세이건 《코스모스》

자바

가장 뜨거운 땅

브로모 화산

예측불허
공항에서 생긴 일

"구글어스를 보는 일. 아직 가보지 못한 나라의 골목길을 보고 있으면 내 자신이 한없이 초라하게 느껴져." _ 윤성희 〈웃는 동안〉

나는 지금 공항 대합실 바닥에 웅크려 앉아 배낭에 든 잡동사니를 잔뜩 꺼내 뒤지고 있다. 톰 행크스가 주연한 〈터미널〉이라는 영화가 생각났다. 고국에서 쿠데타가 일어나는 바람에 졸지에 무국적자 신세로 전락해 공항터미널 안에 오도 가도 못하고 갇힌 남자의 심정이 이러했을까.

출국심사대 직원은 출국신고서로 쓰이는 종이를 내 눈앞에 들이대더니 뒷면에 적힌 글귀를 가리키며 입국할 때 받은 도장이 박힌 서류를 가져오라고 뇌까렸다. 여권에 찍힌 도장을 보여주자 잠시 눈빛이 흔들리는 듯했으나 곧 갈색 얼굴이 붉어질 만큼 힘줄을 세우며 자신은 원칙대로 할 뿐이라고 되풀이했다. 그런 그에게 새로 작성한 출국카드 따위는 소용이 없었다. 급기야 입국 날짜가 찍힌 용지를 잃어버렸으니 봐달라고 사정해보았으나 먹히지 않았다.

인도네시아 여행을 마치는 날, 자카르타 인근 도시인 찌안주르를 떠나 굼벵이처럼 느리게 고개를 넘어가는 버스에서 애를 태우다가 용케 공항 버스로 갈아타고 이곳에 도착한 지 십여 분이 지나지 않아 닥친 일이다.

넓디넓은 섬나라 인도네시아에 첫발을 들여놓은 건 출국을 앞둔 지금
으로부터 59일 전이었다. 그날 인도네시아 초대 대통령과 부통령의 이름
을 딴 수카르노-하타 공항 입국장을 빠져나왔을 무렵, 내 손목시계 바
늘은 자정을 향하고 있었다. 자카르타에는 머물지 않고 국내선 비행기로
족자카르타로 날아가기로 작정한 터였다. 공항 청사는 냉방장치조차 제
대로 돌아가지 않아 후텁지근했지만 공항 노숙에 익숙한 나로서는 견딜
만했고 밤이 깊어지자 열린 문으로 스며드는 바람이 선선하게 느껴지기
도 했다.

어두침침한 조명 아래 누워 서너 시간을 버티다가 밖으로 나왔다. 무
료 셔틀버스를 타기 위해서였다. 버스는 3번 터미널 건물을 지나 1A 터
미널에 나를 내려주었다. 이즈음만 해도 나는 꽤 여유로웠다. 전자티켓을
유심히 살펴보는가 싶던 항공사 직원이 나를 당황실색게 할 말을 꺼내기
전까지는 말이다. 내가 탈 비행기는 라이온에어가 아니라 계열사인 바틱
에어고 게다가 바틱에어는 1번이 아닌 3번 터미널에서 출발한다는 것이
었다. 티켓에는 분명히 '라이온에어', '터미널 1A에서 출발'이라 적혀 있음
에도 불구하고.

비행기 출발 시각인 5시 55분이 코앞으로 다가오도록 셔틀버스는 모
습을 드러내지 않았다. 공항 이용객이 드물어진 시간이라 택시조차 눈에
띄지 않았다. 그때 곤경에 빠진 나에게 구원과 악용의 손길을 어둠 저편
에서 뻗친 자가 있었다. 울며 겨자 먹기 식으로 나는 그의 승합차에 올
라타고서 "쯔빳 쯔빳(빨리빨리)!"을 외쳤다.

탑승권을 손에 쥔 나는 공항세를 지불하고 땀을 흘리며 허겁지겁 발걸

음을 재촉했다. 탑승 게이트를 지난 무리들이 속속 족자카르타행 비행기에 오르는 참이었다.

술라웨시 마까사르에서 수마트라의 반다 아쩨로 이동할 때였다. 반다 아쩨로 연결하는 직항편이 없어 자카르타에서 같은 항공사의 다른 여객기로 바꿔 타야 했다. 환승을 포함하여 다섯 시간이 넘는 비행이었지만 음료수 한 잔 나오지 않았다. 저렴한 항공료에 무얼 더 바라겠는가.

자카르타를 이륙한 비행기는 대양과 열도 상공을 날아 적도를 지나 북반구로 향했다. 예정보다 한 시간이나 일찍 바다에 면한 도시에 착륙했지만 나는 그것에 대해 의문을 품기는커녕 일찌감치 여장을 풀고 더위를 식힐 생각에 유쾌해지기까지 했다. 그런데 짐을 찾은 사람들이 다들 흩어지도록 빨간색 배낭커버를 씌운 내 가방은 수하물 벨트를 따라 나오지 않았다. 짐을 잃어버린 건 아닌가 싶어 친절해 보이는 공항 여직원에게 도움을 청했다.

"손님 짐은 반다 아쩨로 바로 갔는데요."

"아니, 여기가 반다 아쩨 아닌가요?"

"여긴 메단이에요!"

그녀는 무전기로 연락을 취했고 나는 다른 직원의 안내를 받으며 검색대와 탑승구를 일사천리로 통과했다. 나는 타고 왔던 비행기의 같은 좌석을 다시금 차지했다. 알고 보니, 그건 수마트라 중심 도시인 메단에서 승객을 내리고 또 일부를 더 태운 후 북부 해안 도시 반다 아쩨로 향하는 항공편이었다. 착륙 시점에 여기는 경유지인 메단이며 반다 아쩨로 가는 승객은 내렸다 다시 타라고 안내하는 기내 방송이 나왔을 테지만 귀 기울여 듣질 않았으니. 마까사르에서 항공권을 예매할 때 라이온에어

직원으로부터 자카르타에서 환승한다는 얘기만 들었지 메단에 들렀다간다는 소리는 듣지를 못했고 티켓 어디에도 그런 사항은 기재되어 있지 않았으니, 나로서는 이를 알 도리가 없었다.

⁂

다시 여행 59일째이자 마지막 날, 자카르타 공항으로 돌아가자. 내 입에서 "도대체 종이 쪼가리 하나가 뭔데 이러느냐"는 투덜거림이 튀어나왔다. 미리 출국에 필요한 서류를 따로 챙겨두지 않은 내가 잘못이지만, 여태껏 국경을 통과하거나 외국 공항을 떠나면서 입출국카드 문제로 출국을 제지당한 적은 없었기에 나로서는 터무니없는 트집에 말려들었다는 생각이 들 수밖에 없었다. 그 종이를 버리지 않았다면 배낭 깊숙이 어딘가에 보관되어 있을 거라 짐작하고 이미 보낸 짐을 돌려달라고 항공사 직원에게 부탁했다. 카운터 앞을 불안하게 서성이길 한 시간째, 비로소 배낭이 배달되었다. 여행의 추억거리라고 여기고 입장권과 지도, 버스표나 기차표 따위를 모아둔 비닐봉지 안에서 스탬프가 선명하게 찍힌 출국카드를 찾아내었다.

나는 탑승 마감 시간을 불과 수 분 남겨두고 출국심사대에 다시 섰다. 비자만료일이 하루 남았다느니 방문 목적이 뭐며 어디어디를 여행했는지 따위의 새삼스런 질문을 뒤로 하고 그 자리를 빠졌나왔다.

"실례합니다! 당신 이 종이 필요한 거 아니었어요?"

여권과 탑승권 사이에 출국카드가 그대로 꽂혀 있기에 되돌아가서 직원에게 내가 던진 말이었다.*

첫 번째 인도네시아, 공항에서 생긴 일들이다. 이런 사소하지만 당황스러운 사건이 인도네시아 여행의 핵심을 흐트러놓지는 않았으니 다행이라면 다행이다. 다만 문제라면 난데없는 소동 탓에 비행기에 오르기 전 지나온 여정을 되새기며 회상에 잠길 시간을 잃어버렸다는 점이다.

....

* 지금은 공항세가 폐지되었고(항공료에 포함) 입출국카드도 작성할 필요가 없어졌다. 또한 2015년 6월부터, 30일간 무비자로 인도네시아 여행이 가능해졌다. 아직까지 60일짜리 관광비자는 미리 받아가야 한다. 공항에서 30일짜리 도착비자를 받아 나중에 연장하는 방법도 있다.

안개 마을
지구 공장

마을을 배회하던 차가운 밤의 입자들이 창틈으로 스며든다. 비와 안개를 핑계로 상념에 젖는다. 마그마의 바다였던 원시 지구. 지구 나이 46억 년을 하루로 환산하면 진핵생물이 출현한 시기는 정오 지난 무렵. 현생인류가 나타나 지구 정복의 역사를 시작한 때는 자정 전 마지막 일 초. 지구가 숨 쉬는 찰나에 지나지 않는다.

  디엥 고원에는 두 가지 특산물을 생산하는 지구 공장이 있다. 안개 공장과 수증기 공장. 굴뚝에서 나오는 것은 무언가를 태우는 연기가 아니라 땅이 분출하는 열기다. 용암 분출로 많은 사람이 죽기도 했다. 생명을 앗아가는 화산을 두려워하면서도 주민들은 이곳을 떠나지 못한다. 유황 가스 머금은 수증기는 전기를 생산할 발전기를 돌리고 죽음의 화산재가 대지를 비옥하게 살찌운다. 산비탈을 일군 계단밭에 농부들은 작물을 심고 기르고 캔다. 대지에 그려놓은 무늬가 그들의 오랜 노고를 말해준다.

  젊어서 죽은 시인(기형도)은 '안개는 그 읍의 명물이다/ 누구나 조금씩은 안개의 주식을 갖고 있다'고 했던가. 꿈길에서 놀 듯, 지독한 근시가 두꺼운 책장을 더듬어 읽어 내려가듯, 나는 지금껏 한 번도 경험한 적 없는 짙은 안개 속을 헤맨다. 화산 폭발로 형성된 분지 곳곳, 열 구덩이마다 뿜어대는 뜨거운 입김이 안개와 뒤섞인다. 희뿌연 안개 위로 가랑비가 빗금을 긋는다. 윤곽은 허물어지고 몸은 조금씩 젖는다.

적도 아래에서 추위로 떨 줄은 몰랐다. 사람들 옷차림은 늦가을 내지 초겨울이다. 흙 묻은 고무장화, 화산 봉우리를 닮은 고깔모자. 비닐을 비옷 삼아 어깨에 둘렀다. 밭이랑을 식탁 삼아 반찬 그릇을 늘어놓고 둘러앉았다. 감자 캐던 농부들의 새참 시간이다. 밥은 먹었느냐는 물음에 나는 접시를 받아 들고 한 자리를 차지했다. 일을 돕지 못할망정 훼방만 놓았을 텐데 말이다. 발효콩 튀김인 뗌뻬와 새우맛 나는 과자 끄루뿍이 내 요깃거리가 되어주었다.

건너 밭에서는 당근을 수확하느라 바쁘다. 주황색 뿌리를 한 묶음 모아 꽃다발인 양 들어 보인다. 나를 바라보며 웃는 눈빛들이 정답다. 캐는 일은 일일이 손을 거치지만 씻는 건 기계로 단숨에 끝낸다. 그중 하나를 골라 물기를 손으로 쓱 닦아내고 한입 어금니로 깨물고 싶어졌다.

양배추 덩이를 짊어지고 멀리서부터 허청거리며 뛰어오는 모양이 춤이라도 추는 것 같다. 대바구니 넘치도록 수북이 담긴 배추들. 무게를 달아 트럭에 차곡차곡 싣는다. 품삯을 조금이라도 더 받으려면 한목에 많은 무게를 짊어져야 하리라.

종일토록 걸었다. 눈 마주치는 사람마다 "슬라맛 빠기, 시앙"을 외치고, 궁금해하는 사람마다 "잘란잘란"이라 대꾸해주었다. 쁘람바난보다 오래되었다는 힌두 사원 유적, 시시각각 물빛이 바뀌는 뜰라가 와르나, 증기를 내뿜으며 부글부글 진흙이 끓는 까와 시끼당, 뜨거운 물줄기가 용솟음치는 까와 짠드라디무까 같은 곳은 들판 사이로 난 길을 거닐다 보면 자연스레 닿을 수 있었다. 길에서 만난 한 청년은 어머니를 도와 매일 들일을 나온다고 했고, 숙소에서 일하는 다른 청년은 호주로 유학 떠나는 게 소망이라고 내게 털어놓았다.

안개와 불의 시간
브로모 화산에 올라

나는 어느 쪽이냐 하면, 어떤 장소에 일출 포인트니 선셋 투어니 하는 이름표가 붙었다면 근사하게 포장된 관광 상품쯤으로 치부하고 도리어 무시하거나 기대감을 한풀 꺾어버리는 편이다. 하지만 이번에는 달랐고, 브로모로 가는 데 쏟은 수고가 결코 아깝지 않았다. 그렇다고 지평선을 주홍빛으로 물들이며 불끈 솟아오른 아침 해에 반한 건 아니다. 나를 홀리게 한 것은 칼데라 계곡을 바다처럼 채운 안개 물결이 첫새벽 여명과 어우러져 흐르던 마술적인 시간이다.

전조등 빛기둥이 어둠 속에서 서로 얽히며 번쩍거린다. 마치 미지의 자력에 이끌린 듯 지프차들이 대열을 지어 오르는 곳은 구눙 뻐낭자깐 어깨에 마련된 전망대다. 그 자리에 서면 제일 큰 형인 스메루, 주름치마를 늘어뜨린 바똑, 여전히 활동이 왕성한 막내 브로모Bromo, 화산 봉우리 삼남매가 멀리서 방문객을 맞이한다.

해가 떠오르려면 아직 멀었는데도 길목은 이미 지프들로 메워졌고, 사람들 사이에는 좋은 자리를 먼저 차지하려는 보이지 않는 신경전이 벌어진다. 추위에 대비하느라 망토에 털모자까지 눌러쓴 이들은 대부분 인도네시아 내국인이거나 이웃 동남아시아에서 온 관광객이다. 반둥에서 대학교에 다니는 남학생 둘, 수라바야에서 놀러 온 커플, 휴가를 보내러 홍콩에서 날아온 회사원이 나와 일행으로 어울렸다. 쁘로볼링고에서 브로모 아랫마을 쩨모로 라왕으로 떠나는 앙꽃(미니버스)에 인원이 채워지기를 기다리는 동안 식당에서 만난 사람들이다. 버스비는 이동 거리를 따지면 비정상적으로 비쌌고 숙박비는 청결도와는 무관했으며 마을 입구에서 미심쩍은 입장료를 내야 했다. 우리는 허름하지만 전망은 괜찮은 민박집에 함께 머물렀다. 대학생들이 가져온 인도미(즉석 라면)로 볶음 라면을 끓여 나눠 먹기도 했다. 지프 대여료를 적당한 선에 맞추어 공동으로 부담했다.

　사람들과 어깨를 맞대고 해돋이를 기다린다. 나는 이때를 위해 준비해 간 비장의 무기를 카메라 가방에서 꺼내 들었다. 브로모의 장관을 담을 중형카메라. 그런데 이게 웬일인가. 셔터를 눌러도 아무런 반응이 없다. 배터리를 교체해도 마찬가지다. 이번 여행도 작은 디지털카메라로만 기록을 남겨야 할 운인가 보다. 이후 나는 두 달 내내 철 덩어리 카메라와 필름 서른 롤을 한 번도 쓰지 못하고 그렇다고 내다 버리지도 못한 채 고스란히 배낭에 지고 다녀야만 했다.

　주위 소란에 아랑곳없이 나는 말을 잃고 침묵에 잠긴다. 지상 마을의 미약한 불빛이 어른거린다. 구름과 안개와 연기가 한데 뒤섞인다. 유동하는 백색 물결에서 힌두 창조신화 '우유의 바다 휘젓기'를 떠올린다.

　안개구름 위에서 내려와 이제 그 속으로 걸어 들어간다. 거대한 칼데라 평원 한가운데 원뿔 모양 봉우리가 솟아 뜨거운 불기운을 토해낸다. 막 떠오른 태양 빛을 역광으로 받아, 말 탄 사람들이 환영처럼 떠돌며 '모래의 바다'에 음영을 드리운다. 나는 253개 계단을 하나씩 밟으며 불구멍 테두리에 오른다.

생애 처음으로 들여다보는 활화산 분화구. 나는 유황 가스를 마시며 화구 모서리를 위태로이 걷는다. 멀찍이서 조망할 때의 신비와 환상은 물러갔다. 심연을 굽어보며 아찔한 공포감을 느낀다.

고대 그리스인들은 '불의 신' 헤파이스토스가 연기와 불꽃이 가득 찬 땅속 대장간에서 신들의 무기를 만들기 때문에 화산 활동이 일어난다고 생각했다. 로마 사람들은 그 신을 불카누스Vulcanus라 불렀고 그것은 화산을 뜻하는 볼케이노volcano의 어원이 되었다. 창조의 신 브라흐마에서 이름이 유래했을 화산 브로모. 힌두 성지이자 파괴 본성을 지닌 '불의 신'의 거처이기도 하다. 화산은 평소에 놀라움을 선사하는 경외의 대상이지만 어느 날 돌변하여 불덩이 용암을 분출하고 화산재를 사방으로 흩날려 세상을 폐허로 만들기도 한다. 화산처럼 우리는 온순한 표면 밑에 폭발하는 각자의 지옥을 갖고 있을지도 모른다. 신의 노여움, 화산의 악마성을 달래려고 예전에는 산 생명을 바치는 희생제를 치렀겠지만 지금은 에델바이스 꽃다발을 분화구 안으로 던져 넣으며 소원을 빈다. 안개가 흩어진 분화구 기슭에 떵거르 사람들이 지었을 힌두 사원이 모습을 드러내는 참이다.

브로모와 스메루 인근의 화산 지대에 기대어 살아가는 떵거르족은 이슬람 세력에 밀려 피신해온 힌두교도들의 후손이다. 산자락 마을에는 이슬람 예배 시간을 알리는 아잔 대신에 힌두 경전 독경 소리가 메아리친다. 주민들은 화산재가 쌓여 잿빛을 띠는 밭을 일구어 채소를 재배하고 부업으로 관광객에게 말을 태워주고 돈을 번다.

힌두력으로 까사다 달이면 이곳에서 축제가 열린다. 까사다 열네 번째 날에 사람들은 브로모 화산에 올라 쌀, 꽃, 과일, 닭이나 염소 같은 가축을 바치며 힌두 최고 신 '상 향 위디'에게 축복을 빈다. 일부 용감한 이들은 위험을 감수하며 분화구 비탈로 미끄러져 내려가 신에게 바친 신성한 물건을 되가져오기도 한다. 그걸 지니면 행운을 얻는다고 믿기 때문이다.

이 축제가 어떻게 유래했는지 알려주는 이야기가 전해져 내려온다. 자바에 이슬람이 퍼지면서 힌두 왕조인 마자빠힛이 몰락하던 시기에 브로모 기슭으로 숨어든 이들이 있었다. 그들 중 마자빠힛 왕족의 공주인 로로 안떵과 브라만 출신의 청년 조꼬 스거르가 결혼을 해서 일대를 다스렸고, 훗날 로로 안떵의 '떵'과 조꼬 스거르의 '거르'를 따와 그 후손을 '떵거르'라 부르게 되었다. 이들 부부가 처음부터 많은 자손을 두었던 건 아니다. 몇 년이 지나도록 아이가 없어 슬퍼하던 왕과 왕비는 브로모 산에 올라가 자식을 낳게 해달라고 간절히 빌었고, 이에 감동한 신은 그들의 소원을 들어주었다. 다만 마지막에 태어나는 아이는 제물로 바쳐야 한다는 조건을 달면서. 안떵과 스거르는 아들딸을 스물다섯이나 낳으며 잘 살았으나 신과의 약속을 지켜야 할 때가 다가오는 걸 막을 수는 없었다. 결국, 보름달이 뜨는 날 부부가 아이들을 화산으로 데리고 가자 분화구에서 불길이 솟아올라 막내 아이를 삼켜버렸다.

똬리를 틀고 스멀거리는 불꽃 연기를 내려다볼 뿐 화구 중심으로 내려가지는 못하는 것처럼, 자연과 그것을 바라보는 우리 인간 사이에는 뛰어넘을 수 없는 간극의 강이 흐른다. 장엄한 풍경 앞에서 넋을 잃고 연방 카메라 셔터를 눌러대지만 그렇다고 그런 풍경을 그림엽서나 달력에 담듯이 내 것으로 소유할 수는 없는 노릇이다. 사람들은 상점과 호텔을 짓고 주차장과 계단을 만들어 경계선을 치고선 자연 전시장에 입장하려면 대가를 지불하라고 요구한다. 자연은 원래 그 자리에 있었고 인간은 자연계의 일부인데 말이다.

마법은 사라졌다. 안개 걷히며 검은 흙이 드러난 자리에 옅은 무지개가 띠를 드리우다 그마저 곧 스러졌다. 화구원으로 차를 몰아 '사바나'라 불리는 초원을 다녀오고 화산 밑자락에서 회색 사막의 황량함을 체험하는 것을 끝으로 지프 투어를 마감했다. 이제는 위험천만한 화산을 떠나지 못하고 그 곁에 터를 잡고 살아가는 떵거르 농민들을 만날 차례다.

까와 이젠
유황 광산 노동자들

인생에서 단 두 번(시작할 때와 끝날 때)을 제외하고 호흡은 늘 쌍으로 이루어진다. 태어날 때 처음으로 숨을 들이쉬고, 죽을 때 마지막으로 숨을 내쉰다. 그사이, 거품 같은 생을 사는 동안, 우리가 호흡할 때마다 공기는 후각기관을 통해 들락거린다. (…) 냄새는 우리를 뒤덮고, 우리를 둘러싸고, 우리 몸으로 들어온다. 우리는 냄새를 풍긴다. _ 다이앤 애커먼《감각의 박물학》

숨 쉴 때면 도리 없이 냄새를 맡는다. 냄새는 스스로 존재를 드러낸다. 기억을 소환하고 지난날 한때로 데려간다. 나는 서랍을 열고 비닐로 꼭꼭 감싼 작은 뭉치를 꺼낸다. 거북이 모양을 한 노란 덩어리. 매듭을 풀지 않아도 만질 때마다 유황 냄새가 코로 스며든다. 유황 광산 노동자들의 어깨를 떠올린다. 오감 중 냄새만큼 말로 표현하기 어려운 감각도 없으리라.

달빛이 바람에 술렁인다. 나는 걸음걸이가 느려진 랜턴 행렬을 앞지르며 나아간다. 밤길을 헤집고 오르는 곳은 화산 호수 까와 이젠Kawah Ijen이다.

새벽이 오려면 아직 멀었다. 움막 주변에 옹송그리고 앉았거나 하릴없이 서성이는 사람들. 여기는 유황 광산 노동자의 휴식처 겸 관리 초소다. '블루 파이어blue fire'라는 진기한 구경거리를 보려고 모여든 관광객들과 한밤에 일을 나선 노동자들이 섞여 있다. 광부들은 한 번이라도 더 광산에 다녀오려는 생각으로 일찌감치 산에 오른 것이리라. 유황을 틀에 부어 만든 동물 모양 기념품이 유황 담는 바구니 옆에 놓여 있다. 한 시간여를 기다렸을까. 통로를 막은 울타리가 열리고 모두 움직이기 시작했다.

무덤가에 피어오르는 도깨비불이 저러할까. 어둠의 우물에서 파르스름한 불꽃이 일렁인다. 하지만 휘황한 청색은 강한 독성을 의미한다. 위험하다며 감시원은 아래로 내려가는 길을 막아선다. 내 카메라로 담기에 거리가 너무 멀고 빛은 턱없이 부족하다. 지구가 토해내는 회색 연기를 바라보며 동이 트기를 기다린다.

안개 걷히고 날 밝은 자리에 용암이 식으면서 굳은 뒤틀리고 갈라진 지형이 드러난다. 소금이나 석회를 뿌려놓은 듯, 거뭇한 땅거죽에 흰 가루가 내려앉았다. 생명이라고는 잡풀 하나 뿌리내리지 못하는 황폐한 땅이다. 일출은 부지불식간에 끝났고 관광객은 대부분 돌아갔다. 폴리스(감시원)마저 철수했다. 청년 하나가 비탈을 올라온다. 언제 아래로 내려가 유황을 날라 왔을까. 그는 이젠 화산을 품은 바뉴왕이Banyuwangi 지역을 정말 사랑할까. 그의 셔츠에 'I ♥ BWI'라고 적혔다. 망설임 끝에 용기를 낸 나는 대나무 바구니를 멘 남자들을 따라 분화구 아래로 걸음을 옮겼다.

어깨를 짓누르는 유황 바구니를 내려놓지 못하고 거친 숨을 몰아쉬던 사내는 암연한 눈빛으로 나를 바라본다. 벗은 어깨는 검게 옹이졌다. 나는 그에게 '꼬레아 시가렛' 몇 개비를 내민다. 유황 가스에 망가졌을 폐에 담배라니. 잠깐이라도 담배 몇 모금이 피로를 더는 진통제 노릇을 할 수 있다면 그걸로 된 것이다.

화구 밑바닥, 뜨거운 호수에 닿았다. 옥빛을 띠며 아름답지만 중금속을 함유한 죽음의 호수다. 연기를 분출하는 구멍 주변은 누렇게 물들었다. 붉은 자국이 피처럼 흘러내린다. 용광로를 방불케 하지만 설비는 단순하다. 공룡 등뼈처럼 튀어나온 길쭉한 도관 몇 개가 늘어섰고 그 끝에 드럼통 같은 물체가 달렸다. 열기에 관이 폭발하지 않도록 틈틈이 물을 뿌려줘야 한다. 액체 상태 유황을 가스와 분리해내면 펄펄 끓던 유황은 공기 중에서 식으며 누런색 덩어리로 변한다.

유황 덩이를 채굴하는 인부가 가진 도구라고는 긴 쇠막대기 하나와 얼굴을 감쌀 수건밖에 없다. 방독 마스크는 고사하고 그 흔한 장갑조차 없다. 고육책으로 물 적신 수건을 입에 물거나 눈만 내놓은 헝겊 가면으로

얼굴을 가린다. 그는 쇠꼬챙이를 쑤셔 운반할 수 있는 크기로 유황을 조각낸다. 물컹한 덩어리가 단단하게 굳는 동안 몸뚱이는 조금씩 닳아져 증발해버릴 것만 같다. 뽀얀 가루가 속눈썹에 내려앉고 유황 냄새가 살가죽에 배어든다.

뜨거운 지옥의 숨결, 지구의 냄새. 지독한 연기다. 매캐한 냄새가 코를 찌르고 숨이 턱턱 막힌다. 매운 재채기를 거푸 쏟아낸다. 유황 캐는 남자를 쫓으며 연기 속에서 사진을 찍던 나는 바람 방향이 바뀌는 순간 눈물 콧물을 왈칵 쏟고 만다. 누런 김이 스며들어 카메라 액정에 맺혔다. 나는 하나 마나 한 마스크를 벗어버린다.

황금빛을 발산하며 독한 냄새를 풍기는 유황, 그 쓰임새는 다양하다. 유황을 가공하여 의약품, 화장품, 비료, 살충제 등으로 활용한다. 독이 되기도 하고 약이 되기도 한다. 킬로그램당 900루삐아. 유황 광산 노동자가 받는 임금이다. 한 번에 60~70킬로를 짊어진다고 하니, 하루 두 차례 왕복하더라도 많아야 12만 6천 루삐아(약 만천 원)를 벌 수 있다. 건장한 성인 남자 한 사람을 등에 업고 4킬로미터 가파른 비탈길을 오르내리는 셈이다. 그럼에도 농사를 짓거나 커피 농장에서 품을 파는 것보다 벌이가 훨씬 낫다. 이 힘겨운 일마저 허가받은 제한된 인원에게만 허락된다.

그들은 하고많은 밥벌이 중 어쩌다가 이 '극한 직업'을 택하게 되었을까. 유황 광산에서 일하는 사내들은 아내에게 유황이 들어간 비싼 피부 미용품을 한 번이라도 선물한 적이 있을까. 작업 현장을 찾은 어떤 이는 탄식하며 삶의 무게가 어쩌고 중얼거리겠지만 누구도 그들 삶을 제대로 이해할 수는 없으리라. 화산 투어를 마치고 바다 건너 화창한 해변으로 떠나면 그뿐일 테니.

광부들은 관리 초소 오두막 앞에 이르러 바구니를 내려놓는다. 분화구에서부터 짊어지고 온 유황을 저울에 달아 무게를 재고 전표를 받는다. 어깨를 주무르며 담배 한 대로 피로를 달랜다. 유황 덩이는 무겁디무겁고 그 대가로 받는 종이돈은 그들이 뱉어내는 담배 연기만큼이나 가볍다.

산 아래에는 나를 초조하게 기다리는 사람이 있었다. 오토바이로 나를 데려다준 남자였다. 숙소 앞 발라완 마을에 거주하는 그는 밤 한 시에 나를 태워 여기로 데려왔고 그로부터 여덟 시간이나 기다려주었다. 돈 9천 원을 벌기 위해서 말이다. 미안했다.

물길 끝 바다

어디서든 먹고 사는 일은 중요하다. 사람들은 저마다 지닌 생의 법칙과 리듬에 따라 살아간다. 해변에 흩어진 무수한 자갈, 숲을 이룬 온갖 나무 이파리들… 얼핏 비슷비슷해 보여도 손바닥에 올려놓고 자세히 들여다보면 똑같은 거라고는 하나도 없다. 틀에서 벗어나 곁에 틈을 두고 들여다봐야 잘 보이고 어떤 눈으로 바라보느냐에 따라 달리 보인다. 스치는 풍경의 겉면을 벗겨내면 몇 겹의 생애가 드러난다. 보편적인 삶이라는 커다란 덩어리 속에서 한 줄 요약이 불가능한 게 개별자의 삶이다.

　내가 아슴바구스를 거쳐 이름도 생소한 장까르 부두를 찾은 까닭은 자바 동쪽 귀퉁이에 딸린 섬 마두라로 가기 위해서였다. 섬을 잇는 다리가 수라바야 쪽에 놓여 있어 버스로 이동하는 데 아무런 제약이 없었지만 배로 바다를 건너고 싶었다. 차로 움직일 때는 경험할 수 없는 배 여행만의 묘미를 알기 때문이었다.

　음악이 왕왕거린다. 대형 화면에 흐르는 뮤직비디오는 촌스럽기 짝이 없다. 나는 갑판으로 나와 바닷바람을 들이마시고 사람들과 어울린다. 자바에서 마두라로 돌아올 때마다 이 배에서 일하는 친구를 만난다는 청년, 루디. 마두라에서도 동쪽으로 100킬로나 떨어진 깡에안이라는 작은 섬에 사는 어부, 아미눌라 씨. 그는 섬 앞바다에 난다는 천연가스 얘기를 전했다. 미처 먹을거리를 준비하지 못한 나는 바나나 잎으로 싼 떡과 비스킷 따위를 주는 대로 받아먹었다. 무료함을 덜며 바다 위에서 여섯 시간을 보낼 수 있었던 건 아미눌라 씨와 그의 동료들 덕분이었다.

배 흔들림을 느끼고 바람을 맞으며 때론 생각에 잠긴다. 섬으로 가는 길은 사람이 품은 그리운 풍경을 찾아가는 길이다. 섬은 한 시절 내 목마름을 달래주는 피난처였다. 한번 들어가면 뱃길이 끊겨 나오기 어려운 데일수록 좋았다. 작정하고서 국토 끝자락, 백령도와 울릉도, 굴업도, 욕지도, 가거도, 우이도 같은 섬을 찾아 떠돌기도 했다. 바람 부는 섬에서 해조음에 귀를 씻으며 고적한 밤을 보내고 돌아오면 다시금 살아갈 힘을 얻을 수 있었다.

바다 저편으로 노을이 물든다. 서쪽 바람이 어둠을 데려온다. 석유시추선을 알리는 불빛이 따라온다. 한국 최초로 해외 유전개발에 성공했다고 대대적으로 선전하며 온 국민을 산유국의 꿈에 부풀게 했던 마두라 유전이 이 부근 어디쯤일 것만 같다.

섬 항구에는 늦은 저녁에야 도착했고, 수머넙이라는 소도시로 가기 위해 오토바이 꽁무니에 매달려 밤거리를 쌩쌩 달려야 했다.

언뜻언뜻 해변이 스치더니, 미니버스가 작은 다리 위를 지난다. "여기요, 여기서 내릴게요!" 장터 아낙네들이 나를 쳐다본다. 오토바이 탄 소녀 입가에 설핏 미소가 돈다.

연초록 물빛, 강물에 드리운 수풀 그늘, 기슭에 바닥을 댄 거룻배들. 강이라기에는 폭이 좁고 탁하게 고여 시내라고 부르기에도 어색하다. 물 색깔만큼이나 진득한 열기가 소맷자락에 달라붙는다. 물가로 내려가 물길을 따라 걷는다.

웃통 벗은 검은 몸이 물을 휘젓는다. 억센 팔뚝을 모아 배를 끌어당긴다. 물결무늬 그려진 나무배에 물감을 덧칠한다. 통나무를 설겅설겅 톱

질하고 망치질해서 조각배를 만들어낸다. 고기잡이에서 돌아온 배들이 입 벌린 강어귀로 거슬러 오른다. 배는 사내 하나를 뭍에 풀어놓는다. 그의 몸은 땀과 짠 내에 흠뻑 젖었다. 제 키보다 큰 노를 짊어지고 곁골목으로 사라진다.

물길 끝은 넘실대는 바다. 판잣집에서 아이들이 무더기로 불쑥 고개를 내민다. 뭔가를 갈구하는 눈빛이다. 강가에 쓰러진 나무가 목선이 되듯이 바닷가에서 자란 아이는 그렇게 어부가 될 터이다.

그런 때가 있다. 예상치 못한 장면과 기쁘게 마주치는 순간이 있다. 하
얀 모래로 덮인 해변 빤따이 롬방, 땅에서 꺼지지 않는 가스 불이 솟아
난다는 뜰라나깐, 하물며 깔리앙엇의 염전이라도 상관없었다. 나는 마두
라 섬 지도를 훑어보다가 슬로뼁이라는 데서 한나절을 보내면 어떨까 생
각했고, 마침 거기로 간다는 앙꼿을 타게 되었다. 어디라도 좋았다. 그저
사람 사는 모습이 궁금했고 그네들을 만나려는 구실이 필요했다.

태양 아래 모든 사물이 정적에 감싸인 한낮, 나는 별 볼품없는 해변
언덕을 거닐었다. 점점이 떠도는 어선들만 눈에 들어왔다. 벼랑 바윗부리
에 걸터앉은 한 남자가 굽어보고 있는 곳을 향해 나도 눈길을 돌렸다.

마치 넝쿨 줄기에 매달린 젖은 이파리들을 연상시키는 모양새. 줄줄이
바다로 뛰어들었다. 떼를 지어 밧줄을 끌어당겼다. 뱃전 옆구리와 고물
에 사람들이 매달렸다. 바람에 펄럭이는 오색 깃발이 진수식을 알렸다.
미는 것과 당기는 것. 자기 쪽으로 가져오며 당기는 행위는 짐승과 닮은
노예의 일이고, 자기 앞으로 몰아내며 미는 행위는 노동에서 벗어나기

위한 일이라고 했다(미셸 투르니에). 뭍에서 물로 나갈 때는 함께 밀었겠지만 지금은 배를 당기며 또 일부는 뒤편에서 떠밀고 있는 참이다.

얼핏 보면 배나 사람이나 파도에 휩쓸려 맴돌이만 하는 것 같지만 한데 모아 끄는 힘으로 조금씩 움직였다. 마침내 사람 손에서 놓여난 배는 방향을 틀어 해안에서 멀어져 갔고 사람들도 배에서 벗어나 주름진 물 위로 흩어졌다.

청년부터 장년까지 다들 보기 좋게 그을린 건강한 낯빛이다. 난데없이 출현한 외국인을 선선히 맞아주었다. 어부들은 대부분 맨몸이나 마찬가지다. 석유 담는 데 쓰였을 법한 드럼통 모양의 플라스틱 통을 하나씩 손에 들었을 뿐, 지닌 물건이라고는 없다. 낚시 도구라도 담겼나 싶어 통을 열어봤더니 바나나 잎에 싸인 밥이 나왔다. 배 위에서 지내는 동안 먹을 끼닛거리라고 했다.

갑자기 무슨 신호에 반응이라도 하듯 담배를 피우다 말고 일제히 일어섰다. 둑이 터진 자리를 지나 바닷가로 내려갔다. 한둘은 사각 통발을 어깻죽지에 메고 뒤따랐다. 그들을 태우고 바다로 나갈 배가 나타난 것이다. 가슴께로 물이 차오르자 플라스틱 통을 구명부대 삼아 파도에 몸을 내맡겼다. 둥둥 떠밀려 간다기보다는 두둥실 한 생의 무게를 밀고 간다는 느낌이었다. 어부들은 한결 가벼워진 몸을 싣고 바다 가운데로 떠나갔다.

베짝이 택시보다 비싼 이유

인도에 사이클릭샤, 베트남에 씨클로가 있다면, 인도네시아에는 베짝 becak이라 불리는 자전거 인력거가 있다.

내가 베짝을 처음 탄 건 족자카르타에서 맞이한 여행 둘째 날이었다. '물의 정원'을 나와 부근에 자리한다는 새 시장을 찾았지만 책에 나온 정보와는 달리 새들은 이미 다른 데로 이사를 간 뒤였다. 그래서 까끼 리마(이동식 매점)에서 음료를 다 마실 때까지 나를 놓아주지 않은 베짝꾼의 수레에 오르게 되었다.

차량 물결을 비집고 베짝은 삐걱대며 움직였다. 천천히 흐르는 풍경을 감상하며 여유를 부리기에는 내 기분이 그리 가볍지 않았다. 오르막에서 페달 밟는 무게가 느껴져 뒤를 돌아보았을 때 땀투성이로 숨을 헐떡이는 아저씨와 눈이 마주쳤기 때문이다. 나는 베짝에 오르기 전 흥정을 거듭해 애초 부른 금액을 반으로 깎았지만 목적지에 다다라서는 몇 푼을 보태어 돈을 건네었다.

나는 점차 베짝보다는 오젝(오토바이 택시)을 선호하게 되었다. 베짝의 경우, 타는 사람은 타는 사람대로 불편하고(몸이 아니라 마음이) 또 돈은 돈대로 더 들었기 때문이다. 이동 거리로만 따지자면 택시가 베짝보다 비싸야 하지만 현실은 그렇지 않았다. 마을버스 앙꼿에 몸을 구겨 넣는다면 3천 루삐아면 되는 거리를 베짝은 3만 루삐아를 내야 했다. 손님이 외국인이라면 자동으로 곱하기 2 내지 3으로 셈을 하고 금액을 제시했다. 마두라 섬에서 만난 한 베짝 기사는 택시나 오토바이보다 힘들게 운전하는데 당연히 돈을 더 받아야 한다며 요금 흥정을 거부했다. 기계로 작동하는 택시에 비해 순전히 페달 밟는 힘으로 움직이는 자전거가 노동 강도가 훨씬 크므로 일리가 없는 말은 아니었다.

바퀴를 굴리는 시간보다 수레에 기대어 낮잠을 청하는 시간이 많은 베 짝꾼들. 그들이 진을 치는 주요 근거지는 시장통과 같이 들고나는 사람 들이 많은 장소다. 장을 보고 나오는 아낙네, 등하교하는 학생들, 흔한 오토바이조차 없는 서민들이 주 고객이다.

모터 달린 베짝이 나오면서 발로 저어서 움직이는 자전거 베짝은 사라 지고 있다. 베짝 운전수 중에 젊은이는 찾아보기 어렵다. 인도 꼴까따를 배경으로 한 다큐멘터리 영화 〈오래된 인력거〉에 나오는 두 다리와 맨발 로 끄는 인력거처럼, 페달 밟는 베짝도 도시 뒷골목에서마저 사라질 날 이 멀지 않아 보인다.

식민 시절에 시가지 서쪽 유럽인 구역과 동쪽 자바인, 아랍인, 중국인 구역을 나누는 경계 구실을 했고 인도네시아 독립을 앞두고 피 튀기는 치열한 전투가 벌어졌던 '붉은 다리' 즘바딴 메라. 역사적 배경을 알지 못하면 그냥저냥 하찮은 하천에 놓인 초라한 다리에 불과하다.

차이나타운 위쪽은 아랍 구역이다. 마스지드 암뻴을 중심에 두고 주변 골목으로 아랍풍 바자르가 들어섰다. 모로코의 메디나(구시가지)로 공간 이동한 듯한 기분이 들기도 한다. 남자들은 송꼭을, 여자들은 뚜둥이나 무꺼나를 머리에 쓰고 있다. 사원에는 참배객들 발길이 끊이지 않는다. 어떤 이는 꽃잎이 흩뿌려진 묘석 앞에서 꾸란을 읊조린다. 아래위로 온통 하얀 옷을 입은 여인들이 무릎 꿇고 기도를 올린다. 순례자들은 성스러운 물을 마시고 또 가득 담아간다. 자바, 수라바야

관광지로서 보고르의 '레종 데트르(존재 이유)'를 하나만 꼽는다면 훌륭한 식물원이 거기 있다는 점이다. 정원과 온실, 연못, 대통령 궁, 박물관을 갖춘 '큰 정원' 꺼분 라야Kebun Raya는 무척이나 넓었고 나무와 꽃은 상상외로 다양했다.

여학생들은 학교 행사를 치르는 중이었고 나는 열대 식물원이 선물한 진귀한 꽃들에 홀려 이리저리 셔터를 눌러대던 참이었다. 대학생인 줄 알았더니 고등학생이라고 해서 놀랐다. 처음에는 운이었고 나중에는 짐짓 우연인 척했다. 어린 아가씨들이 곱게 보인 건 끄바야와 바띡 옷을 수놓은 아름다운 문양 때문만은 아닐 듯하다. 자바, 보고르

찻잎 따는 사람들

돌이켜보면, 호수, 화산, 차와 커피 농장, 이 세 가지가 모르는 사이 내 첫 인도네시아 여행의 테마를 구성했다. 브로모 화산을 앞두고 말랑 Malang에서 하룻밤 머물 때도 다른 데는 제쳐두고 차밭부터 들렀다.

아르주나 산자락에 자리한 워노사리 플랜테이션, 그곳은 놀이공원을 겸하는 농원이었다. 입장료를 내야 할뿐더러 꼬마열차가 다니고 수영장에 숙박시설까지 갖추었다. 스리랑카 차 마을 하푸탈레를 떠올리며 차밭 사이로 난 흙길을 한동안 돌아다녔건만 찻잎 따는 사람들을 만나려면 드넓은 농장 어디쯤으로 가야 하는지 알 길이 없었다. 관리자라고 자신을 소개한 땅딸막한 남자와 마주쳤다. 그의 안내를 받아 간 곳에서 나는 점심을 먹고 있던 아낙네들과 인사를 나누었다. 강렬한 햇볕을 피해 모두들 둥근 밀짚모자를 쓰고 곱게 화장까지 한 모습이었다.

모자 아래 질밥으로 감싼 얼굴, 흙색으로 빚어진 낯에 물기 어려 빛나는 눈, 차나무에 자꾸만 스치는 바람에 때 묻어 반들반들해진 윗도리. 아낙네들은 옷이 쓸어 해지는 걸 막을 양으로 포대 자루를 잘라 앞치마처럼 둘렀고, 팔에는 토시를 손에는 손가락 나온 장갑을 꼈다. 허리에 동여맨 자루가 불룩해지도록 찻잎 따는 손은 멈출 줄을 몰랐다. 농부 아주머니들을 귀찮게 하며 나는 차밭 고랑 사이를 휘젓고 다녔다.

나에게 도움을 준 관리자는 이름이 '꾸꾸'라 했다. 그와 함께 공장을 방문해 차를 건조 발효시켜 제품으로 만드는 과정을 견학했고, 농원 내에 자리한 식당에서 박소(어묵 국)를 먹었다. 그는 홍차 판매 회사를 개인

적으로 운영한다며 가게 한쪽에 진열된 차를 한 통 가져와 내게 선보였다. 아내는 무슬림이지만 자신은 크리스천이라고도 했다. 무슬림 여자와 무슬림이 아닌 남자 간의 결혼은 금지된 것으로 알고 있었건만. 세상이 변하면서 이런 규율도 느슨해진 걸까. 하긴, 여긴 인도네시아가 아닌가.

400여 명이 일한다는 이 농장은 내 추측과는 달리 국영 기업 소유였다. 거둬들인 찻잎 무게를 저울에 달아 임금을 지급하는데, 일꾼들은 보통 하루 3만 루삐아를 받는다고 한다. 3만 루삐아면 우리 돈으로 3천 원이 안 되는 액수다. 서울 어느 찻집에서 차 한 잔 마시기조차 어려운 돈이다. 일주일 중 일요일만 쉬고 엿새를 일한다고 하니 그러면 한 달에 8만 원도 손에 쥐지 못하는 셈이다. 10만 원에서 15만 원 선이라는 인도네시아 가사도우미 월급에도 못 미치는 적은 금액이다. 우리나라 차밭에서 일한다면 하루 품삯으로만 8만 원은 받지 않을까. 몇십 배 임금을 받는다고 해서 그만큼 생산성이 높다거나 일을 더 잘한다는 의미는 아닐 것이다. 운 좋게 나은 환경이 갖춰진 나라에 나서 살고 있음을 우리는 고마워해야 하지 않을까.

술라웨시와 수마트라를 돌아 자바로 돌아온 무렵, 나는 차밭에 들르며 여행을 마무리했다.

자카르타를 벗어난 차들이 속도를 늦추며 꼬리를 늘인다. 나를 태운 미니버스가 '뿐짝'에 이르렀다는 표시다. 고갯길을 따라 차밭과 사파리 공원, 리조트와 별장이 나타났다. 도로 양쪽으로 상점들이 줄을 이었다. 뿐짝은 수도 자카르타의 배후 휴양지 노릇을 하는 곳이다.

찌안주르에 이르러 마을버스 앙꼿으로 옮겨 탔다. 항상 문짝을 열어젖힌 채 질주하는 앙꼿. 낡고 너절한 차량에 치장은 화려하다. 승객을 포개어 앉히더라도 음악을 울릴 스피커 놓을 자리는 남겨두었다. 의아하게도, 미국 대통령 얼굴이 커다랗게 그려진 버스가 시내를 돌아다닌다. 이유인즉, 인도네시아와 버락 오바마는 인연이 있었던 것이다. 케냐 출신 아버지와 미국 백인 어머니 사이에 태어난 그는 두 살 때 부모가 이혼하고 어머니가 하와이에서 만난 인도네시아 남자와 재혼하면서 자카르타에서 어린 시절 4년을 보냈다.

찌안주르에서 이번에 이용한 앙꼿은 핑크색이다. '꺼분 떼 거데(게데 차 농원)'로 가는 길, 망운이라는 마을에서 오토바이로 갈아탔다.

수상한 녀석으로 의심받기 전에 나는 경비 서는 남자에게 선수를 쳤다. 한국에서 온 여행객임을 밝히고 찻잎 따는 시늉을 해 보이며 농부들이 들판 어느 편에서 일하고 있는지 물었다. 그런데 기대했던 광경을 목격할 수는 없었다. 차나무 사이를 누비며 한 움큼씩 손으로 찻잎을 따는 그런 정겨운 모습 말이다. 정원사가 웃자란 나뭇잎을 쳐내듯이, 칼날 달린 기계가 요란한 소리를 내며 차나무 위로 훑고 지나가면 그만이었다. 여기에 필요한 인력은 단 세 명. 찻잎 수확에 기계가 도입된 것이다. 그것이 넓디넓은 농장에 일하는 사람이 드문 이유였다.

찻잎으로 불룩해진 망태기를 머리에 이고 나르고 그 뭉텅이에서 불순물 따위를 솎아내어 정해진 크기의 자루에 옮겨 담는 일이 아낙네들에게 주어진 몫이었다. 꾹꾹 눌러 자루 하나를 채우면 대략 25킬로그램이 나간다고 한다.

밭머리로 나와, 흩어진 찻잎을 방석 삼아 둘러앉았다. 일손을 놓고 땀을 거두며 농부들은 집에서 싸 온 도시락을 꺼내 점심밥을 먹기 시작했다.

죽음을 영원한 삶으로 바꾸는 축제

바뚜뚜몽아

뗌뻬 호수(인도네시아 대표 발효 음식인 뗌뻬tempe와 이름이 같다)는 미얀마 인레 호수와 닮은 구석이 많다. 인레 사람들이 호수 바닥에 대나무를 꽂고 진흙과 물풀을 얽어 띄운 밭에 채소를 수경 재배하는 것처럼, 뗌뻬 사람들도 비슷한 방식으로 호수에 물고기 서식지를 조성한다. 물에 떠다니는 부레옥잠 뭉치가 물고기 텃밭 노릇을 한다. 수초들이 대나무 장대로 덩굴손을 뻗으며 자라난 것이 흡사 풀 옷을 휘감은 거인상이 물 위에 팔다리를 벌리고 서 있는 듯하다.

배가 물고기 밭 사이 미로를 헤치고 나가면 놀란 새들이 끼룩대며 날아오른다. 물길이 어디까지 이어질지 궁금하고 혹시라도 쪽배가 균형을 잃고 뒤집히지나 않을까 불안하다. 아니나 다를까, 수상 마을에 닿기도 전에 판자 틈을 비집고 물이 배 안으로 스며들었다. 바가지로 물을 퍼내는 뱃사공 손놀림이 급할 것 없다는 듯 느긋하다. 모터 소리가 잦아들자 물 밑 깊은 속이 환히 들여다보였다. 술라웨시, 셍깡

따나 또라자
죽음 뒤에도 끝나지 않는 삶

생애주기의 변곡점을 찍은 어느 날, 문득 의문을 품게 된다. 내가 숨 쉬는 공기, 먹고 마시는 음식, 몸을 감싼 옷, 잠자는 집, 만지는 물건, 어느 하나 나에게서 나온 게 있는가. 세상으로부터 받기만 했지 준 것이라고는 없지 않은가. 하물며 나라는 존재조차 내 의지와는 상관없이 우연히 생겨나지 않았는가.

나뭇잎 하나 푸르게 하지 못하는[*] 미미한 존재가 우리 인간이다. 더구나 이러한 삶마저 영원치 않다. 태어나는 순간부터 죽음이라는 숙명을 향해 나아간다. 아무리 발버둥 쳐봐도 누구에게나 예외 없이 생의 마지막 순간이 도래하기 마련이다. 까무룩 잠에 빠져들 듯 눈꺼풀 아래 검은 그림자가 드리우고 촛불이 훅 꺼지듯 어둠이 엄습한다. 일순 신체 기관이 동맹파업에 들어간다. 몸에서 혼이 떠난다. 그렇지만 역설적이게도, 끝이 있기에 삶은 소중하다. 한없는 삶은 차라리 고통이고 지루한 지옥일 테니까. 이 세상에서 유일하고 유한한 존재인 까닭에 나는 순간순간을 아끼며 온 힘을 다해 나머지 생을 살아내려 애를 쓴다. 다만 두려운 것은 죽음 자체가 아니라 삶과 죽음의 경계를 깨닫지 못하고 그 이후 무엇이 기다리는지 모른다는 점이다.

술라웨시 남부 내륙에는 죽음을 축제처럼 맞이하고 죽음 뒤에도 새로

....
[*] '생각해보라, 네 고통은 나뭇잎 하나 푸르게 하지 못한다'(시인 이성복)

운 삶이 계속된다고 믿는 사람들이 있다. 따나 또라자Tana Toraja 사람들이다. '또라자'는 술라웨시 다수 종족인 부기스족이 이 지역 주민들을 '산에 사는 사람', '촌뜨기'라는 조롱 섞인 의미를 담아 부르던 데서 유래했다. 네덜란드 선교사들에 의해 기독교가 전파되고 점차 외부 문명이 유입되면서 고유한 또라자 문화는 오늘날 많이 사라졌지만 '알룩 또 돌로aluk to dolo'('조상의 길'이라는 뜻)라는 조상 숭배 신앙은 명맥을 유지해왔다. 이들은 배 모양으로 지붕이 치솟은 똥꼬난tongkonan에서 생활하고, 사람이 죽으면 '람부 솔로'라는 독특한 장례 의식을 치른다.

또라자 사람들에게 죽음은 끝이 아니라 삶의 연장이다. 사는 데보다 죽는 데 더 많은 돈과 정성을 들인다. 살아가며 돈을 벌고 재산을 모으는 까닭은 오로지 명예로운 죽음을 준비하기 위한 것처럼 보인다. 가족 중 누군가 죽더라도 곧바로 장례 지내지 않고 죽은 이를 방 안에 모셔두고 그가 생전에 즐겼던 음식이나 술, 담배를 올린다. 장례식을 치를 목돈이 마련될 때까지 몇 년이고 망자와 한집에 기거한다. 그 전에는 망자가 아니라 환자일 뿐이다.

장례는 일주일이 넘도록 진행된다. 결혼식과는 비교가 되지 않을 만큼 성대하게 치러진다. 장례식은 친족과 마을 주민 공동의 행사이며 죽은 사람과 산 사람 모두에게 축복을 기원하는 잔치이다. 축제고 사육제다. 춤과 음악이 어우러지고 물소 싸움이 벌어진다. 고인의 후손이나 친지는 물소 한두 마리씩을 제물로 내놓는다. 따나 또라자에서 물소는 농사일은 하지 않고 제례용으로 쓰인다. 평생 게으르게 놀고먹던 물소는 단숨에 숨이 끊겨 희생물로 바쳐진다. 때로는 물소 오십여 마리가 한꺼번에 도살 당하기도 한다. 울부짖으며 피바다를 이루며 덩치 큰 물소들이 고꾸라져 죽어가는 장면은 생각만 해도 끔찍하다. 물소를 잡아 제물로 바치는 것은 망자의 혼이 물소를 타고 좋은 세상에 건너가서 후손을 보살피는 신이 된다고 믿는 까닭이다. 희생된 물소 숫자가 그 집안의 신분과 부를 드러낸다. 부자나 귀족층이 펼치는 굉장한 의례를 좇을 형편이 못 되는 사람들은 물소 대신 돼지나 닭을 바친다. 저세상으로 가는 길마저 똑같지가 않다.

망자를 상여에 싣고 향하는 곳은 흙 덮인 묘지가 아니다. 벼랑이나 바위에 구멍을 파서 뫼를 쓰거나 동굴 안에 관을 안치한다. 높은 자리일수록 하늘나라와 가깝다고 여겨 높다란 암벽을 선호한다. 여기에는 부장품 도난을 막으려는 목적도 더해진다. 망자를 닮은 실물 크기의 목각 인형 '따우따우'를 절벽에 세워둔다. 인형이 많을수록 절벽 위쪽에 놓일수록 무덤 주인이 상류층이라는 표시다. 암굴에 뼈가 쌓이며 가족묘가 된다. 우기가 끝나고 장례식이 몰리는 시기에 접어들면 호기심 어린 외지 관광객들이 또라자 땅으로 밀려든다.

따나 또라자를 여행하려면 마깔레를 거쳐 란떼빠오로 들어가야 한다. 그 전에 우선 굴곡 많은 산길부터 오르락내리락해야 한다. 란떼빠오로 직행하는 차가 없어, 나는 뗌뻬 호수를 나와 베모(미니버스)와 끼장을 서너 차례 갈아타야 했다.

란떼빠오에 도착한 이튿날, 장례식에 쓰일 가축을 거래하는 시장인 빠사르 볼루부터 들렀다. 코뚜레 줄에 꿰인 물소 수백 마리가 공터를 메웠고, 대나무 울타리 안에는 돼지들이 괴성을 지르며 우글거렸다. 제물로 도살당할 운명이라는 걸 모른 채 몇몇 물소는 물웅덩이를 뒹굴며 진흙 목욕을 하거나 주인에게 물세례를 받으며 샤워 중이었다. 돌연변이 흰 물소는 신성하게 여겨져 일반 물소보다 훨씬 비싸게 팔린다고 한다. 돼지가

2~3주따, 물소는 20~50주따, 흰 물소는 무려 100주따 이상으로 거래된다고. 주따juta는 백만 단위이니, 100주따 루삐아면 우리 돈으로 대략 9백만 원에 이른다. 인도네시아 서민 소득 수준으로 따지면 십 년은 모아야 할 큰돈이다.

가축 시장 옆은 청과물 시장이다. 대광주리를 채운 거무스름한 콩은 커피 원두다. 상인들은 대중없이 깡통을 계량기 삼아 원두를 퍼 담아 준다. 그 자리에서 분쇄기로 갈아서 '꼬삐 또라자'라 쓰인 비닐봉지에 담아 팔기도 한다. 시장은 근교 마을로 떠나는 차들이 모이는 터미널이기도 하다. 나는 미니버스 구실을 하는 승합차를 타고 레모 마을로 향했다.

소보록하게 자란 이끼와 푸새로 똥꼬난 지붕이 풀밭을 이루었다. 논길을 건너기도 전에 내 눈은 낭떠러지 무덤 군락에 머문다. 바위 절벽에다 수십 개 방을 꾸미고 문을 내었다. 밖으로 뼈가 삐져나온 데도 있다. 상여로 쓰였을 똥꼬난 모형이 그 아래 놓였다. 빨간 천을 두르고 절벽 위로 늘어선 사람들, 실물 크기로 조각한 인형들이 방문객을 부른다. 팔을 앞으로 내밀고 어서 오라며 환영이라도 하는 듯하다. 언뜻 진짜 사람인 양 착각할 정도다.

묘지를 나와 따우따우 만드는 공방에 들렀다가 또 한차례 화들짝 놀랐다. 아이를 안고 다정히 앉은 부부, 성기를 늘어뜨린 사내, 어미젖을 빠는 아기, 흰 눈자위에 선명하게 찍힌 검은 눈동자들. 생김새와 옷차림마저 죽은 이와 꼭 닮게 인형을 조각한다고.

레모 마을의 암벽 무덤

장례에 쓰이는 목각 인형 '따우따우'

도로 갈림길에서 2킬로가량 걸어 올라가면 론다 마을이 나온다. 레모 마을의 무덤이 암벽에 석실을 파서 주검을 안치하고 문을 달아 봉인한 형태라면, 론다 마을에서는 관을 바깥에 노출한 채 공중에 매달아두었다. 움푹 파인 벼랑 틈새에 대나무로 지지대를 세우고 그 위에 목관을 층층이 올렸다. 보란 듯이 두개골이 일렬로 놓였고, 그 밑으로 닭들이 흙을 헤치며 모이를 쪼고 있다.

동굴도 묘지로 쓰인다. 나는 램프 든 남자를 따라 동굴 내부로 들어갔다. 가스 불이 타오르며 쉭쉭 소리를 낸다. 탄내가 야릇한 냄새와 섞인다. 육신에서 흘러나온 영혼은 유골만 남겨두고 어디로 사라졌을까. 썩어 부서진 나무 관, 바닥에 아무렇게나 흩어진 뼛조각, 뻥 뚫린 커다란 동공으로 쳐다보는 해골, 해진 천 조각, 담배, 동전, 꽃. 망자의 세례명과 생몰일이 적힌 십자가도 보인다. 나는 뭐라 웅얼대는 소리에 고개를 돌렸다가 불빛 뒤로 가려진 아저씨의 얼룩지고 야윈 얼굴에 놀라고 만다. 집안 반대를 무릅쓰고 연애하다가 동반 자살한 남녀의 형해라는 얘기인가. 짝지어 놓인 해골을 가리키며 "로미오와 줄리엣"이라 중얼거렸다. 나는 어둠에 싸인 동굴을 서둘러 빠져나와 그에게 물었다. 당신도 죽으면 이런 동굴에 묻히느냐고. 서너 단어로 내 말뜻을 알아들은 그는 씩 웃으며 으레 그럴 거라고 내뱉었다.

란떼빠오에서 남쪽으로 내려가 마깔레를 경유해 차를 바꿔 타며 상갈라 마을까지 간 이유는 깜비라의 '아기 나무 무덤'을 보기 위해서였다. 또라자 사람들은 이빨이 채 나지 않은 아기가 죽으면 살아 있는 나무 몸통에 홈을 파서 그 안에 아기를 묻었다. 입구는 야자수 섬유로 봉했다. 어미 자궁 같은 아름드리나무 둥치에 안겨 수액을 빨아먹고 시간이 흐르면 나무에 스며들어 그 속의 젖먹이도 함께 자란다고 믿었다. 생을 꽃피우지 못한 어린아이가 나무와 더불어 영원히 살기를 바라는 부모 마음을 표현한 것이리라. 어떤 면에서는, 죽은 이의 뼛가루를 나무뿌리 주위에 묻어 숲과 함께 자라도록 하는 수목장樹木葬을 연상시키기도 한다. 나무와 흙, 거기 깃들인 미물들이 있어 죽음은 생명으로 바뀐다.

아기 나무 무덤

똥꼬난에서 보낸 밤

구름 위 작은 마을, 바뚜뚜몽아에 저녁이 찾아온다. 안개와 구름이 어스름 속에 뒤섞이는 시간이다. 어린 동생을 등에 업은 민박집 꼬마 주인이 "디너, 디너!" 하고 외쳤다. 계곡이 내려다보이는 오두막에 전등불이 켜지고 음식이 차려졌다. 산골 민박집에 머무는 사람이 나 혼자인 줄 알았더니 다른 손님이 더 있나 보다. 두 사람분의 식사가 차려졌으니. 할아버지는 나이가 일흔은 넘어 보였다. 부인과 사별하고 은퇴 후 홀로 여행길에 오른 걸까. 수풀 어둠에 시선을 고정한 채 그는 침묵을 고수했다. 내가 알 수 있었던 건 지구 반대편 아일랜드에서 왔다는 사실뿐이었다. 수저가 접시에 부딪혀 달그락거리는 소리만 정적을 깨고 울렸다. 잘 자라는 말에 그는 겨우 고개를 끄덕이며 들릴락 말락 답을 했다.

나무 계단을 디뎌 오른다. 그곳은 내가 밤을 보낼 똥꼬난이다. 나는 쪽창으로 머리를 내밀고 조금 서늘해진 밤공기를 마신다. 달빛이 방 안으로 스며든다. 지상에서 이층이지만 천공에다가 잠자리를 마련한 기분이다. 천장을 분주히 쏘다니는 쥐들의 소동에 신경 쓰다 스르륵 잠의 문지방을 넘는다.

'또라자 땅'을 처음 방문한 사람이라면 특이한 형태를 지닌 전통 가옥 똥꼬난에 먼저 눈길을 빼앗길 터이다. 지붕마루만 보고서 산속에 웬 배들이 있나 의아해할지도 모르겠다. 똥꼬난 지붕이 뱃고물 모양으로 휘며 치솟은 까닭을 또라자족 조상이 배를 타고 바다 건너에서 왔다는 전설에서 찾기도 한다. 떠나온 고향을 잊지 않으려고 자신들이 타고 온 배 모양을 본떠 집을 지었다고 생각하면, 애틋한 마음이 들기도 한다. 나는 처마 양 끝으로 힘차고 날렵하게 휘어진 곡선에서 물소의 뿔을 그려본다. 또라자 사람들의 바보 같은 '꺼르바우(물소)' 사랑은 한계가 없어 보인다. 그들은 높다랗게 층층이 쌓아 올린 물소 뿔로 장례식에 얼마나 많은 물소를 제물로 바쳤는지 과시한다. 물소 머리를 표현한 문양으로 집 둘레 외벽을 장식한다. 수탉이 태양을 횃대 삼아 올라간 모습을 박공에 그려 넣기도 하는데, 교회와 이웃한 경우 십자가 탑을 차지한 닭 장식물과 묘한 대구를 이루기도 한다.

똥꼬난 정면에
층층이 내걸린
물소 뿔

　서양식 주택에 익숙한 외지인 눈에는 실용성과는 거리가 멀어 보이는 주거 형태일 테지만, 여기 주민들은 나름의 기준에 따라 가족 구성원과 쓰임새를 고려해 공간을 나누고 집을 짓는다. 똥꼬난 아래층은 물소 사육장이나 헛간으로 쓰이며 그 위층에 가족이 거주한다. 삼층에 해당하는 지붕 밑은 광처럼 비어 있다. 원래는 대나무를 쪼개어 촘촘하게 엮고 나무껍질이나 편편한 돌로 지붕을 얹었으나 요즘은 벌겋게 녹슨 함석지붕으로 바뀌는 형편이다. 똥꼬난과 모양은 비슷하지만 크기가 작고 아래쪽에 둥근 기둥만 세워진 집들이 마당 한편에 일렬로 서 있다면 그건 '알랑'이라 불리는 곡물 저장고이다. 해충으로부터 곡식을 지키려고 곡간을 공중에다 지었다. 시멘트나 나무로 지은 살림집을 따로 두어 그곳에서 실제 생활을 하는 모습도 보인다.

    정원 딸린 너른 마당에 집이 네댓 채, 때로는 SUV차에 오토바이가 두 대, 삼대가 어울려 사는 대가족 집안. 이 고장 사람은 다들 집 부자, 가족 부자인 셈이다.

    신출내기 시절, 서울에 직장을 구해 방을 얻었을 때 나를 충격에 빠뜨린 건 반지하 단칸방에서 생활해야 하는 곤궁함이 아니라 서너 가구가 함께 사는 이층짜리 주택에 마당 한 뼘 없다는 난감함이었다. 대청마루에 누웠다가 고개를 들면 대문 열린 마당 너머로 머리 풀어 헤친 버드나무의 흔들림이 보이던 시골집에 살다가, 재개발을 앞둔 언덕바지 골목으로 옮겨왔으니 더 했을 터이다. 그 후 십 년 세월에 고향 마을은 사라졌고 사람들은 흩어졌다.

쉬엄쉬엄 산책길에 나선다. 트레킹이라 하기엔 거창하고 꼭 도달할 행선지를 정한 것도 아니니 마실 나들이라고 부르는 게 어울릴 법하다. 길은 수풀에 기대어 구불거리며 나아간다. 그 길 중간에, 발아래 아득히 펼쳐지는 다랑논과 녹색 정원을 내려다보며 또라자 커피나 빈땅* 맥주를 마실 수 있는 가게가 나온다.

....

* 빈땅Bintang('별'이라는 뜻)은 인도네시아판 하이네켄 맥주다. 무슬림을 위한 배려인지 알코올이 들어가지 않은 '빈땅 제로'도 있다.

뫼자리로 쓸 만한 석회암 절벽이 없어서일까. 바윗덩이를 정으로 깎아 내어 묘혈을 만들었다. 묘를 파는 데에 엄청난 시간과 노력을 들였을 법하다. 목각 인형 대신 사진을 갖다 놓았다. 바뚜뚜몽아 인근 마을을 돌아다니다 보면 이런 바위 무덤을 길섶이나 농지 주변에서 쉽게 발견할 수 있다. 낮은 돌담을 두른 봉분이 곳곳에 흩어진 제주도 들판을 연상시키기도 한다.

나는 논 가운데 네모나거나 둥근 웅덩이가 뭔가 싶어 유심히 들여다본다. 수면에 작은 파문이 인다. 웅덩이에서 물고기가 떼 지어 헤엄친다. 잉어가 벼농사에 해로운 벌레를 해치울 테고 또 잉어를 키워 잡아먹을 수 있으니 농부에게는 일거양득인 셈이다.

비가 그친 후 물이 마르며 흙냄새, 풀 내음을 퍼뜨린다. 길에서 사람을 마주치기란 생각보다 어려운 일이다. 너나없이 오토바이를 타고 다니는 까닭에 그렇다. 이마에 끈을 대어 그 힘으로 등짐을 지고 가는 할머니를 만났다. 어디서 푸성귀를 캐오는지 광주리가 가득하다. "마나수 모레 따?" "굴레 수마나!" '안녕하세요'와 '고맙습니다'에 해당하는 또라자 말이다. 어색함을 물리고 스스럼없이 다가가기에는 그곳 토박이말로 전하는 인사만 한 게 없다.

남자들이 권하는 대로 한잔 들이켰다. 우유 빛깔을 띠었지만 그건 술이었다. 시큼한 막걸리 맛이 났다. 야자 술 '뚜악'이라고 했다. 벌목 작업을 하는 사내들은 전기톱을 두고도 빠랑parang이라 불리는 넓적한 칼을 허리춤에 하나씩 차고 있다. 나무 칼집에서 칼을 꺼내어 머리 위로 치켜들며 눈을 부라리는 남자. 겉보기에는 투박하지만 서슬이 시퍼렇게 살아 있는 칼이다. 이곳 사람들에게 칼은 항상 몸에 지녀야 할 긴요한 물건이다. 밀림을 헤쳐 나갈 때, 코코넛 같은 단단한 과일을 자를 때, 가축 먹일 꼴을 베거나 땔감을 장만할 때, 심지어 짐승을 잡는 데 쓰기도 한다. 그래서일까, 똥꼬난 출입문 위에는 부적처럼 칼 형상이 조각되어 있다.

길을 걷다가 나도 모르게 들어서고 보니 울타리 없는 마당 안이다. 할머니는 낟알이 그대로 붙은 벼를 양달에 널어 말리던 참이다. 아직 탈곡하지 않은 나락이다. 낫이나 칼로 벼 이삭 부분만 잘라 수확한 모양이다. 한쪽 눈이 안 보인다고 하면서도 할머니는 익숙하게 사다리를 딛고 곡물 창고를 오르내렸다.

돌아가는 길에 커피 가게에 다시 들렀다. 주인아주머니가 귀띔하길, 아름다운 풍경이 펼쳐지는 지름길로 가라고 했다. 큰길에서 벗어난 자리에 마을과 농지가 비밀 정원처럼 숨겨져 있을 줄은 몰랐다. 오후 마지막 햇살에 물빛과 하늘빛이 부드럽게 빛난다. "짠띡(예뻐)!" 산골 소녀들이 수줍은 웃음을 터뜨리며 눈을 반짝인다. 닭싸움에 나갈 수탉이라며, 담배를 꼬나문 사내들이 붉은 볏을 세운 닭을 안고 다투며 자랑해 보인다.

해 지는 쪽으로 걸었다. 진흙투성이 오르막 끝에 오늘 아침 내가 떠나왔던 똥꼬난이 나왔다.

저물녘, 바닷가 방파제를 따라 포장마차 식당인 와룽이 줄지어 들어선다. 이
웃한 시장은 먹고 입을 거리를 사러 나온 사람들로 법석인다. 다랑어 크기가
어마어마하다. 한국인이라는 걸 진작 알았다는 듯이 생선 장수는 나를 반갑
게 맞이한다. 항구 근처에 한국 회사가 있다고 하니, 나를 여행객이 아니라
거기 근무하는 직원이라 여긴 모양이다. 술라웨시, 빠레빠레

마마사로 가는 길

들쭉날쭉한 해안선이 만들어낸 술라웨시 섬의 유별난 생김새는 보는 이로 하여금 상상의 지도를 그리도록 부추긴다. 어떤 이는 알파벳 K, 난초, 표창이나 부메랑 모양이라 우길 테고, 좀 비뚤어진 사람이라면 뒤틀린 손가락이나 비틀거리는 머리 없는 괴물을 떠올릴지도 모르겠다. 술라웨시가 도로 상태와 교통편이 좋지 않은 데에는 이처럼 갈라진 네 손가락처럼 생긴 지형 탓도 크다. 자바 섬에는 그나마 낡고 혼잡한 버스라도 자주 다녔건만 술라웨시에서는 버스는 차치하고 합승택시 한 종류인 끼장을 타는 일조차 만만치 않다. 인원이 찰 때까지 무작정 대기하는 것쯤은 예삿일이다.

빠레빠레와 마마사를 잇는 직행 편을 찾지 못한 나는 일단 뽈레왈리라는 데로 이동해서 다른 차로 갈아타야 했다. 남자 다섯에 여자 다섯, 세 살배기 계집아이 하나. 탑승 정원 따위는 무의미하다. 차 안에 느닷없이 닭 울음소리가 퍼졌다. 그건 내 옆에 붙어 앉은, 카이저수염인 양 콧수염을 멋지게 기른 아저씨의 가랑이 사이에서 나는 소리였다. 진원지는 노란색 천 가방. 지퍼를 열자 기진맥진한 닭이 모가지를 내밀었다. 그는 이후로도 닭이 숨 막혀 기절이라도 할까 봐 걱정되었는지 무시로 가방을 열어 보곤 했다.

고갯길을 오르다 말고 차는 길가 식당 앞에 멈춰 섰다. 고속도로로 치면 휴게소인 셈이다. 일찌감치 저녁 끼니 시간을 주는 걸로 봐서 앞으로 갈 길이 먼 모양이다. 식당은 손님들로 붐볐다. 별 고민 없이 고른 메뉴는 이깐 고렝(생선 튀김)이다. 루마 마깐(식당)에서 밥을 먹을 때 주의할 점이 하나 있다. 음식 담은 접시와 함께 물그릇이 딸려 나오기 마련인데 멋모르고 거기에 입을 대서는 곤란하다. 마시는 물이 아니라 손 씻는 물이기 때문이다. 현지인들은 대개 깨끗이 씻은 오른손으로 밥을 떠먹는다. 숟가락 대신 손가락 끝으로 밥알과 식재료를 감촉하며 식사를 한다. 왼손은 식탁에서 환영받지 못한다. 화장실에서 뒤처리할 때나 쓰는 손이기 때문이다. 이것은 인도네시아만의 유별난 문화는 아니다. 전 세계적으로도 손으로 음식을 먹는 것을 당연하게 여기는 이들이 많다. 나는 물론 식당에서 음식을 주문하면서 숟가락과 포크를 달라고 부탁했다. 그러고는 그릇에 담긴 물로 손을 씻으며 숟가락도 헹구었다.

한바탕 속을 비우고 채운 사람들을 다시 태우고 승합차는 구불텅한 산길을 그르렁대며 기어올랐다. 엉망으로 웅덩이 팬 비탈을 엉덩이 마구 들썩이며 어지럽게 달렸다. 사실 달렸다는 표현은 어울리지 않는다. 이날 뽈레왈리에서 마마사까지 60킬로를 이동하는 데 여섯 시간이나 걸렸으니 평균 시속 10킬로라는 놀라운 기록을 세웠다.

하나둘 내리기 시작했다. 내 옆자리, 콧수염 아저씨도 닭이 든 가방과 박스 꾸러미를 챙겼다. 어둠 깔린 연변에 불 켜진 집이 드러나자 그의 얼굴에 미소가 번졌다. 차 문이 열리기도 전에 환호성이 퍼졌다. 마중 나온 가족과 이웃이 수십 명은 될 성싶었다. 늙은 어미와 누이들은 그를 얼싸안고 볼을 비볐다. 기쁨과 슬픔, 회한이 뒤섞인 눈물을 쏟아냈다. 아들로 보이는 남자아이가 가방에서 닭을 꺼내 날개를 펼치며 높이 들어 올렸다. 그런 광경을 나는 창 너머로 넋 놓고 바라보았다. 그는 얼마 만에 고향 집으로 돌아온 걸까. 혹시 저것이 닭싸움을 치른 후 제물로 바쳐질 수탉이라면, 그는 장례식을 지내러 멀리 객지에서 돌아온 건 아닐까. 불과 얼마 전까지 그저 평범한 중년 사내였지만 이제 그는 아버지이자 아들, 형이자 이웃사촌, 환영받는 돌아온 탕아였다. 부러움인지 뉘우침인지, 무언지 알 수 없는 물기가 내 눈에 맺혔다. 그를 보내고 차는 다시 어둠 속으로 들어갔다.

속도를 줄인 차가 어두컴컴한 골목으로 들어섰다. 비로소 계곡 마을에 도착한 것이다. 물어물어 숙소를 찾아가는 밤길, 환히 불 밝힌 교회에서 찬송가가 흘러나왔다.

일주일에 한 번, 들과 산에 묻혀 지내던 이들도 손수 기르고 거둬들인 작물을 들고 마마사로 모여든다. 월요일이면 이 지역에서 유일하게 제대로 된 마을인 마마사에 큰 장이 서기 때문이다. 말 그대로 가는 날이 장날이었다. 차양 아래 미로처럼 얽힌 골목을 발 디딜 틈 없이 메운 사람들, 그네들이 그려내는 몸짓과 난장을 시간 가는 줄 모르고 내 눈에 담았다. 정오를 넘기며 이내 파장 분위기로 접어들었다. 볼일을 마치고 짐보따리를 꾸린 산골 주민들을 빼곡히 싣고서야 버스 구실을 하는 트럭은 움직일 기미를 보였다.

마마사 사람들은 또라자 사람들과 형제지간이라 할 만큼 공통점을 많이 지닌다. 생김새뿐 아니라 생활 관습이 닮았고 이슬람이 아니라 기독교를 믿는다는 점마저 똑같다. 그럼에도 세세한 부분에서는 차이를 나타낸다. 주변 산물을 활용해 터전을 마련하고 풍토에 적응하다 보니 자연히 그렇게 되었으리라. 망자를 집 안에 모시고 물소를 제물로 바치는 것과 같은 장례 풍속이 마마사에도 전해오지만 따나 또라자에 견주면 그 규모가 간소한 편이다. 가옥 형태 또한 다른 모습을 보인다. 대나무 대신 일반 목재를 주로 사용해 집을 짓는다. 지붕은 비스듬히 미끄러지는 직선에 가까운 모양새를 띤다. 물소보다는 말 머리 장식이 흔하다. 높다란

산지로 둘러싸인 까닭에 마마사 주민의 삶은 그리 풍족한 편이 아니다.

마마사 계곡에는 기막힌 자연경관이나 야단스런 구경거리라고는 없다. 마마사 마을을 벗어나면 마을이라 부를 만한 데를 만나기란 쉽지 않다. 지도에 표시된 곳을 방문해도 오솔길 주위로 드문드문 흩어진 집들이 대여섯 채 나올 따름이다. 그렇지만 나에게는 관광지가 아니라서 좋았다. 여행지에서 우리는 뭔가 이색적이고 유별난 볼거리를 찾아 헤매지만 오히려 일상에 깃든 범속함에서 예기치 못한 감흥을 맛보기도 한다. 낯선 눈에는 하나하나가 귀하고 새롭게 비치기 마련이다.

분뚜 발라로 가는 길도 그러했다. 베모 운전사가 알려준 곳에 내려 시냇물이 흐르는 다리를 건넜다. 나는 수업을 마치고 귀가하는 꼬마들에게 길을 물으며 따라갔고, 와룽에서 통기타 치며 노래 부르는 청년들과 어울려 커피를 홀짝이며 잡담을 나누었다. 산자락에 숨은 동리를 순회하며 잡다한 생활용품이나 아이들 장난감을 파는 방물장수와 그 오토바이에 실린 물건에 관심을 보이는 여학생들에게 괜히 말을 걸기도 했다. 논에서 벼를 거둬들이는 가족을 만났을 때는 내 어릴 적 들녘 풍경이 떠오르기도 했다. 생각해보면 그동안 익숙했던 많은 것들이 사라졌다.

마을을 안내해주겠다며 앞장서는 청년을 따라다니며 분뚜 발라에 몇 안 되는 집들을 둘러보았다. 자기네 마을에 들른 외국인이 반가웠을 따름, 그에게 가이드를 자처해서 돈 몇 푼 얻어내려는 계산속 따위는 없었다. 따나 또라자에서 위용을 자랑하던 물소 뿔이 여기서는 볼품없는 꼴로 나무 기둥에 걸려 있었다. 지붕 아래 매달린 것은 장례식에 사용된 북과 의식을 치른 후 남겨진 물소 가죽이었다. 삼각돛처럼 솟아오른 지붕은 더위를 피할 그늘을 드리워주었다. 옷 널고 차 마실 넉넉한 자리를 얻었으니 집 주인은 어쩌면 저택 베란다가 부럽지 않을 터이다.

란떼 세빵 마을은 옛 방식으로 옷감과 담요를 짜는 공방이 있다고 해서 찾아간 곳이다. 천 파는 가게에 들러 옷감 짜는 시늉을 해 보였더니 가게 주인은 곧바로 눈치를 채고 언덕에 자리한 작업장으로 나를 데려갔다. 베틀을 허리에 두른 모습이 마치 사람 몸이 씨실과 날실을 엮는 도구의 일부로 변신한 듯 보였다. 그야말로 한 땀 한 땀 정성을 쏟았다. 한 필 완성하는 데 꼬박 하루가 걸리며 하나에 7만 루삐아에 팔린다고 한다.

수건처럼 생긴 머리쓰개가 특이하다. 아낙네들은 볕에 내놓은 벼를 발로 휘저어 말리고 키질을 해서 벼에 섞인 검불 따위를 날려 보내는 작업을 하던 참이었다. 기계화된 한국 농촌에서는 오래전 사라져 동화책 속에서나 접할 수 있는 광경이다. 출렁다리를 건너는 사람을 무심코 뒤따르다 보니 가래질을 끝낸 무논과 아이들이 뛰노는 통나무집이 나왔고, 이들 아낙네를 만났다.

마마사에 머문 사흘 동안, 아침마다 나는 별 볼 일 없는 계곡의 작은 동네를 찾아 길을 나섰다. 가난하지만 남루하지 않고 질박하면서도 생기 넘치는 이곳 삶에 이끌린 탓이다.

섬 속 호수
그곳에 가고 싶다

마닌자우 호수

쓰나미 후 10년

수마트라는 인도양과 태평양 사이, 믈라까 해협 아래 길게 누운 세계에서 여섯 번째로 큰 섬이다. 유럽에서 제일 큰 섬이라는 브리튼 섬보다 훨씬 크고 길이가 한반도 두 배에 달하며 섬 가운데로 적도가 지난다. 말레이 반도와 수마트라 섬을 가르는 믈라까 해협은 수에즈 운하나 파나마 운하에 버금갈 만큼 해상 물동량이 상당하다. 페르시아 만을 떠난 원유 수송선은 대부분 이 바닷길을 지나 우리나라를 비롯한 동아시아로 향한다. 선박을 나포해 선원들 몸값을 요구하는 해적이 이곳에 출몰하기도 한다.

인도네시아로 이슬람이 들어온 길목이었던 데가 수마트라의 반다 아쩨 Banda Aceh이다. 서아시아나 북아프리카 나라들에 비해 이슬람 문화가 다소 느슨하게 생활에 스며든 편인 인도네시아에서 반다 아쩨는 이슬람 색채가 강한 도시로 손꼽힌다. 지명에 항구를 뜻하는 '반다'가 들어간 데서도 짐작할 수 있듯이 반다 아쩨는 '메카의 관문'이라 불리며 이슬람 성지 메카로 배를 타고 떠나는 순례자들이 모여들던 곳이다.

네덜란드 식민 지배에 저항해 19세기 후반 치열한 전쟁을 벌인 역사를 가진 아쩨 지역 이슬람 세력은 인도네시아 국가 수립 직후에는 중앙 정부에 맞서 이슬람 공화국을 선포하기도 했다. 아쩨 지역의 분리 독립을 주장하는 무장 세력(GAM, 자유아쩨운동)과 인도네시아 정부군 간의 충돌은 1976년부터 2005년까지 30년 동안이나 지속되었다. 인도네시아 정부는 자치권 부여와 무력 공격이라는 강온 양면책을 쓰며 석유와 천연가스가 다량으로 묻힌 이 지역을 차지하고자 했다.

권력과 자원을 놓고 분쟁을 일삼던 인간은 자연재해 앞에서 한없이 무기력했다. 크리스마스 이튿날이었던 2004년 12월 26일, 반다 아쩨 앞바다에서 모멘트 규모 9.1의 강력한 해저 지진이 발생했다. 지진은 인도네시아와 말레이시아, 태국, 미얀마, 몰디브, 방글라데시는 물론, 인도와 스리랑카, 심지어 아프리카 동부 소말리아와 마다가스카르까지 영향을 미쳤다. 지진 해일 즉 쓰나미가 몰고 온 대재앙으로 모든 게 일시에 정지했다. 도시는 온통 편평한 폐허로 변했고, 반군과 정부군 간의 전쟁은 멈췄다. 수마트라에서만 17만 명, 인도양 주변 열네 나라에서 약 25만 명이 한순간에 목숨을 잃었다. 어느 해안 마을에서는 주민 90%가 사망하거나 실종되었다. 무분별한 개발로 인해 파도를 막는 완충 역할을 해주던 산호초 군락과 맹그로브 숲이 사라져 피해를 더욱 키웠다.

'슬픔은 우기처럼 쏟아지고 고통은 건기처럼 내리쬐는' 반다 아쩨로 나를 이끈 것은 박노해 시인의 책 《아체는 너무 오래 울고 있다》였다. 멀끔하게 새 단장을 끝낸 도시에서 10년 전 절망의 흔적은 쓰나미 박물관이나 기념물, 희생자들이 묻힌 묘지에서나 찾아볼 수 있었다. 그럼에도 상흔이 아물고 고통이 사라지기까지는 살아남은 이들에게 아직도 많은 시간이 필요해 보였다.

2004년 쓰나미 당시 처참한 현장을 기록한 사진에서, 쑥대밭으로 변한 반다 아쩨 시가지 한복판에 홀로 남겨진 하얀 건물을 발견할 수 있다. 그것은 '대 모스크' 마스지드 라야 바이뚜르라흐만이다. 무슬림이라면 신의 보살핌이 내려 마스지드가 파괴되지 않았다고 여길지 모르지만 이슬람 도시에서 가장 튼튼하게 지어진 건물은 이슬람 사원이기 마련이다. 19세기 후반 네덜란드가 반다 아쩨의 술탄을 공격했을 때 마스지드가 불타버리자 화난 민심을 달래려고 식민 정부는 그 자리에 사원을 새로 세웠고, 증축을 거치며 오늘날에 이르렀다.

　부두에 떠 있어야 할 배가 웬 주택가에… 일명 '집 속의 배(boat in the house)'. 육지로 올라온 대형 선박을 앞에 두고 최대 높이 30미터에 달했다는 파도의 위력과 공포를 실감하지 않을 수 없다. 2,500톤짜리 철선이 해일에 밀려 4킬로미터나 내륙으로 들어와 주택가에 정박했다. PLTD Apung이라는 이 배는 쓰나미 발생 전에는 자체 발전기를 돌려 어촌에 전력을 공급하던 선박이었으나, 지금은 재앙을 상기시키는 거대 기록물이자 쓰나미 박물관과 함께 다크 투어리즘 코스의 일부가 되었다.

　현지인들의 주말 나들이 장소였다는 울레레 해변에 들렀다. 물빛은 흐렸고 시간을 잊은 파도가 높이 들썩일 뿐 파도 타는 서퍼조차 하나 보이지 않았다. 바닷가에 심어놓은 나무들은 돌보는 이가 없어 말라 죽어가고 있었다. 도로변을 걷다 보니 신원 미상의 주검들이 합장되어 있다는 쓸쓸한 묘지가 나왔다.

'집 속의 배'

호수와 화산재가 키운 커피

따껭온에 도착한 것은 해거름 녘이었다. 첫인상은 안개로 시작되었다. 거리 상점과 자동차에서 흘러나온 불빛이 희뿌연 안개 터널 속으로 스며들었다. 텔레비전에서는 머나먼 땅 유럽에서 벌어지는 축구 시합을 중계하고 있었고, 식당에 모인 남자들은 자기 나라 사람이 한 명도 나오지 않는 경기에 환호를 보냈다. 커피 한 잔을 앞에 놓고 맥주 몇 병을 비우기라도 한 듯 열을 올렸다.

라웃 따와르는 해발 1,100미터 고원에 자리한 화산 호수다. 그 호수를 두른 산마을이 따껭온이다. 높은 고도와 넓은 호수 탓인지 날씨는 좀체 종잡을 수 없고 기온은 밤낮으로 냉온탕을 오간다. 안개는 비로 바뀌고 폭우는 천둥 번개를 데려온다. 아침이면 언제 그랬냐는 듯 태양은 투명한 대기 중으로 물기를 빨아들인다. 변화무쌍한 날씨에 여행자의 마음도 기분 좋은 파동을 그린다.

거뭇한 밭이랑 사이로 연초록빛이 일렁인다. 김매는 농부들 어깨 너머로 뭉게구름이 피어오른다. 물에 잠긴 통나무배에 하늘이 담겼다. 부레옥잠 연분홍 꽃이 수북이 피었다. 발밑이 푹 꺼지는 통에 화들짝 놀란다. 무성한 풀로 덮였건만 땅은 스펀지처럼 물컹하다. 발자국마다 물이 배어 올라온다. 나는 조심스레 대나무를 디뎌 밟으며 물가 오두막으로 다가갔다. 남자들 몇몇이 카누 끝에서 균형을 잡으며 무언가를 길어 올리는 참이다. 그곳은 잉어와 새우의 서식지였다.

흙길을 경계로 물고기 헤엄치는 양식장과 벼가 누렇게 익어가는 농경지가 양쪽에 펼쳐졌다. 할아버지 한 분이 나를 그늘로 불러들였다. 내 서투른 인도네시아어 대꾸에 할아버지는 신이 나서 이야깃거리를 풀어놓았다. 수마트라산 원목을 수입하는 한국 기업에서 7년간이나 근무했다며 그때를 회상했다. 그 회사에 다니던 시절 상사이자 친구로 지낸 사람이 나와 성이 같은 '미스터 김'이라고 했다. 곁에서 대화를 듣고 있던 할머니가 나무토막을 하나 가져왔고, 할아버지는 칼로 한쪽을 베어내 냄새를 맡게 했다. 땅바닥에 그림을 그려가며 설명을 하던 차에 내가 알아듣지 못하는 듯하자 자신이 어떤 원목을 취급했는지 알려주고 싶었던 거다. 회사가 철수한 뒤로 할아버지는 고기잡이로 생활하고 있다고 했다. 이날 저녁에 나는 한국 사조산업의 어선에서 5년 동안 일했다는 남자를 만나기도 했다. 그때 번 돈이 큰 사업을 벌일 만큼 충분치 않았던 걸까, 아니면 다른 마땅한 일거리를 찾지 못한 걸까. 그는 어둑한 거리에서 어묵과 꼬치구이를 팔고 있었다. 한국 부산을 기억하는 그에게서 사 먹은 꼬치구이는 무척 매콤했다.

호수를 따라 도는 길이 집들을 만나 끊어졌다. 노인은 대나무를 쪼개어 어구를 만드는 중이었다. 입구는 넓고 끝은 좁은 데다 일단 들어오면 빠져나가지 못하는 얼개로 엮어진 통발. 물고기는 미끼를 노리고 들어갔다가 그 안에 꼼짝없이 갇히고 마는 것이다. 커다란 로켓 모양부터 사람 팔뚝만 한 원뿔형까지 여러 가지 통발이 창고에 가득했다.

나는 마을에서 멀어지며 경사지 언덕을 올랐다. 높은 데서 내려다보는 호수는 바다처럼 푸르고 넓다. 라웃 따와르가 '민물 바다'라는 의미이니 그럴 만도 하리라.

인도네시아는 베트남과 더불어 아시아 최대 커피 생산국이다. 네덜란드 식민 시절 조성된 대규모 커피 농장과 차밭이 각지에 분포한다. 인도네시아 커피 하면 '자바 커피'를 우선 떠올릴 테지만 이 나라 커피 주요 산지는 자바가 아니라 수마트라와 술라웨시의 고원 지대다. 자바 섬에는 커피보다는 오히려 차가 많이 생산된다. 수마트라는 만델링 커피와 린똥 커피, 아쩨 가요 커피, 술라웨시는 또라자 커피로 유명하다. 인도네시아 커피 3분의 2가 수마트라에서 나온다. 가요 마운틴Gayo Mountain은 따와르 호수를 둘러싼 아쩨 가요 산간 지대에서 나는 질 좋은 커피를 이르는 말이다.

인도네시아에서 커피를 마시는 방식은 터키식과 비슷하다. '꼬삐 뚜브룩'이라고 해서 흔히들 필터로 거르지 않고 커피 가루 그대로 뜨거운 물을 부어 진하게 마신다. 둥둥 떠다니는 가루를 입술에 묻히지 않으려면 앙금을 가라앉힌 뒤에 마시는 게 좋다. 나는 사향고양이 배설물을 원료로 해서 만든, 세계에서 가장 비싼 커피 '꼬삐 루왁'은 구경도 못 했지만, 두통을 일으킬 정도로 단맛이 진한 밀크 커피, 꼬삐 수수kopi susu는 물리도록 마셔보았다. 인도네시아 남자들은 날계란을 풀어 넣어 건강까지 챙긴 '꼬삐 뗄루르 꼬쪽'을 즐겨 마셨다. 반다 아쩨의 한 커피집에 들렀을 때에는 융드립퍼를 연상시키는 거름망을 사용하는 모습을 보기도 했다.

나는 커피 농장을 방문하고 싶었지만 그곳이 어디에 있고 어떻게 찾아가는지 몰랐다. 숙소 옆에 '호라스 꼬삐 가요'('호라스horas'는 북 수마트라 인사말)라는 인테리어가 깔끔한 작은 카페가 있었다. 턱수염을 멋지게 기른 남자에게 꼬삐 수수를 주문하고는 부근 어디에 커피 농장이 있는지 물었다. 카페 주인인 듯한 여자가 마침 가게로 들어섰다. 그녀는 카페에서 쓰는 생두를 가져오는 곳이라며 블랑 글르와 우망이라는 마을을 알려주었다. 한국인 사업가가 그곳에서 커피콩을 구입해가고 있다는 말도 덧붙였다. 나는 따껭온에서 10킬로 떨어져 있다는 블랑 글르 마을을 찾아가기로 했다.

따껭온 시장에서 베짝을 불러 세웠다. 오토바이 엔진을 단 베짝이었다. 운전사에게 수첩에 적어둔 마을 이름을 보여주며 '꺼분 꼬뻬(커피 농장)'로 가지고 부탁했다. 발아래로 따와르 호수를 두고 한참을 달려서야 산비탈을 일군 커피 밭이 나왔다. 마을에 닿는 대로 농장에 들러 커피 수확 현장을 직접 볼 수 있으리라 여겼건만 막상 도착하고 보니 사정이 여의치 않았다. 그토록 넓은 땅 어느 모퉁이에서 농부들이 커피 체리를 따고 있을지 도저히 어림이 안 되었다. 베짝 기사 땀린은 재발랐다. 그는 내가 무얼 원하지 눈치채고는 커피 가공 공장에 들러서 정보를 얻고 주민과 마주칠 때마다 길을 물었다. 여행 가이드도 아닌 그로서는 마을에 나를 내려주고 돈만 챙기면 그만이었을 텐데 말이다. 그 덕택에, 생두를 선별하는 작업 현장을 엿보고 빨갛게 익은 커피콩을 손으로 따는 농부들을 가까이서 만날 수 있었다. 농부들이 두 손을 부지런히 놀리는 동안 붉은 열매 낱알들이 허리에 묶인 포대 자루 속에 쌓여갔다. 불쑥 나타난 나를 다들 반갑게 맞아주었다. 사진 찍는답시고 일에 방해나 놓지 않을까 하는 염려는 물러갔다.

기업형 플랜테이션으로 운영되는 자바 이젠 고원과는 달리, 이 지역에서는 농가나 마을 단위로 커피 밭을 경작하고 공동으로 수확 작업을 하는 것으로 보였다. 가요 마운틴 커피는 적당한 햇볕과 습기, 바람을 맞으며 비옥한 화산재 토양에서 유기농으로 재배되는 까닭에 품질이 우수하다고 알려졌다.

'숲 사람' 오랑우탄을 찾아서

이럴 수가, 산에 나무가 없다. 있긴 하지만 드물고 성기다. 수마트라 내륙을 관통하는 도로를 따라 울울창창한 숲이 펼쳐지리라 기대했는데 말이다. 연기가 피어오른다. 마치 껍질을 벗기다 만 과일처럼 산마루만 남기고 등성이로 온통 개간한 밭이다. 경작지를 넓히기 위해 원시림을 베어내고 불을 질렀다. 빽빽하던 산림을 좀먹듯 잠식한 것은 팜오일과 천연고무를 대량 생산하는 플랜테이션이다.

자연보호구역에 접근하면서 비로소 숲은 밀도가 더해진다. 수마트라 호랑이, 코뿔소, 코끼리, 긴꼬리원숭이, 오랑우탄 등 수마트라 고유종 포유류를 비롯한 멸종 위기에 처한 희귀 동식물이 구눙 레우서르 국립공원에 서식한다. 호랑이와 코뿔소의 경우 최근 10년간 발자국만 발견되었고 실물을 목격한 사례는 없다고 한다. 인간 종의 사촌인 '숲 사람' 오랑우탄은 전 세계적으로 보르네오와 수마트라에만 살고 있다. 비글호 항해에서 돌아온 찰스 다윈에게 인류 진화에 대한 믿음을 심어준 동물이 바로 오랑우탄이다. 그는 런던 동물원에서 오랑우탄을 관찰하면서 붉은 털을 지닌 이 유인원이 우리 인간과 다름없이 감정을 표현하는 동물임을 깨달았다. 나무 열매를 먹이로 하는 오랑우탄에게 벌목과 화재로 인한 서식지 파괴는 치명적이다. 불타는 숲에서 겨우 살아남은 오랑우탄은 사냥꾼의 표적이 되어 총이나 몽둥이에 맞아 죽는다. 오랑우탄 새끼는 밀렵꾼에게 잡혀 애완동물로 팔려 나가기도 한다. 그뿐 아니라 밀림을 떠돌며 사냥과 채집으로 살아온 오랑 림바(오랑우탄과 마찬가지로 '숲 사람'이라는 뜻) 사람들은 마구잡이식 벌목 앞에 생존마저 위협받고 있다.

살아 있는 오랑우탄을 관찰하는 것. 사람들이 이곳 국립공원을 방문하는 목적이다. 부낏 라왕과 께땀베는 수마트라에서 야생 오랑우탄을 볼 수 있는 대표적인 장소다. 둘 중에서 내국인과 외국인을 막론하고 단연 인기를 누리는 데는 부낏 라왕이다. 대도시 메단에서 접근이 용이할 뿐더러 거기서는 오랑우탄을 목전에 두고 구경할 수 있다는 점이 그 이유다. 부낏 라왕의 유인원은 사람을 두려워하지 않는다. 관광객이 던져주는 먹을거리에 길들었기 때문이다. 부낏 라왕 인근에 출몰하는 오랑우탄은 사실상 야생성을 반쯤 잃은 상태다. 인간과 접촉한 유인원은 인간의 질병을 앓다가 죽기도 한다니. 유럽인이 면역력이 없는 아메리카 선주민에게 병균을 옮겨 몰살시켰던 역사가 떠오른다.

야생 동물을 보러 가는 호기심 어린 행동이 동물의 야생성을 앗아가고 더 깊은 숲속으로 그들을 내쫓는다. 생태관광은 '지속 가능한 개발'이나 '공정 무역'만큼이나 어휘 속에 모순을 안고 있다. 생태계를 훼손하는 생태관광, 어쩌면 친환경 이미지로 포장한 마케팅 전략이나 유행에 지나지 않아 보인다. 나쁘게 표현하면, 자연을 상품으로 팔아먹고 소비하는 격이다. 그 일부가 좋은 일에 쓰이리라는 알량한 기대로 사람들은 에코를 내세운 투어 프로그램에 큰돈을 내겠지만 말이다. 개발은 파괴를 가져오기 마련이고 '지속'은 나머지 자연인 인간에게만 해당한다. 누구에게나 혜택이 골고루 돌아가는 공정한 무역이란 있을 수 없듯이, 생태계에 해를 끼치지 않으면서 모험을 즐기는 관광이란 게 어찌 가능하겠는가. 관광객은 어차피 한 번 왔던 데에는 다시 오고 싶지 않을 테고 아직 덜 망가진 다른 산과 바다를 찾아 떠나면 그만일 테니까. SF영화에서 예언한 대로 머지않은 미래에 우리는 테마파크처럼 적정하게 관리되는 인공

정원 내에서 안전하게 자연을 경험하는 세상에 살게 될지도 모른다.

생태관광이나 공정여행이 따로 있는 게 아니다. 대중교통을 이용하거나 걸어 다니되 떼거리로 몰려다니지 않는 것이다. 그 땅에서 나는 재료로 만든 음식을 먹고 현지인이 운영하는 소규모 숙소에 머무르며, 찬물로 샤워하거나 이삼일 머리를 감지 못하는 일쯤은 아무렇지도 않게 생각하면 된다. 자연을 자원으로 여기지 않고, 그곳에 사는 이들을 친구로 사귀며, 산업이 아니라 삶이라는 단어를 여행 뒤에 붙이면서, 공정여행은 시작된다.

나로서는 오랑우탄이라면 그저 멀찍이서 한번 볼 수 있으면 족했고 그렇지 못하더라도 섭섭할 일은 없었기에 부낏 라왕이 아니라 께땀베, 현지어로는 발라이 루뚜로 불리는 산마을로 향했다.

도중에 인도네시아 청년 둘, 이탈리아에서 온 아저씨, 나 이렇게 넷은 미니버스에서 끼장으로 옮겨 타야 했다. 다른 인도네시아 남자들은 대책이라도 있는지 멈춰버린 승합차 곁을 떠나지 않았다. 산악 도로를 달리던 차가 연달아 펑크가 나면서 갈아 끼울 여분의 타이어마저 없게 되자 지나가던 끼장을 불러 세운 참이다. 마침 뒷자리가 비어 있었다. 셋이 앉을 공간에 남자 넷이 어떻게든 몸을 구겨 넣었지만 문제는 짐이었다. 차 뒤편에 가방을 싣고 나니 이탈리아 아저씨 파브리지오의 커다란 배낭을 놓을 데가 없었다. 그는 60리터짜리 배낭을 옆자리 청년과 무게를 분산하여 허벅지 위에 올려놓고 가다가 도저히 참지 못하고 비명을 질렀다. 착한 청년이 외국인 여행객을 생각해서 내놓은 묘책이라는 게 의자에 배낭을 수직으로 세우고 자신은 친구와 샌드위치로 포개어 앉는 방법이었다. 그냥 앉더라도 무릎이 앞좌석에 붙어버리는 상황이었는데 불구하고, 미안함을 무마하고 싶었는지 파브리지오는 떠듬거리는 인도네시아어로 그들에게 공연한 질문을 던져댔다. 오랑우탄을 보러 께땀베에 간다는 말에 앞자리 아주머니가 웃음을 터뜨렸고 나도 미소를 흘렸는데, 그건 곱슬머리에 수염으로 덮인 그의 얼굴이 영장류를 연상시켰기 때문이다.

그는 4월에서 12월까지 무려 9개월간 수마트라에서부터 빠뿌아까지 인도네시아 전역을 둘러볼 계획이라고 했다. 딴은 그럴 법도 하다. 해양을 포함하면 그 안에 유럽이 들어갈 만치 큰 나라가 아닌가. 인도네시아를 천천히 촘촘히 여행하려면 한 해를 채워도 모자라지 않을까. 이후 나는 그와 브라스따기에서 재회했다.

방갈로가 세워진 데는 그야말로 정글 한 귀퉁이였다. 나는 전기 나간 방에 촛불을 켜고 누웠다. 밤을 재촉하는 비가 쏟아져 내렸다. 벼락이 칠 때마다 어둠을 가르며 씻어내는 빗줄기가 번쩍거렸다. 알 수 없는 짐승이 수선스레 울어댔다. 어김없이 아침 해가 떠올랐고 언제 그랬냐는 듯 날씨는 더할 나위 없이 쾌청했다. 숙소 주인장 아들을 길라잡이 삼아 한나절 정글 트레킹을 떠나기로 했다. 숲속에 사는 팔이 길고 털이 붉은 사람을 찾아서.

울창한 수풀에 가려 빛이 잦아든다. 축축한 땅에서 습기가 올라와 땀과 범벅이 된다. 이마에서 흘러내린 짠물이 눈을 찌르고 안경이 콧등에서 자꾸만 미끄러진다. 앞서가던 가이드 친구가 담배를 피워대는 통에 정글에서도 담배 연기에 시달린다. 혹시 오랑우탄이 있나 싶어 고개를 추켜들고 나무 꼭대기를 올려다본다. 밀림을 헤매는 사람을 비웃기나 하듯 '숲 사람'은 모습을 드러내지 않고 새소리 짐승 소리만 울려 퍼진다.

동물은 보지 못하고 나무 사진만 찍었다. 줄기를 뱀처럼 목 조이며 기어오르는 람붕이라는 나무, 주머니 모양의 잎 안으로 떨어진 벌레를 잡아먹는다는 식충식물이 신기하다. 따끔거리는 느낌에 발목을 걷어 올렸더니 거머리 네댓 마리가 달라붙어 꼬물거린다. 거머리를 떼어낸 자리에 피 빨린 자국이 선명하다. 바지 밑단에 보호대랍시고 천을 둘렀지만 소용이 없었다.

단체로 정글 탐험에 나선 이들이 여울가에 캠핑장을 차리고 점심거리를 준비하는 참이다. 여행객들이 차가운 물에 뛰어들어 땀을 씻어내는 동안, 현지인 가이드들은 돌 틈에 불을 피우고 그 위에 프라이팬을 올려 능숙하게 음식을 튀기고 볶았다. 나도 그들과 합류해 달걀 넣은 비빔밥을 달게 먹었다. 그들 중 한 친구가 2박 3일은 야영하며 정글 깊숙이 들어가야 희귀한 야생 동물을 만날 수 있을 거라는 얘기를 전한다. 곁에 앉은 할아버지 손등에 얼룩무늬 나비가 내려앉아 날개를 까닥인다. 그걸 가만 바라보고 있자니 행복은 나비와 같다는 말이 문득 떠올랐다. 애써 잡으려 하면 달아나고 무심히 놓아두면 살며시 날아와 앉는 나비.

정글을 나오는 길에도 오랑우탄을 볼 수 없자 가이드는 스스로 나무줄기에 매달려 오랑우탄 흉내를 내었다. 풀숲으로 뭔가 후드득 떨어졌다. 오랑우탄이 까먹던 열매껍질이었다. 정작 나무 우듬지를 타고 넘는 오랑우탄 가족을 올려다본 건 도로변에서 얼마 떨어지지 않은 강가 숲에서였다.

침묵이 자연스러운 순간이지만 청춘들은 기타를 튕기며 감동에 감정을 더한다. 누군가 분화구 바닥에 돌을 놓아 제 이름을 새기고 다녀간 흔적을 남겼다. 나는 칼데라 가장자리를 돌아 오른다. 발밑으로 아찔하게 펼쳐진 풍경이 반대편 골짜기라고 깨닫는 찰나, 돌연 안개구름이 몰려와 시야를 가린다. 길은 사라지고 분화구마저 안개 속에 숨었다.

정글을 지나 온천 마을 방면으로 내려가려던 계획을 접고 발길을 되돌린다. 빗방울이 듣는가 싶더니 금세 폭우로 변했다. 물 머금어 미끄러운 진창길은 올라갈 때 그 길이 아니다. 동굴 모양으로 덩굴이 얽힌 곳에 다다를 때까지 비를 흠뻑 맞았다. 나처럼 비를 피해 들어온 젊은이들과 눈웃음을 교환한다. 천막을 치고 요깃거리를 파는 매점이 흙길이 끝나는 자리에 들어서 있다. 거기서 남녀 대학생들과 어울려, 뺨에 묻은 빗물을 손등으로 닦으며 컵라면을 맛있게 비우는 사이 스콜은 물러갔다. 수마트라, 브라스따기, 시바약 산

돼지고기를 먹는 사람들

까로 바딱 전통 양식으로 지은 집들이 남아 있다는 소식에 브라스따기에서 버스를 바꿔 타며 방문한 데가 링가 마을이다. 까로 바딱 사람들은 또바 호수의 바딱족이 건너와 정착했다고 알려졌다.

거칠거칠한 짐승 털을 연상시키는 짚으로 덮인 지붕과 그 꼭대기에 튀어나온 뿔 장식에 먼저 시선이 갔다. 까로 바딱족의 집은 세 공간으로 나뉜다. 각각 지하와 지상, 하늘을 나타낸다. 아래층에는 귀신이 지나다니고 이층은 사람이 생활하고 지붕 아래는 신이 머문다. 한 집에 때로는 여덟 친척 가족이 모여 산다. 공동 집회소로 쓰이는 집, 조상 유골을 모아두는 집, 쌀을 저장해두는 집이 따로 있다.

할머니께 손짓으로 허락을 구하고서, 고양이가 입구를 지키는 위층으로 사다리를 타고 올라갔다. 고개를 숙이고서야 들어갈 수 있을 만큼 출입문이 작았다. 어둡지만 꽤 널찍한 공간이 나왔다. 조명이라고는 탁한 백열등 하나가 전부라 눈이 밝아지는 데 시간이 필요했다. 긴 마루를 가운데 두고 좌우로 여러 개 방이 이어졌다. 군데군데 바닥을 파내고 돌을 놓은 자리는 불 피워 끼니를 끓이는 화덕이다. 나무로 짜 맞춘 선반이 세간살이를 담아두는 용도로 천장 아래 매달렸다. 이 집 가족 중 누군가 방문을 열고 나오기라도 하면 서로 놀랄까 봐, 나는 서둘러 그곳을 내려왔다.

여자들 입과 손끝이 빨갛게 물들었다. 천연물감으로 입술연지를 바른 격이다. 시리sirih('구장'이라고도 불리는 후춧과 풀) 잎에 뜸바까우라는 잎담배

를 뭉쳐 껌처럼 씹는 중이다. 그걸 씹으면 이빨이 튼튼해지고 기운이 솟
으며 붉은 입술이 건강미를 더해준다는 데야 뭐라 할 순 없는 노릇이다.
하기는 일본에서도 '오하구로'라 해서 옻칠이라도 한 듯 흑갈색으로 물들
인 치아를 미인의 필수 조건으로 꼽았었다고 하질 않는가. 내 눈에는 검
붉은 입이 혐오감을 주어 되레 사내들을 달아나게 하지나 않을까 싶지만
말이다.

골목에서 만난 한 남자가 나를 집으로 초대했다. 그는 세상에 나온 지 일주일도 안 된 갓난아이의 아빠였다. 벽에 걸린 결혼식 사진 속에서 하얗게 화장한 얼굴로 웃고 있는 신부가 지금의 아기 엄마였다. 나는 눈도 뜨지 못한 아기를 포대기에 안은 부부를 카메라에 담으며 아기의 앞날에 행운을 빌어주었다. 다음에 그가 나를 데려간 곳은 카페였다. 전통 마을에도 벽걸이 티브이로 스포츠 경기를 중계하는 찻집이 있었다. 다른 지역과 마찬가지로 카페는 사내들 차지였다. 그들은 느긋하게 앉아 담배 피우고 커피 마시며, 신문을 보거나 체스 비슷한 게임을 했다. 그러는 틈틈이 권투 시합이 벌어지는 화면에 눈길 던지는 걸 잊지 않았다.

지글지글 장작불에 익어가는 꼬치구이가 침샘을 자극한다. 남자들이 고기를 썰어 꼬챙이에 끼우고 불에 굽는 동안 여자들은 마을 회관에 카펫을 펼치고 둘러앉아 잎담배를 씹으며 얘기꽃을 피운다. 주민들은 돼지고기를 먹는 데 아무런 거리낌이 없다. 여기 사람들이 믿는 종교는 이슬람이 아니라 기독교이기 때문이다. 바딱족은 '돼지고기를 먹는 사람들'이라 일컬어지는데, 할랄halal(이슬람 율법에 따라 허용된 음식이나 제품)을 고집하는 무슬림들에 의해 조금은 비아냥조로 그렇게 불린다.

유대교나 이슬람교를 믿는 사람에게 돼지는 불결하고 혐오스러운 동물이지만, 빠뿌아와 멜라네시아 여러 섬의 토착 부족에게는 가족 같은 존재이고 열망과 숭배의 대상이다. 인도 힌두교도에게 신성한 동물로 사랑받는 암소, 그렇지만 한 나라 안에서도 무슬림에게는 그저 중요한 단백질 공급원 중 하나일 뿐이다. 한 곳에서는 악으로 여겨지던 일이 다른 데서는 선으로 받들어지고 여기서의 상식이 저기서는 금기로 떨어지기도 한다. 봄 여름 가을 겨울의 순환을 당연한 자연법칙으로 여기던 사람도 열대로 옮겨오면 우기와 건기라는 계절만이 그곳에 존재함을 깨닫듯이 말이다. 미추의 기준이 그러하듯 좋고 나쁨을 가르는 잣대 역시 시대와 장소에 따라 변하기 마련이다.

섬 속 섬
호수 속 호수

땅 밑으로 흐르던 강이 절벽을 만나 폭포가 되었다. 시삐소삐소Sipiso-piso
라는 이름 그대로 날카로운 칼처럼 120미터 아래로 수직 낙하한다. 사
람과 사물은 선을 잃고 뭉개졌다. 물먹은 카메라 렌즈는 초점을 잃었다.
폭포 소리가 함성을 압도한다. 나는 하늘에서 내리는 빗줄기와 폭포에서
쏟아져 흩뿌리는 물줄기를 함께 맞으며 흥분과 감탄에 젖어든다. 폭포는
까로 고원에서 떨어져 호수로 흘러든다. 멀리 해안선처럼 보이는 것이 또
바 호수다.

다나우 또바Danau Toba는 세계에서 가장 큰 칼데라 호수다. 화산 분출이 네 차례 거듭되는 과정에 호수가 생겨났다. 7만 4천 년 전 마지막 분화噴火 때에는 엄청난 양의 화산재가 발생해 지구 대기를 가렸고 그 여파로 인류를 멸종 위기로 몰고 간 빙하기가 왔다고 한다. 인류 진화에까지 영향을 미친 이 대분화는 지난 250만 년을 통틀어 가장 큰 화산 폭발로 여겨진다.

아이가 부르는 쾌활한 노래가 처량하게 들린다. 현지인 여자를 거느린 나이 든 유럽 남자가 아이에게 돈을 적선한다. 추적추적 빗방울이 듣고 느릿느릿 배는 물을 건너 섬으로 간다. 제주도만 한 크기의 호수 가운데에 싱가포르보다 큰 섬이 떠 있다.

사모시르 섬 둘레를 거닐다 보면 십자가가 세워진 묘를 쉽게 발견하게 된다. 섬 주민 대부분이 개신교 신자이기 때문이다. 하지만 19세기 중반까지만 해도 이곳에는 기독교 선교사들이 야만의 유습이라고 치를 떨 만한 식인 풍습이 남아 있었다고 하니, 믿기지 않는다. 또바 바딱족의 옛 마을을 재현해놓은 암바리따에 가면 그 풍습의 흔적을 접할 수 있다. 마당 가운데 둥글게 늘어선 돌의자들, 그 자리는 부족 원로들이 모여 중요한 안건을 협의하는 야외 회의장이자 죄인이나 적의 포로를 어떻게 처리할지 결정하는 법정이기도 했다. 운 나쁜 희생자는 단두대로 쓰이는 바위에 눕혀져 목이 잘렸고 결국 음식으로 요리되었다고 한다. 이웃 나라에서 온 관광객들이 바위에 드러누워 목이 잘리는 시늉을 하며 폭소를 터뜨린다. 한쪽에서는 사람보다 큰 나무 인형이 바딱 전통 옷을 입고 음악에 맞춰 춤을 추다가 멈추곤 한다. 관광객이 손에 지폐를 꽂아주자 기계인형은 다시 움직였다.

수요일에만 열린다는 시장이 보고 싶어 섬에서 가장 큰 마을인 빵우루란을 일부러 찾았다. 배를 타고 버스 지붕이나 트럭 짐칸에 곡물 자루 따위를 싣고, 호수 주변 곳곳에서 사람들이 모여 들었다. 나는 북새통을 이룬 장마당을 실컷 돌아다녔다.

나는 빵우루란에서 또목까지 섬을 횡단하고 싶었으나 그러진 못하고 그 길에 놓인 작은 호수에 멈추었다. 수마트라 섬 속에 있는 섬이자 또바 호수 안에 놓인 섬인 사모시르, 그리고 그 호수와 섬이 다시 품은 호수 시디호니. 얕은 물에 몸을 담근 여자들, 낚싯대를 드리운 아이들, 소에게 풀을 먹이는 청년. 어쩐지 아무것도 없을 것만 같은 그곳에도 호수에 기대어 사람들이 살고 있었다.

　낮 동안에는 잊혔다가 어스름이 깃들 무렵이면 섬 가장자리를 핥아대는 물소리가 들리기 시작한다. 해변의 파도치는 소리와는 분명 다르다. 귀 기울여 들으면 쿨렁거리는 듯하고 벌컥벌컥 마셔대는 듯도 하다. 호숫물이 코앞에서 찰랑대는 싸고 깔끔한 숙소에 머무를 수 있다는 점. 또바 호수가 여행자들에게 인기 있는 이유 중 하나이다.

여행자는 여행지에 대해 양가적 감정을 품기 마련이다. 말하자면, 신선한 공기와 맑은 물, 푸르른 계곡을 만끽하고 돌아와서는 서양식 변기와 온수 샤워기, 새하얀 시트 깔린 침대가 갖추어진 침실에서 하루를 마감하고 싶어 한다. 거기에다 물가가 싸고 사람들이 친절하기까지 하면 더할 나위 없을 터이다. 그가 스스로를 자유로운 영혼의 소유자라고 여기는 여행객이고, 거기가 시간이 느리게 흐르는 곳, 은둔 여행지, 여행자 낙원 같은 수식어가 붙은 장소라고 해도 예외는 아니다. 세계를 떠도는 배낭여행자들 사이에 신화화된 장소가 몇 군데 있다. 네팔 포카라, 라다크 레, 파키스탄 훈자, 라오스 시판돈, 탄자니아 잔지바르…. 수마트라 또바 호수도 여기에 명단을 올려놓기에 충분하다. 오히려 오지에 외따로 떨어졌다는 환상을 맛보면서도 문명이 주는 혜택에서는 멀어지지 않았다는 안온함을 누리기에 이만한 데가 없을 듯하다.

섬 속 섬, 사모시르. 그 섬 안에서 또 다른 섬 같은 곳, 뚝뚝Tuktuk. 이 이름에서 인도나 동남아시아에 머문 적이 있는 여행자라면 툭툭거리는 엔진 소리를 따서 지은 삼륜차 툭툭을 떠올릴지도 모르겠지만, 또바 호수에서는 사모시르 섬 끝에 툭 튀어나온 곳을 가리킨다. 뚝뚝에는 또바 호수의 여행자 시설이 모여 있다. 섬 속 여행자 거리, 기념품점과 레스토랑을 겸한 호텔들, 피자와 영어 노래, 인도네시아 인사말에 일본 말 인사로 답하는 상인, 빈땅 맥주 광고와 나란히 세워진 '신선한 마법의 버섯(fresh magic mushroom)'을 판다는 간판. 은둔 여행지와 리조트 휴양지는 한 끗 차이에 지나지 않고 여행자 낙원이 쾌락을 탐하는 유원지로 자리바꿈하는 일은 시간문제로 보인다. 유명세에 으레 따르는 대가를 치러야 하듯이.

숙소 옆 식당에서 저녁밥을 먹다가 오스트리아에서 온 젊은 친구 필립과 이런저런 이야기를 나누게 되었다. 그는 오토바이로 섬을 한 바퀴 돌며 하루 만에 볼거리는 다 봤다며 내일 아침 떠날 작정이라고 했다. 며칠후 나는 또바를 떠나 찾아든 마닌자우에서 중국인 아가씨를 우연히 만났다. 마닌자우 호수에 실망한 그녀는 또바 호수에서는 무얼 하며 즐길수 있는지 궁금해했다. 그녀가 바라는 답에 맞추어, 나는 안락한 시설을갖춘 또바 호수가 마닌자우보다 나을 거라고 말해주었다. 어디가 얼마나좋으냐는 네 마음 상태에 달린 문제라고 덧붙이면서.

섬에 머문 동안 오전에는 화창하다가 오후로 접어들면 어김없이 비를뿌리는 날씨가 이어졌다. 나쁘지 않은 사흘이었다. 한 일주일이나 열흘또는 그 이상 머물렀다면 아마도 더 후한 점수를 주었을지도 모른다. 체류 기간이 길어질수록 경험치가 늘어나고 만족도는 높아지는 상관관계를 보이는 데다가 어떻게든 오래 머문 것에 대한 변명거리를 붙이려 할테니까. 아무것도 하지 않으면 열흘로도 모자라고 뭐든지 하려고 덤비다보면 하루면 끝이 나는 데가 또바 호수 같은 여행지는 아닐까 하는 생각이 들었다.

무박 2일 담배 고문

인간의 최고 발명품이 신神과 언어라면, 최악 발명품은 돈이고 그다음은 담배가 아닐까. 또바 호수를 나와 버려진 공터나 다름없던 빠라빳 버스 터미널에서 예정 시간을 넘긴 버스를 목 빠지게 기다리던 일은 아무것도 아니었다. 폐쇄 공간에 갇힌 채 담배 고문에 시달리며 보낸 열일곱 시간에 비하면. 게다가 내가 올라탄 버스의 종착지가 어디인지 알고는 시쳇말로 '깜놀'하고 말았다. 그건 메단을 떠나 수마트라 여러 도시를 거쳐 바다 건너 자바 반둥을 향해 칠십여 시간을 내리 달리는 초장거리 버스였다.

대략 마흔 명이 정원인 버스에 승객은 서른 남짓이었고 그중 여자는 서넛에 불과했다. 남자들은 하나같이 입 하나가 굴뚝 하나였다. 열 시간 넘도록 승합차 안에서 담배 연기에 시달린 적이 있었지만 그건 그야말로 새 발의 피에 불과했다. 운전사와 조수 둘을 대표선수로 해서 대여섯이 돌아가며 주야장천 연기를 뿜어댄다고 한번 상상해보라. 나는 창문 틈을 조금이라도 벌려놓으려 애쓰며 긴 밤을 보냈다. 비가 들이치고 날이 추워지자 승객들은 그나마 조금 열어둔 창문마저 꼭꼭 닫아걸었다. 나에게는 한국의 초가을같이 시원한 날씨가 현지인들에게는 꽁꽁 어는 한겨울로 느껴졌으리라. 그들은 휴식을 위해 담배를 피우는 게 아니라 담배를 더 피우고 싶어 잠시 숨 고르기를 했다. 심지어 저녁밥을 먹은 후에는 내게 담배를 권하기도 했다. 장소에 구애받지 않고 마음껏 끽연할 수 있는 게 통념이고 옆 사람에게 담배 한 대 권하는 게 예절인 사회에 여행 온 이상, 꾹 참고 상황을 견디는 수밖에 별다른 도리가 없었다. 이번 인도네시아 여행 중 최고로 고통스러웠던 시간으로 남을 무박 2일이었다.

날이 밝아올 무렵 부낏띵기를 앞두고 버스가 이름 모를 마을에 멈추었을 때, 비로소 나는 참으로 진한 해방감을 맛보았다. 겉잠에서 벗어나 정신을 차린 나는 신선한 바깥 공기를 실컷 들이켰고, 버스에서 내려서도 줄담배를 피우던 동료 승객 아저씨들과 어울려 바나나 튀김을 집어 먹고 설탕 커피를 마시는 여유를 부릴 수도 있었다. 그러곤 버스는 나를 적도 아래 부낏띵기에 내려두고 수마트라 남쪽을 향해 떠났다. 언제 적도를 통과했는지도 몰랐다.

hidup cuma sekali saja (어차피) 오직 한 번 사는 생… 담배나 실컷 피워!?

이슬람을 믿는 모계사회

'높은 언덕' 부낏띵기Bukittinggi는 해발 930미터 고원에 자리한 까닭에 기후가 덥지 않고 연중 온화한 편이다. 싱갈랑, 머라삐, 사고, 화산 삼 형제가 도시를 호위하고 있다. 부낏띵기 중심지는 시계탑 '잠 가당'('큰 시계'라는 뜻)이 세워진 광장이다. 네덜란드 양식의 시계탑에 물소 뿔 모양을 한 미낭까바우식 지붕이 더해졌다. 광장 아래로는 생동감 넘치는 시장이 크게 자리한다. 모계사회라서 그럴까. 길거리를 활보하는 행인이든 시장에서 물건을 파는 상인이든 여자들 차지다.

수마트라 서부, 부낏띵기와 빠당 일대는 미낭까바우족 영역이다. 미낭까바우Minangkabau는 '승리'를 뜻하는 머낭menang과 '물소'를 가리키는 꺼르바우kerbau가 합쳐진 말이라고 한다. 미낭까바우 사람들은 이슬람교를 믿으면서도 모계 중심의 문화를 간직하고 있다. 이슬람이 대표적인 남성 중심의 가부장제 사회라는 점을 생각하면 놀라운 일이다.

미낭까바우 남자는 결혼하면 여자 집안으로 들어가서 생활한다. 신붓값이 아니라 신랑값을 지참금으로 주고 여자 측에서 사위를 데려온다. 여자가 남자를 고르는 셈이다. 자녀들은 어머니의 성과 혈통을 따를 뿐만 아니라 남편도 아내의 성으로 바꾸어야 한다. 현명한 할머니가 집안의 '큰 어른' 역할을 맡는다. 어머니의 남자 형제 중 첫째가 아버지를 대신해 아이들 양육을 담당한다. 남자는 집이나 땅은커녕 자신의 방조차 없다. 재산은 어머니와 딸에게로 상속된다. 아들은 소유한 재산이 없어 일찌감치 외지로 나가 돈을 벌어오곤 한다.

인도네시아 마낭까바우족은 현존하는 가장 큰 모계사회이다. 중국 루구호 주변 모쒀족, 베트남 남부 내륙의 에데족, 라오스 고산의 몽족, 인도 나야르족과 카시족 등에게도 모계 전통이 내려온다. 이렇듯 세계적으로 모계사회라 일컬을 만한 종족이 여럿 남아 있고 우리나라도 고대에 데릴사위제가 있었던 걸 보면, 부계 중심제가 인류 보편적인 사회 형태라고 주장하기는 어려울 듯하다.

모계사회라고 해서 미낭까바우 사내들이 나약한 건 아니다. 추수를 끝내고 다음 농사를 준비할 시기가 되면 미낭까바우 사람들은 무논을 경기장 삼아 빠쭈 자위pacu jawi라는 소 경주를 펼친다. 두 마리 소가 진흙탕을 마구 튀기며 물 흥건한 논바닥을 질주하는 동안, 그 뒤에 매달린 소몰이꾼은 두 발을 써레 위에 하나씩 올린 채 양손으로 소꼬리를 잡아당기며 방향과 속도를 조절한다. 논바닥에 고꾸라지고 흙탕물이 얼굴을 덮쳐도 마냥 즐겁다. 말처럼 빨리 내닫도록 박차를 가하고 싶은 조급함에 때로는 입으로 소꼬리를 물어 자극하기도 한다. 똥 싸며 달음박질치는 소들이 논을 한판 뒤집어엎으며 써레질을 하고 거름도 뿌리는 꼴이다. 경주를 즐기면서 다음 벼농사에 도움도 주니 일석이조가 아닐 수 없다. 소몰이 경주라면 앞서 여행한 마두라 섬의 까라빤 사삐karapan sapi를 빠트릴 수 없다. 발리나 숨바와에도 소 경주 풍습이 전해진다. 느릿느릿 논밭을 갈던 소가 달리기에도 소질이 있음을 인도네시아 농부들은 진작 알아챘던 모양이다.

시계탑 광장에서 십여 분만 걸어가면 '따만 파노라마'로 불리는 공원이 나온다. 그곳에 서면, 지진으로 지반이 내려앉으며 형성된 거대한 협곡이 펼쳐진다. 나는 공원 안에 있는 한 기념품 가게에 들렀다가 부낏띵기의 풍광을 담은 그림에 반했고 가게 주인인 쪼인 씨와 소풍을 떠나기로 약속까지 하게 되었다.

나는 그가 안내하는 길을 따라가며 체험 여행을 즐겼다. 해충을 쫓아낸다는 나뭇잎을 옷에 문지르고 향신료로 쓰이는 시나몬을 잘라 냄새 맡았다. 그는 허브 같은 약용 식물을 알려주었고 나팔꽃에 담뱃불을 갖다 대어 꽃잎 색깔을 변하게 하는 마술을 부렸다. 논두렁을 거닐다가 벼 대궁을 꺾어 아이처럼 풀피리를 불었고, 나뭇가지에 거꾸로 매달려 있던 박쥐 떼를 놀래기도 했다. 꼬또 가당 마을에 들러 은세공품 만드는 장인들을 만났다. 그는 협곡 가녘에서 풀을 뜯던 물소가 그 아래로 떨어져 죽는 일이 생기면서 시아녹 협곡을 '버팔로 홀'이라 부른다는 얘기를 들려주었다. 수마트라, 부낏띵기

마닌자우
마음 닿는 대로 호수 반 바퀴

설령 부낏띵기를 벗어난 버스가 호수가 굽어보이는 고갯마루에 이르렀다고 하더라도 목적지에 다 왔다며 마음을 놓거나 하지는 말자. 멀미를 일으키고 탄성을 자아내는 마흔네 번 굽이진 길을 내려가야 하는 마지막 관문이 남았기 때문이다. 파리하게 반짝이는 물빛에 매혹된 누군가는 차가 커브를 돌 때마다 호수를 향해 눈길을 돌릴 터이다.

민박집 이름을 알렸더니 친절하게도 버스운전사는 차를 그 앞에 세워주었다. 퇴락한 느낌에도 불구하고 호수가 내려다보이는 전망이 좋아 이층 방을 사흘간 빌리기로 마음을 정했다. 방갈로나 호텔이 몇 군데 있긴 하지만 마닌자우에는 여행자 시설이 부족한 편이다. 식사를 하면서 여행 정보나 얻을까 싶어 가이드북에서 추천한 카페를 찾아갔더니 그곳에는 사람 떠난 통나무집만 나왔다. 건너편 정보센터 간판을 단 여행사에 들어갔다가 손님이 줄어 하라우 계곡으로 카페를 옮겼다는 소식을 듣게 되었다. 호수에 양식장이 늘어나면서 관광객 발길이 끊겼다고 한다.

손으로 대충 그린 지도 한 장 들고 길을 나섰다. 무엇을 하고 무얼 볼 것인가 하는 계획은 없었다. 무꼬무꼬라는 마을로 앙꼿을 타고 갔다가 호수 둘레를 걸어서 돌아오기로 맘먹었을 따름이다. 무꼬무꼬를 기점으로 잡은 것도 지명이 흥미로운 데다 그 언저리쯤에 호수를 채운 물이 서쪽 인도양으로 흘러나가는 강이 자리하고 있지 않을까 어림했을 뿐 별다른 이유는 없었다. 20킬로는 되어 보이는 길을 마음 내키는 대로 걷다가 중간에 날이 저물 법하면 지나는 버스를 타든 히치하이킹을 해서든 돌아올 생각이었다.

앙곳 운전사가 무꼬무꼬라며 내려준 데는 낚시터와 매점이 있는 공원이었다. 그곳은 추측대로 호숫물이 흘러나가는 들목이었다. 낚시터를 벗어나 얼마쯤 걸었을까. 수면 위로 불쑥 몸통이 튀어 올랐다. 사내는 연거푸 무자맥질을 했다. 그는 물안경을 쓰고 호수 바닥으로 내려가더니 망이 달린 장대로 무언가를 건져 올렸다. 카누 위에 부려놓은 것은 잔자갈 같은 재첩 조개였다.

미 고렝(볶음 라면)으로 힘을 보충하고 본격적으로 호수 나들이에 나섰다. 조무래기들을 따라가다 보니 작은 마당과 교실 한 동이 전부인 학교가 나왔다. 제멋대로 뛰어놀던 아이들이 내 주위로 모여들었다. 쉬는 시간인가 싶어 교실 안을 들여다봤더니 여선생님이 수업 중이었다. 근처에서는 청년들이 자루가 빵빵해지도록 공기를 주입하느라 여념이 없었다. 비닐 자루마다 수염 달린 주둥이를 뻐끔거리며 헐떡이는 잉어들이 담겨 있었다. 트럭에 싣고 가는 동안 물고기가 죽지 않도록 산소를 불어 넣는 참이었다.

호숫물이 넘실대며 나무집 문간을 적신다. 널빤지 벽은 비바람에 삭고 쓸려 얼룩덜룩 무늬를 그렸다. 안에 무엇이 담겼나 내가 궁금해한다는 걸 눈치챈 남자는 포대를 헤쳐 속을 보여주었다. 그것은 물고기에게 먹일 사료였다. 그는 나를 위해 아내에게 커피와 케이크를 내오게 하고는 사료 몇 포대를 배에 싣고 물가를 떠났다. 카누가 향하는 곳은 잔잔한 수면에 함대처럼 떠 있는 가두리 양어장이었다.

농로 끝자락에 줄 맞춰 늘어선 배들이 여러 척 나타났다. 나무 질감이 그대로 드러난 회색부터 주황, 빨강, 파랑, 연두를 칠한 배까지, 일테면 색색의 카누 선착장이다. 통나무를 깎아서 만든 쪽배는 날렵하고 길쭉하게 생긴 게 바나나 모양이고, 물 젓는 데 쓰이는 노는 끝이 둥글납작해서 하트를 닮았다. 멀리서 뒷모습을 보았을 때는 카누 안에 웅크린 상체만 드러나 조금 괴이한 느낌이 들었다. 흡사 통나무배 밑동이 다리를 대신한 듯한 착각마저 들었다. 카누에 앉아 그물을 깁던 남자는 내게 싱긋 웃음을 날리더니, 다른 배가 기슭에 닿도록 도와주기 위해 일어섰다. 곧이어 그는 한 줄기 선을 그으며 호수 가운데로 노 저어 사라졌다.

한 공간에 다른 시간대가 존재한다. 이쪽 논에는 흙을 갈아엎는 써레질이 한창이고, 옆에서는 김을 매고, 다른 편에서는 탈곡기로 타작을 한다. 논두렁길에서 마주친 농부 부자와 반갑게 인사를 나누었다. 얼룩진 옷, 흙 묻은 손과 발, 호쾌한 웃음. 대지에 뿌리내린 농부들은 그네들이 키우는 벼처럼 부드럽고 강건하다.

수차례 화산 폭발로 생겨난 거대한 분화구 안에 물이 고여 호수가 되었고 그 물가에 사람들이 모여들어 촌락을 이루었다. 나는 도로변을 걷다가 호수나 마을 쪽으로 난 오솔길로 오토바이나 사람이 들어가면 그곳엔 또 무엇이 있을까 하는 궁금함에 그 뒤를 따라가곤 했다. 발견의 즐거움을 만끽하는 사이, 머릿속을 맴돌던 갈망 따위는 자취를 감추었다.

차가 다니는 도로로 나와 식당을 찾아 들어갔다. 지도를 보여주며 그곳 위치를 물었을 때에야 온종일 걷다시피 하고서도 무꼬무꼬에서 마닌자우 마을까지 거리의 반도 못 왔다는 사실을 알아차렸다. 걸핏하면 샛길로 빠지며 딴청을 피우다 보니 그리되었다.

이번에는 버스를 타고 '마흔네 번 굽잇길'을 거꾸로 올랐다. 고갯마루에 내려 음분 빠기(아침 이슬) 또는 시나르 빠기(아침 빛)라 불리는 장소를 발견했다. 게으름을 피운 탓에 그런 낭만적인 이름에 어울리는 이른 아침 찬란한 수색水色으로 물든 호수를 바라볼 기회를 놓친 게 아쉬웠다.

뿐짝 라왕까지 정확한 거리를 가늠할 순 없지만 엔진 힘을 빌리지 않고 두 발로 움직이기로 했다. 잘 닦여진 길에 지나다니는 차들이 없어 걷기에 제격이다. 이 나라에서 오토바이의 방해를 받지 않고 찻길을 따라 산책하기는 처음이다. 더위는 달아났고 기분은 한껏 부풀어 올랐다. 내내 호수를 발치에 두고 걸은 덕분이다.

물에 얼비친 산들이 섬처럼 아득하다. 어제 헤매어 다닌 데가 호수 언저리 어디쯤인지 먼눈으로 더듬어보았다. 마닌자우가 상상 이상으로 드넓은 호수라는 것을, 이제껏 걸어온 능선 줄기가 거대한 분화구 둘레였음을 새삼 깨달았다.

뿐짝 라왕은 패러글라이딩 명소이기도 했다. 분화구 꼭대기에 서서 호수를 한눈에 담는 걸로 만족하지 못한 이들은 낙하산에 몸을 싣고 호수를 향해 뛰어내렸다. 나는 지나온 길을 되밟아 갈 수는 없고 그렇다고 날개를 달고 곧장 날아가지는 못하고, 정글을 지나는 지름길을 미끄러지며 나무꾼에게 길을 물으며 호숫가 마을로 내려갔다.

꺼린찌 계곡에서 만난
네덜란드 청년

꺼린찌 계곡에 이르는 길은 그 자체가 진경이었다. 이따금 퍼붓는 소낙
비마저 시원했다. "인도네시아의 후지 산!" 나 들으라는 듯 앞자리 청년
이 이렇게 외쳤을 때만 해도 나는 속으로 '웬 후지 산?' 하고 중얼거렸지
만, 삼각뿔로 솟아오른 민머리 봉우리를 바라보고 있자니 그것이 영 엉
뚱한 비유만은 아니라는 생각이 들었다. 민둥하게 벗겨진 정수리에 눈이
쌓이지 않았을 뿐, 꺼린찌 산은 사진으로 익히 접한 후지 산과 가히 닮
은꼴이었다.

수마트라의 등뼈 바리산 산맥. 거기 돋아난 우두머리 활화산 구눙 꺼린찌Gunung Kerinci. 그 전경으로 녹색 차밭을 차려놓았다. 길 어귀에 수마트라 호랑이 하리마우 동상이 수호신인 양 버티고 섰다. 변덕 부리는 날씨에 장단 맞추어 산은 잇달아 변모했다. 비가 물러간 하늘, 구름 몇 점이 산허리를 감쌌다. 나는 지치는 줄 모르고 옥빛 바다 같은 차밭 가운데를 거닐었다. 풀 베는 농부를 따라 산자락 가까이 다가갔다. 몸의 세포를 열고 축축한 바람 속에 섞인 알싸한 풀내를 받아 마셨다.

유네스코에 의해 생물권보전지역으로 지정되었을 만큼 꺼린찌 스브랏 국립공원은 야생 동식물의 보고이면서 동시에 위험에 처한 세계자연유산이기도 하다. 외부와 고립된 지형 덕에 다양한 수마트라 고유종이 살아남았다. 수마트라 호랑이, 수마트라 코뿔소, 코끼리, 표범, 말레이 곰 등 멸종 위기에 놓인 포유류가 이곳에 깃들어 서식한다. 신장이 일 미터 안팎에 불과하지만 직립 자세로 걸어 다니는 오랑 뻰덱을 목격했다는 소문이 전설처럼 내려온다. 운이 좋다면, 썩은 냄새를 풍기는 거대한 '시체꽃' 라플레시아를 발견할 수도 있다. 꺼린찌 계곡은 소수 트레커를 제외하면 관광객보다는 생물학자에게 더 관심을 받는 곳이다.

"이렇게 생활하는 사람들이 인도네시아에 아직 있나요?"

"이 사람들, 관광객이 찾아올 때만 옷을 벗고 평소에는 입은 채 지내요. 여기 보세요, 뒤쪽 사람은 옷을 입고 있잖아요."

민박집 거실에 걸린 희귀 동식물 사진 사이로 반나체 차림을 한 산악부족이 멋쩍은 웃음을 지으며 서 있는 모습이 눈에 띄어, 주인아저씨에게 물었더니 돌아온 대답이었다. 일테면 이미 자취를 감추다시피 한 풍속을 외부인 구미와 기대에 맞추어 관광객용으로 연출한 것이었다.

"발리를 여행할 때였어요. 계단식 논에서 일하던 농부들이 내 카메라를 보고 선뜻 자세를 취해주길래 좋아했는데 곧바로 돈을 달라고 하더군요."

네덜란드에서 온 패트릭. 그는 정치학을 공부하는 스무 살 대학생이다. 민박집에 들어서며 이 금발 청년과 처음 마주쳤을 때는 십 대 소년이 혼자서 어떻게 이런 외진 데까지 여행을 왔을까 하며 놀랐을 정도로 어려 보였지만 말이다. 그는 작년에 발리에만 잠시 머물렀으나 이번에는 한 달 반 동안 수마트라 구석구석을 돌아볼 계획이라고 했다. 반다 아쩨를 시작으로 따껭온, 께땀베 등지를 거쳐 여기에 이르렀다니 내 여행 동선과 대체로 겹쳤다.

"네덜란드는 전 국토가 저지대라서 산이라고는 하나도 없어요."

그는 하룻밤 캠핑하며 꺼린찌 산에 오를 작정이었고 나는 구눙 뚜주 호수만 다녀올 생각이었다. 께땀베에서 정글 트레킹을 하다가 거머리에 게 헌혈 당한 경험이 없었더라면 그리고 가이드 비용이 당찮게 비싸지 않았다면 그와 합류해 산을 올랐을 테지만. 허가증과 가이드 없이는 외 국인이 개별적으로 산행을 할 수 없는 지역이라 그런지 가이드비가 다른 데의 두 배에 달했다.

여행지에서는 출신, 직업, 나이를 잊고 누구나 친구가 될 수 있다. 거 기가 찾는 이가 드문 외딴곳이라면 더욱이. 소일거리 없는 저녁, 어차피 대화를 주고받을 상대라고는 주인아저씨 아니면 패트릭밖에 없었으므로 그와 이런저런 이야기를 나누었다. 제3세계 국가들에 대한 시각이라든지 인도네시아를 여행하며 느낀 소감하며, 나와 공통분모가 많았다. 패트릭 은 한국 영화 중에서도 박찬욱 감독의 복수 삼부작을 인상 깊게 봤노라 고 했고, 나는 네덜란드인으로 한국 월드컵 축구팀 감독을 맡았던 거스 히딩크 얘기를 꺼냈다. 내 손에는 마침 한국 단편소설집이 들려 있었다. 표지에 쓰인 글씨를 짚으며, 알파벳과는 다른, 한글이라는 독특한 글자 를 그에게 가르쳐주었다.

베스트셀러에 관한 이야기가 나왔다. 한국에서는 어떤 책이 제일 많이 팔리느냐는 물음에 자기개발서 종류라고 털어놓았더니, 그는 고개를 갸 웃거리며 의아한 표정을 지어 보였다. "그런 책 몇 권 읽는다고 뭐가 달라 질는지 모르겠네요." 하긴 자기개발이라는 말부터가 의심스럽다. '자기'가 자원이나 제품도 아닌데 말이다. 자기계발이든 자기관리든, 성공학, 인 간관계론, 인생론, 혹은 위로 인문학이라는 이름으로 얼마나 많은 처세 서들이 뭇 독자를 현혹해왔는지. 부와 성공, 덤으로 힐링과 행복을 얻은 비밀을 귀띔해주겠노라며.

패트릭은 라오스 왕위앙(방비엥)이나 방콕 카오산로드와 같이 밤이면 약과 술에 취해 휘청거리는 이들로 넘쳐나는 이른바 '여행자들의 천국'으로 알려진 무국적 관광지를 달가워하지 않았고, 그 때문에 수마트라만 40일 넘도록 여행할 계획을 잡았으면서도 부낏 라왕과 또바 호수에는 아예 들르지 않았다고 한다. "다음에 또 라오스를 여행하게 되면 시판돈에 오래 머물러봐요." 이 말을 덧붙이고 나는 아차 싶었다. 작은 낙원 한가운데 짜릿한 지옥을 옮겨놓은 능력을 가진 게 우리 인간이 아닌가. 몇년 사이 메콩강 위에 떠 있는 섬들마저 어떻게 바뀌었을지 모를 노릇이었다.

장기 여행자는 배낭이 가벼운 반면 단기 여행자가 되레 엄청난 무게의 짐을 들고 다니는 경향이 있다. 혹시나 하는 두려움에 불요불급한 장비와 비상식량 따위를 갖추다 보면 그렇게 되기 십상이다. 꺼린찌 계곡에 머문 지 사흘째 되는 날 저녁, 민박집에 들이닥친 싱가포르 남자들도 그랬다. 그들은 2박 3일 여행에 히말라야 고봉에라도 오르듯 완벽한 등산 장비와 복장을 갖추고 왔다. 텐트 같은 기본적인 도구만 빌리고 평상복에 재킷을 걸치고 산을 다녀온 패트릭과는 대조가 되는 모습이었다. 나역시 두 달 여행에 10킬로가 채 안 나가는 배낭과 작은 카메라 가방이 짐의 전부였다. 한데 그것마저 버겁게 느껴졌다. 작동을 멈춘 필름카메라와 고원의 밤을 보낼 침낭까지 구겨 넣었으니 그럴 만도 했다.

변화하는 환경에 적응하려다 보면 차림은 오히려 단출해지기 마련이다. 사는 데 그런 것처럼 여행하는 데 필요한 물품은 35리터짜리 배낭하나에 다 들어갈 만큼 몇 가지가 되지 않는다. 그렇더라도 모국어로 쓰인 종이책 한 권쯤은 챙겨가고 싶다.

나는 다나우 구눙 뚜주Danau Gunung Tujuh를 일곱 개 산정 호수라는 의미로 받아들였다. 그게 아니라 일곱 산으로 둘러싸인 호수인데 말이다. 숙소 주인이 자신의 양아들이라고 소개한 랏뜨모노를 길잡이로 앞장세우고 구눙 뚜주 호수를 찾아 트레킹을 떠났다.

"바비(돼지)!" 으르렁 울부짖는 괴성과 함께 커다란 짐승이 벼락같이 달아났다. 곰이라도 나타난 줄 알고 흠칫 놀랐더니 멧돼지였다. 질척거리는 비탈에 미끄러질 뻔했고 갑자기 튀어나온 멧돼지에 소스라치기도 했지만 별 어려운 고비가 없는 평이한 길이었다. 자기 몸집보다 큰 짐을 등에 지고 산길을 오르는 남자를 만났으니 그에 비하면 나는 빈손으로 움직이는 꼴이나 다름없었다.

신비로운 정령이 산다는 호숫가에 나비들이 무리 지어 날아다녔다. 일곱 개 산을 한꺼번에 볼 수는 없었다. 고요하기 그지없는 호수 어디에 숨어 있다가 나타났는지 거룻배 하나가 우리 쪽으로 다가왔다. 그는 그저 사람이 그리웠는지도 모른다. 돈을 받고 카누를 태워주는 뱃사공이 분명했으나 그는 나에게 배에 오르라는 시늉 한번 하지 않았다. (나중에 숙소 주인에게 들은 바로는, 그는 너무 오랫동안 배 젓는 일을 하다 보니 한쪽 팔을 거의 못 쓰는 지경에 처했다고 한다.) 한동안 배를 대고 있다가 랏뜨모노와 몇 마디 주고받고는 우리가 점심거리를 다 먹을 때쯤에야 호수로 다시 노 저어 나갔다. 그것을 따라잡기라도 하려는 듯 다른 카누 한 척이 무언가를 싣고 호수를 가로질러 나아가는 게 보였다. 산길에서 마주친, 짐을 나르던 남자였다.

　장터에서 정체불명의 부침개와 수박 몇 조각으로 요기를 한 후, 뗄룬
버라삽 폭포 일명 'W자' 폭포로 가는 미니버스에 올랐다. 하나둘 내리더
니 폭포가 있는 마을에 이르러서는 나와 아주머니 한 분만 남았다. 평소
에는 중간에 내려 걸어가거나 오젝으로 갈아타야 하지만 이날은 승객 중
에 시장에 다녀가는 아주머니가 있어 폭포 입구까지 운행했다는 것을 그
제야 알아차렸다.

　폭포 소리에 먼저 기가 질렸다. 엄청난 수량水量을 거느린 물벼락이 바
닥에 꽂히며 땅을 울렸다. 물보라 위로 무지개가 떠올랐다. '연기 나는
물'이라 표현한 까닭을 알 것 같았다. 구눙 뚜주 호수에서 넘쳐흐른 물이
낭떠러지를 만나 곤두박질치는 중이었다.

폭포를 나와 폭우를 피해 매점으로 뛰어들어갔다. 거기 진을 치고 있던 청년들에게 농담조로 오토바이를 거저 태워달라고 했더니, 정말로 뒷자리에 나를 태우고 버스 다니는 데까지 실어주었다. 못 믿겠다는 표정으로 내가 "그라띠스(공짜로)?"를 수차례 외친 뒤였다. 동네 껄렁패쯤으로 여겼는데 말이다. 그들은 도중에 아는 이를 만날라치면 뒤에 태운 사람이 한국인 여행객이라고 떠벌리며 즐거워했다.

숙소로 돌아오니, 패트릭이 지친 얼굴로 앉아 있었다. 그는 몇 번을 미끄러지고 넘어지며 힘겹게 꺼린찌 분화구에 올랐고, 마침내 정상에 서서 아침 빛에 물든 호수를 조망하는 기쁨을 만끽했다고 한다. 그가 산정에서 굽어본 호수는 다름 아닌 내가 머물렀던 구눙 뚜주 호수였다.

인도양 밤바다

"슬라맛 시앙? 아니, 소레!" 오후 애매한 시간대라 인사말이 헷갈렸다. 인사 한번 건넸다가 나는 무슬림 남자들에게 붙잡혀 커피 대접을 받았다. 커피 잔을 앞에 두고 비가 잦아들길 기다렸다. 이날 벌써 석 잔째였지만 외국인 손님에게 권하는 공짜 커피를 남길 수는 없는 노릇이었다. 내게 질문을 쏟아내던 남자들은 아잔이 울려 퍼지자 우르르 일어나 사원으로 향했다. 예배를 드리고 돌아올 테니 잠시 앉아 있으라는 말을 남기고.

식장을 기웃대던 나를 손님으로 환대했다. 질주하는 차량에 아랑곳없이 차도 한쪽을 차지하고 떠들썩하게 잔치를 치르는 중이다. 건물을 빌리지 않고 대로변에 임시로 세운 천막에서 올리는 결혼식이지만 화려함은 어디에도 뒤지지 않을 듯하다. 빠당Padang 전통 의상으로 차려입은 신랑 신부가 금빛으로 빛나는 무대에 앉아 있다. 신부 머리에 얹힌 왕관은 호화찬란하기 이를 데 없다.

인도네시아 국기가 고기잡이배에 매달려 돛처럼 펄럭인다. 빠뿌아에서 왔다는 어부는 카메라 앞에서 갈색 근육을 뽐낸다. 석양을 구름 뒤로 감춘 하늘은 물소의 청회색, 바다는 꼬삐 수수에 들어가는 연유 빛이다. 사람들은 갯바위 둑에 앉아 바닷바람에 더위를 식힌다. 해변 식당가를 찾은 나는 인도양에서 건져 올린 신선한 해산물로 식욕을 달랜다. 낮과 밤이 자리를 바꾸는 시간. 수평선에 걸린 구름이 검푸른 어둠을 토해낸다. 바다가 먹빛으로 잠긴다. 허기짐에 외로움과 그리움이 뒤섞인다. 파도 소리 들으며 달큰한 소주 한잔 털어 넣고 싶어진다.

나는 빠당에 두 차례 들렀다. 인도네시아 대도시가 흔히 그렇듯이 빠당 또한 나에게 무질서와 매연이 가득한 도시. 그럼에도 다음 목적지로 이동하느라 불가피하게 거쳐야 하는 환승역 같은 곳에 지나지 않았을지도 모른다. 느지막이 도착했다는 이유로 숙소 주위만 맴돌다가 떠났다면, 친절하고 신실한 무슬림을 만나지 못했다면, 빠당 요리를 맛보며 밤바다의 서정을 느끼지 못했더라면.

한 달 동안 수마트라를 여행했다. 웬만큼 알려진 장소만 따진다고 하더라도 그중 반이나 살펴보았을까. 수마트라 서부만 해도 내가 놓친 비경이 얼마나 많은지. 하라우 계곡, 싱까락 호수, 그리고 반약, 니아스, 먼따와이로 이어지는 인도양의 아름다운 섬들…. 아쉬움을 남기고 언제가 될지 모를 뒷날을 기약하며 수마트라를 떠난다.

음식으로 맛보는 인도네시아

인도네시아 음식은 더운 날씨에 상하지 않도록 튀기거나 구운 또는 향신료나 코코넛 밀크에 절인 경우가 많은 게 특징이다. 쌀을 주재료로 해서 우리네 입맛에도 맞는 편이다. 지역별로 유명한 요리가 많지만 여기서는 서민 식당에서 쉽게 접할 수 있는 음식과 간식 위주로 소개하겠다. 아래 몇 낱말을 알아두면 인도네시아 음식을 이해하기가 한결 쉬워진다.

나시nasi 쌀밥, 미mie 면, 로띠roti 빵, 소또soto 국, 고렝goreng 튀긴·볶은, 바까르bakar 구운, 사떼sate 꼬치, 아얌ayam 닭, 이깐ikan 생선, 사삐sapi 소, 바비babi 돼지, 우당udang 새우, 삐상pisang 바나나, 뗄루르telur 달걀, 따후tahu 두부, 사유르sayur 채소, 부아buah 과일, 삼발sambal 고추 양념, 떼teh 차, 꼬삐kopi 커피, 에스es 얼음, 마니스manis 단(sweet), 고렝안gorengan 튀김류, 마까난makanan 음식

인도네시아 볶음밥, 나시 고렝

CNN이 조사한 세계에서 가장 맛있는 음식 1위에 인도네시아의 른당(고기 조림), 2위에 나시 고렝이 올랐다나.

• 나시 고렝nasi goreng: 볶음밥. 인도네시아를 대표하는 음식. 밥이 붉은색을 띠기도 하는데 '케찹 마니스'라는 소스를 넣고 볶았기 때문이다. 끄루뿍kerupuk이라는 새우맛 나는 과자를 반찬처럼 얹어 먹기도 한다.
• 소또 아얌soto ayam: 닭 국. 카레 향이 나는 육수로 끓인 일종의 곰국.
• 박소bakso: 어묵 국. 둥글게 다진 어묵 몇 덩이가 당면과 함께 나온다.
• 뗌뻬tempe: 콩을 메주처럼 발효시켜 얇게 저미어 튀긴 것을 말하는데, 볶거나

국에 끓여 먹기도 한다.

- 사떼sate: 꼬치구이. 사떼 아얌은 닭 꼬치, 사떼 깜빙은 염소고기 꼬치.
- 까리 아얌kari ayam: 카레(심황 가루)를 비롯한 향신료에 재운 닭고기. 생선, 소고기, 해물, 달걀 등도 카레로 양념해서 내놓는다.
- 이깐 바까르ikan bakar: 생선구이. 이깐 고렝은 생선 튀김. 닭을 굽거나 튀기면 아얌 바까르, 야얌 고렝.
- 바따고르batagor: 바삭하게 튀긴 두부
- 가도가도gadogado: 땅콩 소스로 버무린 샐러드
- 나시 짬뿌르nasi campur: 요리라기보다는 먹는 방법. 직역하면 '비빔밥'이지만, 비벼 먹진 않고 밥과 함께 여러 반찬을 한 접시에 담아 먹는다.
- 론똥lontong: 바나나 잎으로 싸서 쪄낸 찰밥
- 삐상 고렝pisang goreng: 바나나 튀김. 간식용으로 그만이다.
- 뜨랑 불란terang bulan: 초코, 치즈, 땅콩 가루 등(속 재료를 선택)이 들어간 달콤한 팬케이크. 뜨랑 불란은 '달빛'이라는 뜻. 둥근 팬에 두툼하게 구워낸 것을 반달 모양으로 접어서 준다.
- 마르따박 떨루르martabak telur: 달걀, 고기, 채소를 넣고 튀긴 부침개
- 에스 쩬돌es cendol: 코코넛 밀크에 색색 젤리, 설탕, 얼음을 넣은 음료

나시 고렝
(왼쪽은 끄루뿍)

박소

(일종의) 나시 짬뿌르

먹은 개수만큼 계산하는 빠당 요리

"왜 아까운 음식을 이렇게 남겼어!" 남도 한정식처럼 상다리가 부러질 정도로 갖가지 음식을 차려놓았더니, 손님이 떠난 자리에는 손도 대지 않은 접시들이 수두룩하다. 하지만 염려 놓아도 된다. '손을 댄' 개수만큼만 계산할 테니까.

무더운 날씨 탓에 조리 후에 바로 먹지 않고 여러 음식을 미리 상에 차려놓았다가 나중에 식으면 먹던 습관에서 빠당 요리가 시작되었다. 원조는 수마트라 서부 해안 도시 빠당이지만 지금은 인도네시아 대부분 지역에서 맛볼 수 있다. 메뉴판은 따로 없다. 주문을 하지 않았는데도 손님이 식탁에 앉자마자 식당 종업원이 알아서 요리와 반찬이 담긴 접시들을 수북이 올려놓는다. 혹은 뷔페식으로 진열해놓은 음식 중에서 손님이 원하는 대로 담아 먹도록 한다. 다양한 요리 가운데 빼놓을 수 없는 것이 양념에 재운 소고기나 닭고기를 코코넛 밀크에 조린 '른당rendang'이다. 식사를 마치고 계산대로 다가가면 먹은 음식 개수를 파악하여 치를 금액을 알려준다. 밑반찬으로 나오는 채소나 삼발(고추, 후추 등 향신료를 갈아서 만든 매운 양념)은 음식값에 포함되지 않으며, 한 접시에 담긴 고기 두 덩이 중 하나만 먹었다면 하나만 계산한다.

바퀴 달린 음식점, 까끼 리마

수레를 굴리는 바퀴 둘, 지지대 하나, 사람 다리 둘, 합쳐서 발이 다섯. 그래서 '다섯(리마) 개의 발을 가진 상인'을 의미하는, 움직이는 간이음식점 뻬다강 까끼 리마pedagang kaki lima. '푸드 트럭'이라 하면 있어 보이려나, 트럭이 아니라 수레이기는 하지만. 박소, 소또 아얌, 나시 고렝, 빵싯(튀김만두), 라면 등 즉석 제조 가능한 간편식 위주로 판다. 비좁은 데서 별 조리 도구 없이 음식을 뚝딱 내놓는 걸 보면 신기할 지경이다.

air·물

꿈꾸는
섬들의 바다

파란 하늘 그 속에 서 있었던 바다, 바다 한가운데 서 있었던 하늘,
꿈을 꾸었고 다시 꿈을 꾸게 하고, 한가운데 서 있는 하늘과 바다
_ 강허달림 노래 〈하늘과 바다〉

발리는 인도네시아가 아니다?

울루 와뚜

끝없이 이어지는 하얀 모래 해변, 살갗을 간질이는 햇살과 바람, 에메랄드빛으로 반짝이는 물결, 수면 아래 유영하는 기이한 생명체, 방갈로 투명 창을 물들이는 일몰…. 우리는 환상을 갖고 있다. 적도 태양이 이글거리는 난바다, 거기 홀로 솟은 신비로운 섬에 대한 환상. 화산섬이나 산호섬이라면 더욱 제격이다.

세상의 아침, 신들의 섬, 지상 최후 낙원. 발리에 으레 따라붙는 수식어들이다. 어쩌다가 이 열대 화산섬에 낙원 이미지가 더해졌을까? 세계적인 휴양지로 명성을 얻은 연유는 무엇일까? 그것도 하고많은 인도네시아 섬들 중에서. 2차 대전 직후 네덜란드 재지배에 저항해 게릴라전을 벌이다 죽은 독립 영웅의 이름을 딴 응우라라이 발리 국제공항을 나서며, 문득 피어오른 의문이다.

남태평양 작은 섬 타히티를 영감의 원천으로 삼은 화가 폴 고갱을 동경이라도 하듯 박물학자와 인류학자에 이어 미술가, 음악가, 배우, 사진가, 수집가 들이 인도양과 태평양 사이에 놓인 열도 중 하나로 모여들었고, 네덜란드 식민 정부는 그곳을 순수의 섬, 꿈의 여행지로 홍보했다. 1924년 유럽과 발리를 잇는 정기 여객선이 운항을 시작하고 1931년 파리 식민지박람회에서 발리를 주제로 네덜란드 전시관이 세워진 것이 이 섬이 유럽인들에 알려진 결정적인 계기였다. 그 후 1970년대 인도네시아 군사 정권은 외화를 벌어들이는 데 일조할 리조트 구역을 발리 남부 해안에 조성했다. 오리엔탈리즘을 자극하는 힌두 문화와 낙원 이미지는 서구인들을 매혹했고, 발리를 배경으로 한 영화와 드라마가 유명세를 타며 갈수록 많은 관광객을 불러들였다.

섬 전체가 거대한 휴양지로 변모한 지금, 거주민의 두 배가 넘는 내외국인 관광객이 매년 이곳을 방문하고 있다. 과도한 개발로 인한 지하수 고갈, 교통 체증, 농지 감소, 환경 파괴 등은 문제가 아니었다. 화산 폭발이나 이슬람 과격 단체에 의한 폭탄 테러도 이러한 성장세에 별 위협이 되진 못했다.

발리 관광의 중심지인 남부 해변만 따진다면 파도는 거칠고 바닷물도 그리 깨끗하지 않다. 인도네시아 17,500여 섬들 가운데 발리보다 뛰어난 천혜 조건을 갖춘 데는 얼마든지 있다. 그런데도 발리가 국제적인 휴양 명소로 자리매김한 데에는 인도네시아 내에서 유일하게 힌두교를 믿는 지역이라는 점이 한몫하지 않았을까. 이슬람이 절대적으로 우세한 수마트라나 깔리만딴의 해변이나 부속 섬이었다면 어땠을까. 이슬람 규율을 충실히 따르는 고장에서는 관광 개발에 별다른 관심이 없고 휴양 위락 시설을 단장하는 데 냉담하다 못해 때론 적대적인 태도를 보이는 게 사실이다. 일부 무슬림 눈에는 발리가 타락한 섬으로 여겨지는 것만 봐도 그렇다. 특유의 힌두 문화를 일군 발리 주민들의 온화하면서도 개방적이고 분방한 성향이 아니었다면 그토록 숱한 방문객을 끌어들이지는 못했을 것이다.

섬을 찾은 일부 여행객은 '발리는 인도네시아가 아니야!'라며 푸념 섞인 말을 내뱉곤 하지만 발리를 빼놓고서 어찌 인도네시아를 얘기할 수 있겠는가.

신들에게 바쳐진 섬

자바와 발리 일대를 지배하던 힌두 왕조가 15세기 이슬람 세력에 밀려 발리 섬으로 옮겨오면서 발리에만 힌두교가 남았다. 샤머니즘, 주술, 조상 숭배, 불교 등과 결합한 발리 힌두교는 인도의 원조 힌두교와는 차이를 드러낸다.

발리는 신들에게 바쳐진 섬이다. 발리의 어원인 '와리'는 산스크리트어로 '제물'을 의미한다. 인도 아대륙에 사람 수만큼이나 많은 신들이 존재한다고 하듯이, 발리에는 주민이 거주하는 집보다 많은 사원들이 있다. 집집마다 마을마다 힌두 사원이 자리하니 그럴 수밖에 없다. 발리에 머무는 동안 나는 걸음을 옮길 때마다 크고 작은 힌두 사원 뿌라pura나 집 한켠에 모셔진 가족 사원 상가sanggah를 만났다. 아침저녁이면 신들에게 꽃과 향을 공양하는 짜낭 사리canang sari 장면과 마주쳤다.

무슬림들이 매일 다섯 차례 기도를 드리는 것처럼, 발리 힌두인들은 하루에도 몇 번씩 신에게 꽃을 바친다. 천상계 신인 데와에게 올리는 짜낭은 제단 위에, 하계 악령에게 바치는 제물인 짜루는 땅바닥에 놓는다. 야자수 이파리를 잘라 만든 바구니에 꽃, 쌀, 과일, 담배 등을 올린다. 두 손 모아 거듭 기도하고 성수를 뿌린다. 제물로 쓰인 음식은 새나 개, 원숭이의 먹이가 될 터이다. 짜낭에 들어가는 빨강, 노랑, 파랑 꽃잎은 각각 브라흐마, 마하데바(시바), 비슈누 신을 가리킨다.

발리에 도착한 이튿날 아침, 숙소 마당으로 나서며 내가 제일 먼저 마주한 것이 사당 앞에 놓인 작은 꽃바구니였다. 상인들도 가게 문을 열고 하루 장사를 시작하기 전에 짜냥을 바치는 의식부터 행했다. 거리에서 머리에 둥근 접시를 이고 걸어가는 아낙네를 따라갔더니 힌두 사원이 나왔다.

신을 향해 무릎 꿇은 여인들, 그 모습이 신비로워 보인다. 깜보자 노란 꽃잎을 손끝에 담아 이마에 올리고 눈을 감는다. 쌀알을 미간과 목젖에 붙인 건 액막이의 뜻이 담겨 있으리라. 노랗게 염색한 쌀알로 사람 형상을 빚고, 검은 쌀로 두 눈을, 붉은 쌀로 입술을 표현해놓은 공양물이 야자 잎 위에 누워 있어 신기하다.

힌두 서사시 마하바라타(위대한 바라타의 후손)와 라마야나(라마가 나아간 길)는 고대 인도에서 유래했지만 본고장 못지않은 인기를 인도네시아 땅에서 누리고 있다. 발리 전통 무용 역시 많은 부분을 이 힌두 신화에 기대고 있다.

발리의 밤을 즐기는 방법이야 많지만 그중에서도 발리 무용 관람을 놓칠 수는 없으리라. 낮 동안에 해변과 들판을 누비고 다니던 사람들도 저물녘이면 궁전이나 사원 안마당에 차려진 공연장으로 모여들기 마련이다. 나 또한 우붓에서 '원숭이 숲'을 다녀오는 길에 꽃송이를 귀에 꽂은 소년의 상냥한 웃음에 끌려 '멍키 댄스'라고도 불리는 께짝 댄스와 바롱 댄스 입장권을 사고 말았다.

발리의 음악과 무용은 신을 달래고 악령을 쫓는 의례의 일부로 시작되었다. 원래는 주술적인 성격이 강했으나 관객들이 흥미롭게 감상할 수 있도록 연극적 요소를 더해 새롭게 구성했다. 바롱barong, 레공legong, 께짝 kecak 댄스, 이 셋은 발리 전통 공연예술 중 관광객용으로 맞춤하게 만들어진 것으로는 대표 격이다.

"께짝 께짝"이라 웅얼대고 "차카 차카"라고 소리치는 것 같기도 하다. 목소리 합창이 음악을 대신하니 일종의 아카펠라라고나 할까. 백 명 가까운 사내들이 윗몸을 벗은 채 불 주위를 몇 겹으로 둥글게 에워싸고 앉았다. 귀에 꽂은 꽃잎들이 어둠 속에서도 빛난다. 신들린 사람인 양, 불을 경배하듯 다 함께 손을 뻗고 어깨를 흔든다. 원숭이 군단을 흉내 내 군무를 춘다. 힌두 서사시 라마야나에서 라마를 도와 시타를 구출한 동물이 바로 원숭이들이다. 그 라마야나 이야기를 가져와 춤과 연기로 재연한 게 께짝 댄스다. 공연은 관객의 흥미를 돋우는 불춤으로 마감한다. 어둠 속 춤의 열기를 사진에 담아보려 애쓰지만 망원이 안 되는 데다가 빛이 부족한 데서는 맥을 못 추는 내 똑딱이 디카로는 역부족이다.

바롱 댄스는 악마를 내쫓는 주술극에 마하바라타 이야기를 덧붙여 연출한 것이다. 춤꾼들은 가믈란gamelan(청동제 타악기 중심으로 편성된 합주단) 연주에 맞추어 선을 상징하는 바롱과 악의 화신인 랑다의 싸움을 탈춤으로 표현한다. 바롱은 사자, 호랑이, 소, 개 등 온갖 짐승을 섞어놓은 형상이다. 마치 우리나라 북청사자놀음처럼 남자 둘이 탈 속에 들어가 털북숭이 네발짐승을 연기한다. 마녀 랑다는 툭 불거진 눈동자, 날카로운 어금니, 허리까지 내려오는 길쭉한 혀가 무서우면서도 익살스럽다. 공연 막판에는 피에 굶주린 악령들을 달래기 위해 전사들이 단검을 자신의 가슴에 꽂거나 불 위를 걷기도 한다.

조상은 대나무 장식을 타고 내려온다

발리에 바다만 있는 건 아니다. 용암이 분출하며 솟아난 화산이, 화구에 물이 고여 생겨난 호수가 있다. 버섯구름을 닮은 지도 복판에 실수처럼 뚫린 하늘색이 눈에 들어온다면 그건 이 섬의 칼데라 호수 중 하나일 터이다.

우붓을 벗어나 호수 셋이 연달아 놓인 북쪽으로 향했다. 다들 문둑이라는 데까지 가는 모양이다. 브두굴에 내린 사람은 나 혼자였다. 좌판에 딸기나 삶은 옥수수를 늘어놓고 파는 상인들이 나를 마중했다. 경사진 길은 물기슭으로 이어졌다. 언덕 마스지드가 호숫가 힌두 사원을 굽어보고 있다. 사원 입구를 지나쳐 도로를 따라 걸었다. 농사짓고 고기 잡는 사람들을 먼저 만나보고 싶었지만 그런 기대를 저버리고 길은 물가에서 점차 멀어졌다. 내 느려진 발걸음은 가로수인 양 늘어선 기묘한 장대 앞에 멈추었다.

벼 이삭과 코코넛 따위를 대나무에 매달고 야자수 잎이나 꽃으로 치장했다. 도마뱀 꼬리처럼 끝을 길게 말아 늘어뜨렸다. 뻰조르penjor라 부르는 장식물이다. 갈룽안 축제가 남긴 흔적으로 보인다. 갈룽안은 악과 싸워선이 이긴 날을 축하하는 힌두 명절로, 이때 발리 사람들은 조상의 영혼이 내려온다고 믿으며 이를 환영하는 제례를 지내고 대문마다 풍요를 기원하는 뻰조르 장식을 세운다. 산 자들 곁으로 죽은 자들이 돌아오는 날인 셈이다. 발리 고유 달력인 우꾸력으로는 210일마다 해가 바뀌므로* 양

---

* 발리의 힌두력은 사까Saka, 우꾸Uku 두 가지가 있다. 우꾸력으로는 한 달이 35일, 1년은 210일에 여섯 달이다. 때문에, 아기 돌잡이 의식도 태어난 지 210일째 되는 날에 치른다.

력으로 따지면 일 년에 두 번꼴로 갈룽안이 다가온다. 갈룽안 열흘 뒤인 꾸닝안은 조상을 하늘로 다시 떠나보내는 날로, 이날에는 '나시 꾸닝'이라는 노란색 볶음밥을 먹는다.

바람에 춤추는 장식물에 이끌려 좁은 골목으로 들어섰다. 브라딴 호수에는 가 닿지 못하고 이름 모를 사원 앞에 이르렀다. 빨간 천으로 탑을 감싸고 흰색과 회색이 엇갈린 격자무늬로 석상에 옷을 입혀놓았다. 불쑥 나타난 외국인이 의아할 법도 한데, 머리에 흰 두건을 두른 남자는 선뜻 나를 맞아들였다. 사진이야 마음대로 찍으라면서도 뿌라 안으로 들어가는 건 허락하지 않았다. 천막에 둘러앉아 뻰조르와 짜낭을 만들고 있던 아낙들이 손짓을 했다. 채소 절인 것을 반찬 삼아 나는 염치없이 밥을 조금 얻어먹었다.

깜보자 꽃잎을 머리에 꽂은 채 짜낭을 만들던 아주머니

노점상들이 팔던 딸기가 어디서 났는지 알 것 같다. 비닐 걷은 밭이랑마다 자잘한 딸기 송이가 햇볕을 쐬고 있다. 딸기 말고도 밭에는 옥수수, 배추, 파 등속이 농부들 손길을 기다리고 있다. 농작물이 자라는데 필요한 영양분을 화산재와 호숫물이 넉넉히 안겨 주었으리라.

관광객 차림을 한 사람들이 삼삼오오 지나다닌다. 큼직한 힌두 사원 곁이다. 물기슭으로 걷다 보니 어느새 브라딴 사원에 이른 것이다. 엉겁

결 나는 입장료도 내지 않고 뒷문으로 입장했다.

짚을 엮어 지붕을 씌운 11층 3층 형제 탑이 수면에 그림자를 드리운다. 탑을 배경으로 쌍쌍이 바삐 기념사진을 남긴다. 탑이 그려진 5만 루삐아 지폐를 꺼내 원본과 대조해보곤 한다. 탑신에 새겨진 금빛 조각이 눈부시다. 보리수를 감싼 천이 하늘거린다. 물의 여신 데위 다누를 깨우며 스피드보트가 물살을 가른다. 사원에는 불상도 모셔져 있다. 부처를 비슈누의 화신으로 여기는 힌두교이니 그럴 만도 하다.

호수 사원. 울룬 다누 브라딴

신의성실에 기댄
통 계약

길거리에 내놓은 의자와 입간판만이 그곳이 버스사무실을 겸하는 여행사라는 걸 말해주었다. 브두굴에서 바뚜르로 실어다 줄 교통편과 숙소, 트레킹 비용을 하나로 묶어 계약을 맺었다. 이미 돈을 치렀음을 증빙하는 서류라고는 'shuttle+trek'이라 휘갈겨 쓰고 서명한 종잇조각이 전부였다. 별생각 없이 쉽게도 내린 결정이었다. 모집책과 일꾼이 다른 상황, 돈 받은 사람만 알 뿐 누가 차량을 몰고 잠잘 방을 내주고 트레킹을 도울 가이드로 나설지 모르는 마당에 말이다. 이런 식의 '통 계약'은 배 타고 차에 올라 롬복 린자니 산을 오를 적에는 좀 더 큰 규모로 확대되었다.

이어달리기로 차를 바꿔 타며 바뚜르 호수변 또야 붕까 마을에 이르렀다. 동승한 남녀가 어쩐지 낯이 익다 싶었는데 전날 버스사무실 앞을 지나다가 둘을 본 적이 있었던 거다. 흑백 남녀 커플이라 눈에 더 들어왔던 모양이다. 선입견이 무섭긴 하다. 프랑스에서 왔다는 말에 흑인 남자가 알제리나 니제르 같은 프랑스 옛 식민지 출신일 거라 지레짐작했으니 말이다. 아마도 먼 뿌리는 아프리카 땅에 두고 있을 테지만 태어나 자란 곳은 뜻밖에도 타이완이라고 했다. 세계를 무대로 디자이너로 일하고 있다는 그는, 서울에도 다녀간 적이 있다며 '스파이시한 김치 맛'을 입술과 손가락 끝으로 표현했다. 나는 두 사람과 함께 바뚜르 산을 올랐고, 이후 발리 동부 해안 아메드로 갈 때도 그들이 예약한 차량에 편승하길 마다하지 않았다.

"아메드 가는 차를 운전할 사람이 여기로 우리를 데려다준 운전사와 같은 사람인가요?"

"그것참, 질문 잘했어요(That's a good question)!"

자신도 모른다는 소리였다. 바뚜르 정상에 올라 일출을 맞기로 한 날, 일말 의구심을 품은 채 얼굴 한번 못 본 현지인 가이드가 나타나길 기다리며 나눈 대화였다. 그만큼 '일체 포함'을 표방하는 허술한 계약하에서 사전에 제공되는 정보라고는 없었고, 믿고 의지할 거라고는 타인에게 기댈 신의성실뿐이었다.

화산재가 발밑에서 버석거리는 돌투성이 검은 길을 걸었다. 지붕은 없고 사방 담벼락만 세워진 집 수십 채가 길가에 늘어섰다. 화산 폭발로 무너진 흉가인 줄 여겼더니, 힌두 사원에서 기원제가 열리는 시기면 각지에서 모여든 사람들이 임시로 머무는 장소라고 했다. 그곳에서 불 피워 음식을 끓여 먹고 천막 치고 잠을 자며 몇 날 며칠 밤을 보낸다고. 풍장 풍습이 내려온다는 마을까지 호수 둘레를 걸으며 돌아보리라는 다짐을 비웃기라도 하듯, 뒤에서 오토바이가 빵빵거리며 나를 불러 세웠다. 책가방을 둘러메고 앉은 품이 학교 마치고 집으로 돌아가던 참이었나 보다. 나는 길을 걷다 말고 중학생이 모는 오토바이에 올라탔다. 소년을 보내고 나서도 다시금 오젝 기사의 끈질긴 유혹에 넘어가고 말았다. 이렇듯 이 동네 사람들은 '잘란잘란' 산책하는 이를 가만 내버려두질 않는다.

호수 둘레길 중간, 끄다산 마을에서 길은 세 갈래로 나뉜다. 거기서 오르막길을 택하면 쁘널로깐 전망대가 나온다. 쾌청한 하늘 아래, 바뚜르 호수를 가운데 두고 밀림을 밀어내고 불거진 산봉우리들. 왼편이 구눙 바뚜르, 오른편이 구눙 아방이다.

바뚜르 산 트레킹은 새벽 댓바람에 시작되었다. 인도네시아 사람들의 늘어지는 시간관념을 빗댄 '고무줄 시간'이라는 말을 중얼거릴 필요는 없었다. 약속한 시간에 맞춰 산행 길잡이 역을 맡은 남자가 방문을 두드렸다.

어둠 속에서 랜턴 불빛이 흔들렸다. 프랑스 커플, 호주 남자, 나, 가이드 이렇게 다섯이 한 팀을 이루었다. 산허리 강파른 경사지와 맞닥뜨렸을 때는 숨이 턱까지 차오르고 무릎이 후들거렸다. 부족한 잠과 허기진 배를 핑계 삼았다. 나는 가이드가 건넨 바나나로 급히 영양 보충을 했다.

한 시간 반 만에 뷰포인트에 도착했다. 우리 팀이 선두였다. 안개구름 사이로 솟은 봉우리는 구눙 아방, 멀리 두 번째 봉우리는 아마도 발리 최고봉 구눙 아궁. 보름달인 듯 하늘을 주홍빛으로 가르며 분출하는 둥근 덩어리, 황금 테를 두르고 부풀어 오르는 불덩이. 가쁜 숨을 몰아쉬며 내뱉던 "나 해냈어!"라는 외침들이 어느새 숨죽인 경탄으로 바뀌는 순간이었다. 화산 분기공에 넣어 익힌 달걀과 샌드위치를 먹다 말고 나는 정신없이 카메라 셔터를 눌러댔다.

한바탕 광휘가 물러갔다. 정상을 밟았을 때에는 정작 기쁨이 덜했다. 2010년 스웨덴 여행자가 분화구로 미끄러져 떨어져 죽었다는 얘기를 들을 뒤라 그랬을까. 분화구 밑바닥을 들여다보던 나는 아찔한 어지럼증을 느꼈다.

산행을 마치고 숙소로 돌아오자마자 가이드가 내민 것은 자신에 관한 만족도를 묻는 설문지였다. 설사 형편없었거나 그저 그랬다고 하더라도, 외국인 일행을 이끌고 길을 안내하고 먹을거리를 챙겨주느라 수고한 사람을 면전에 두고 어떻게 나쁜 평가를 내리겠는가. 우리는 제일 높은 점수를 매겼고 몇 푼 사례금을 더 얹어주었다. 허 참, 그건 팁을 유도하는 고도로 세련된 방식이었다.

발리의 소금 채취꾼

발리 동쪽 끝자락 스므룩, 부누딴, 리빠, 아아스로 이어지는 해안을 묶어 아메드Amed라 일컫는다. 이곳은 작은 어촌들 사이로 늦게 알려져 덜 훼손된 해변을 간직하고 있다. 심지어 이천 년대 들어서 포장도로가 놓이고 전화선이 설치되었을 만큼 외딴 지역에 속했었다.

흰빛을 발하며 늘어선 통나무배 주꿍jukung, 발가락을 간질이는 갈색 모래 알갱이, 바닷속에 일렁이는 산호초 군락. 물은 따스하고 물결은 고요하다. 인파에서 벗어나 한적함을 누릴 만하다. 주꿍은 배가 기울지 않고 잘 뜨도록 해주는 부목을 날개처럼 매달았다. 이런 형태의 카누는 발리뿐 아니라 생김새를 조금씩 달리하며 인도네시아 바다와 강 어디서나 떠다닌다. 주꿍은 어로와 이동 수단에서 낚시 관광이나 스쿠버 다이빙용으로 쓰임이 넓어졌고, 고기잡이들은 보트맨이나 다이빙 가이드로 변신했다.

바다에 탐닉 중인 스노클러들이 점점이 떠다니는 즈므룩 베이. 그곳을 굽어보는 언덕에 서자, 감돌아 흐르던 해안선이 꼬리를 감춘 자리로 아궁 산을 앞세우고 봉우리 셋이 차례로 다가왔다.

산호 해변이나 카누와 더불어 아메드를 가리키는 명물이 하나 더 있다. 바로 소금이다. 아메드는 천일염 산지이기도 하다. 바닷가를 거닐다가 생선 말리는 덕장이라도 되는 양 길쭉한 통나무들이 늘어선 광경을 발견했을 때는 기뻤다. 야자나무 홈통에 하얗게 피어난 것은 소금꽃이었다. 반 갈라 속을 파낸 나무가 타일 깐 염판을 대신했다. 주변에서 쉽게 구할 수 있는 자연 재료를 활용해 비용을 줄이고 평지가 부족한 바닷가에서 조금이라도 더 염전을 확보하려는 나름의 묘책은 아닐까. 머릿속에 가물거리던 '가람garam'이라는 말. 인도네시아어로 소금을 뜻하는 말이 그제야 생각났다.

나를 먼저 반긴 건 소금 채취꾼이 아니라 꼬마 소금 장사꾼이었다. 조그만 함에 소금을 한 움큼씩 담아 팔았다. 여자아이 셋이 나를 졸졸 따라다녔다. 종이를 한 장 내밀기도 했는데 거기에는 소금을 사달라고 애원하는 글이 영어로 적혀 있었다.

소금을 거둬들이는 모습을 지켜보고 농부들과 몇 마디 얘기를 나누면서 소금 얻는 방법을 어림잡았다. 나중에 확인한 정보를 보태어 정리하면 소금 채취 과정은 대략 다음과 같다. 소금 채취는 우기를 피해 건기에 이루어진다. 가까운 바닷가에서 물지게로 퍼 나르거나 호스로 끌어들인 바닷물을 사각형으로 구획한 개흙 논에다 뿌린다. 햇볕과 바람에 수

분이 잘 증발하도록 소금기 머금은 진흙을 고르게 펴준다. 흙이 마르면 써레질로 잘게 부순다. 갈퀴로 긁어모은 흙을 대나무로 엮은 커다란 깔때기 모양의 통에 채운다. 천을 씌운 통 둘레에 진흙을 짓이겨 붙이고 바닷물을 부으면, 걸러진 소금물이 통 아래로 떨어져 모인다. 원뿔 통이 일종의 여과 장치 역할을 한다. 이 소금물을 야자나무 홈통에다 옮겨 붓는다. 사나흘 뜨거운 태양 아래 증발시켜 소금 결정을 얻는다. 소금을 모아 대바구니에 옮겨 담으면 작업은 끝난다.

바닷가에는 가내수공업 수준의 소규모 염전이 서너 군데 더 있었다. 젊은 축에 속하는 남자와 얘기를 나누었다. 소금은 킬로당 2~3천 루삐아(약 250원)에 팔린다고 한다. 고대 로마 용병에게 봉급으로 지급되었을 만큼 귀했던 소금이 이제는 흔하디 흔해졌다. 휴양 시설이 들어서면서 점차 터전이 사라지고, 더구나 외국인을 상대로 하는 해양 스포츠나 리조트가 돈벌이가 된다는 사실을 알아차리고는 힘들고 돈 안 되는 소금밭을 버리고 전업하는 주민들이 늘면서, 이제는 몇몇 가구만이 염전 일에 몸담고 있다고 한다.

내 뒤를 밟기라도 했는지 소금팔이 소녀가 그곳까지 쫓아왔다. 셋 중 제일 언니에 가장 극성스러웠던 아이다. 나는 그 악착같음에 두 손 들고 항복을 선언하며 소금 뭉치 하나를 샀다. 그즈음에는 기념으로 소금을 갖고 싶기도 했다. 아이는 2만 루삐아 지폐를 받아 날름 주머니에 넣고서 거스름돈이 없다며 깔깔대며 줄행랑쳤다. 원산지 가격으로 따지면 수십 배 비싸게 산 셈. 나도 그만 허허 웃고 말았다.

소순다 열도의 꽃

끌리무뚜 화산

끌신 끌며 대나무로 짐 지고

다들 어깨에 짊어진 꾸러미를 땅바닥에 내려놓았다. 짐을 운반하는 데 쓰이는 도구는 굵직한 통대나무 막대 하나. 한쪽 끝에는 음식 재료를 담은 대바구니를 매달고 다른 쪽에는 캠핑 장비를 포개어 묶어서 균형을 잡았다. 쉬는 시간에 짐꾼들은 요리사로 변한다. 그들은 냄비, 솥단지, 가스버너 따위 조리 기구를 꺼내 먹을거리를 장만하기 시작했다. 칼질 몇 번에 파인애플을 스크루 모양으로 깎고 채소를 손질해서 볶고 달걀과 끄루뿍을 튀긴다. 엄지손톱만 하던 끄루뿍 조각이 뻥튀기로 커지는 게 신기하다. 때 이른 점심 준비에 들어간 이유가 있었다. 도합 20인분을 마련하려면 서둘러야 했기 때문이다. 짐꾼 숫자가 얼추 등산객 수와 맞먹는다. 한 시간을 기다린 끝에 나온 음식은 볶음밥에 닭튀김이었다.

반바지에 끈 슬리퍼. 포터들 옷차림은 단출하다. 무거운 짐을 짊어지고 산길을 오르기에는 너무나 허술하다. 대체로 십 대 후반에서 이삼십 대로 보이지만 작은 체구에 어려 보이는 얼굴이라 실제로는 나이를 더 먹었을지도 모른다. 고작 50킬로 몸무게로 35킬로 짐을 나른다. 일주일에 보통 두 차례 일을 한다. 트레킹 정보센터에 소속되어 순번으로 돌아가며 일을 맡는 까닭에 더 자주 산에 오르고 싶어도 그럴 수가 없다. 제이라는 이름의 가이드를 통해 알게 된 사실이다. 지금은 대장 노릇을 하고 있지만 그도 포터 출신이라고. 내가 보기에 가이드와 포터를 나누는 기준은 단 하나, 영어를 비롯한 외국어를 할 줄 아느냐 모르느냐 차이다. 그도 외국인들과 어울리며 적극적으로 영어를 익히다 보니 가이드로 나설 수 있었으리라.

짐을 챙겨 다시 산을 오른다. 굳은살 박인 어깨, 거친 숨소리. 독한 가스를 마시며 등이 휘어지도록 유황 덩이를 져 나르던 까와 이젠 노동자들이 생각났다. 더불어 오래전 안나푸르나 고갯길을 오르던 때 기억이 머리를 스쳤다. 당시 나는 장기근속자에게 주는 상을 받기 며칠 전에 회사를 '자퇴'했고 이틀 뒤 히말라야로 향하는 비행기에 올랐었다. 그때 한 달 동안 든든한 길잡이에 고마운 길벗이 되어주었던 이가 푸르바라는 포터였다. 그는 티베트 유민으로 네팔에서 포터 역할을 도맡아 하다 보니 종족명이 일반명사가 된 셰르파족이었다. 태어난 요일에 따라 이름을 정하는 셰르파 풍습에 따라 목요일에 났다고 이름이 푸르바였던 아저씨. 이름을 써달라고 했더니 삐뚜름한 글씨로 겨우 적으며, 부모님이 학교에 보내주지 않아 귀동냥으로 배운 영어로 말만 조금 하고 쓸 줄은 모른다고 털어놓던 그. 곰파(티베트 불교 사원)에 동승으로 들어가 있는 쌍둥이 두 아들의 천진한 모습을 휴대폰으로 보여주며 환한 미소를 지었었지. 지금도 포터 일을 하며 설산 고갯마루를 넘고 있으려나.

컨디션 조절에 실패한 신출내기일까. 짐꾼 하나가 쇠약한 기색을 드러내며 주저앉았다. 그가 도중 하산하는 바람에 동료들이 그가 나르던 물건을 나누어 들었다. 웃통 벗은 한 친구는 아까부터 야릇한 신음을 내뱉으며 움직이다 멈추기를 반복했다. 운 나쁘게도 아니면 서열에 밀려서, 버너와 솥단지가 그에게 할당된 것. 그 소리에 웃음을 터뜨리다 말고 나는 측은한 마음에 자꾸 뒤돌아본다. 버거운 무게를 어떻게든 이겨내려다 보니 터져 나오는 비명이리라.

지금은 건기가 최고조에 이른 시기. 덤불숲은 누렇게 말랐고 능선 비탈길은 흙먼지로 덮였다. 여남은 명이 한 팀을 이루어 린자니 산을 오른다. 나 말고는 다들 유럽에서 온 트레커들이다.

산행 기점은 숙소가 자리한 스나루 마을이 아니라 습바룬 라왕이었다. 그것도 모른 채 나는 왜 차로 한참을 이동한 후에야 트레킹을 시작하나 싶었다. 2박 3일 트레킹 그룹에 끼어든 1박 2일짜리 나 홀로 여행자로서는 설사 진작 알았더라도 선택의 여지가 없었을 터이다. 습바룬 라왕 루트는 고도 1,100미터에서 시작하므로 600미터 지점에서 출발해 열대우림을 헤치고 가야 하는 스나루 루트보다 난이도가 덜한 편이다.

　인도네시아 화산 중에서 두 번째로 높다는 구눙 린자니Gunung Rinjani. 그렇다면 제일 높은 화산은 어디일까? 지난해 내가 머물렀던 수마트라 꺼린찌 계곡에 자리한 구눙 꺼린찌가 3,805미터로 인도네시아 최고봉 화산에 해당한다. (화산은 아니지만, 빠뿌아 서부에 뿐짝 자야를 필두로 4천 미터급 산이 여럿 있다.) 구눙 꺼린찌와 린자니, 많은 화산 봉우리 중에서 어금버금을 다툰다.

　'바다 아이'라는 의미를 지닌 다나우 스가라 아낙Danau Segara Anak은 린자니 봉우리에 담긴 칼데라 호수다. 분화구 바닥에서 솟아나는 온천은 호숫물을 데운다. 광물질이 녹아들어 물빛은 짙푸른 바다색을 띤다. 칼데라 안에 자리한 구눙 바루는 린자니의 기생화산이다. 말 그대로 생긴 지 200년이 안 된 신생 화산(바루baru는 '새로운'이라는 뜻)이다. 지금도 연기를 내뿜으며 분화를 멈추지 않고 있다. 최근에는 구눙 바루자리 즉 '손가락 산'이라는 새 이름을 얻었다. 1994년부터 1995년 초까지 계속된 화산 활동으로 분화구가 더 자라난 덕분이다. 롬복의 린자니는 자바 브로모, 발리 아궁 산과 더불어 힌두 성산聖山이다. 정상을 향해 오르기 전, 힌두 신을 믿는 사람들은 호수 아래로 보석을 던져 넣기도 한다.

골짜기로 산 그림자가 길게 드리울 즈음, '바다 아이'가 내려다보이는 분화구에 다다랐다. 출발 일곱 시간 만이다. 먼저 도착한 짐꾼들이 분화구 둘레 야영지에 텐트를 치고 우리를 기다리고 있었다. 발아래는 구름 바다. '손가락 산'에서 연기가 뭉실 피워 올랐다. 산등성이에 걸린 햇살이 호수 위로 빗금을 그으며 번졌다. 어두워진 하늘에서 별이 돋아 나와 반짝였고 한 입 베어 먹은 배고픈 달이 떠올랐다.

상어잡이 어부
그리고 샥스핀

김 여사의 힘

공룡시대부터 지금까지 최강의 킬러로 군림해온 동물이 둘 있으니 상
어와 악어다. 너무나 완벽한 킬러여서, 신체 구조를 고칠 데가 없어서 1
억 년 넘게 같은 모양을 유지해왔다. 그래 봐야 우리 김 여사를 이기지
는 못하지. 하나는 그녀의 점심 식사, 하나는 그녀가 메고 다니는 가방.
_ 권혁웅《꼬리 치는 당신》

여기서 가방은 악어가죽 백을, 점심 식사는 상어 지느러미 요리 샥스핀Shark's Fin을 가리킨다. 샥스핀 수프를 즐겨 먹는 여사님의 국적은 중국일 공산이 크다. 최강 킬러의 최대 천적은 인간이다. 식인 상어 죠스조차 인간 앞에서는 맥을 못 춘다.

나를 태운 택시가 바닷가 마을에 접어든 것은 날이 완전히 어두워진 뒤였다. 운전사가 장담하길 그곳에 호텔은커녕 민박집도 없을 거라 했다. 마따람으로 돌아가 밤을 보내고 내일 아침 일찍 찾아오는 게 어떻겠느냐며 나를 설득하려 들었다. 잠잘 데를 수소문해줄 줄 알았더니 그는 구멍가게로 들어가 담배만 사서 나와서는 왕복 요금 얼마를 외치며 차를 돌리려 했다. 택시에서 내린 나는 가게 주인아주머니와 주위에 모여든 사람들에게 하룻밤 묵을 만한 데가 있는지 알려달라고 부탁했다. 아주머니는 아이를 어딘가로 심부름시켜 보냈고 잠시 후 젊은이 하나가 나타났다. 그는 서투나마 마을에서 영어를 할 줄 아는 몇 안 되는 사람 중 한 명으로 보였다. 그가 나를 데려간 곳은 자기네 집이었다. 운전사 말이 거짓은 아니었다. 마을에 공식적으로 홈스테이라고는 없었다.

"당신은 우리 집 손님입니다. 하루고 이틀이고 일주일이고 마음껏 쉬었다 가도록 해요. 모든 게 공짜랍니다."

자신이 쓰던 방을 나에게 내주며 한 말이다. 그의 이름은 아둘. 여동생은 에르나, 남동생은 아리야. 싱가포르에 돈 벌러 가고 없는 부모를 대신해서 장남인 그가 가장 노릇을 하고 있었다. 방은 무척이나 후덥지근했고 뒷간을 겸한 욕실은 불편했다. 그런데도 하루만 신세 지려던 나는 이틀 밤이나 이 집에 머물렀다.

　희끄무레 동이 터올 무렵, 아녀자들을 가득 실은 마차가 절겅거리며 마을 한가운데로 난 대로를 내달린다. 나도 그 위로 비집고 올라 한구석에 엉덩이를 걸쳤다. 사람과 수레가 줄지어 향하는 데는 부둣가 어시장이다.

　배가 들어올 때면 아낙네들은 바닷물에 옷 젖는 줄도 모르고 '다라이'를 들고 뱃전으로 달려든다. 색색 대야마다 온갖 생선이 넘쳐난다. 꽃무늬 사룽에 쏟아져 내리는 아침 햇살이 눈부시다. 시끌벅적 그야말로 장사진을 이루었다. 롬복 섬뿐 아니라 인도네시아 전역을 통틀어 상어잡이로 유명한 어촌, 딴중 루아르. 내가 여느 관광지를 제쳐놓고 어렵사리 이곳에 찾아든 이유이다.

바다에 기대어 사는 사람들의 표정은 바다를 닮았다. 해풍과 갯내가 얼굴에 새겨진 탓이다. 젊은이가 은비늘 물고기처럼 미끈하게 벗은 몸으로 배와 뭍을 오가며 때론 헤엄치며 옮기는 것은 인도네시아 말로 이깐 히우ikan hiu라 불리는 상어다. 앞뒤로 사내 둘이 둘러멘 대나무 장대에는 쇠갈고리에 살점 가죽을 꿰인 상어 두 마리가 땅바닥에 꼬리지느러미를 끌며 흐늘거린다. 날카로운 이빨을 번득이며 해저를 주름잡던 포식자는 처량하게도 들것에 매달린 먹잇감 신세로 전락했다. 세 등분된 쥐가오리가 연골 절단면을 드러낸 채 파도를 맞으며 누웠다. 가운데 조각 하나를 들어 나르는 데에 네 사람이나 동원되었으니 무게를 짐작하고도 남는다. 그 처참한 꼴이 어제까지만 해도 심해를 자유로이 유영했을 생명체라고는 믿기지 않는다.

상어 운반 일을 하는 인부 중 한 사람이 눈에 익다 싶다. 혹시 〈극한직업〉이라는 방송 프로그램에서 잠시 모습을 비쳤던 분은 아닐까. 바다 위에서 일주일을 먹고 자면서 낚싯대도 없이 오로지 낚싯줄과 맨손으로 상어를 잡는 어부가 〈극한직업〉의 주인공이었다. 35년 경력의 선장과 어린 두 아들. 그들의 손이며 발목은 낚싯줄과 바늘에 할퀴인 상처투성이다. 상어가 밤에 활동하는 까닭에 상어잡이는 새벽에 이루어지지만 낮에도 쉴 겨를이 없다. 상어 미끼로 쓸 물고기를 잡아 토막 내고 낚싯바늘에 매달아 바다에 미리 던져두어야 한다. 그들은 가족 생계를 책임지기 위해 작은 통통배에 의지해 눈물 나는 사투를 벌이지만 영악한 상어는 미끼만 가로채고 도망치기 일쑤다.

상어 부위 중에서 가장 중요한 부분은 지느러미다. 다른 어류는 놔두고 어부들이 상어잡이에 몰두하는 것도 상어 지느러미가 유난히 비싼 값에 팔리는 까닭이다. 상어 고기는 식용으로, 간은 스쿠알렌으로, 뼈와 가죽은 약용으로 쓰인다. 국내 시장에 헐값으로 넘겨지는 상어 고기를 인도네시아 사람들은 튀김과자인 끄루뿍에 넣거나 꼬치구이로 먹는다. 반면에 꼬리지느러미는 산지에서 1킬로그램에 150만 루삐아 이상으로 팔려 고급 요리 재료로 들어간다. 그런 이유로 값나가는 지느러미만 잘라내고 몸통은 바다에 버리기도 한다는데, 딴중 루아르 어시장에 올라온 상어들은 지느러미를 그대로 지니고 있었다.

샥스핀의 주 고객은 중국인이다. 과거부터 상어 지느러미 요리를 진귀하게 여긴 데다 최근 경제 성장으로 여유가 생기면서 샥스핀을 찾는 중국인들이 폭발적으로 늘어났다. 자양강장식으로 오해받고 있지만 콜라겐이 주성분인 샥스핀 자체는 별맛도 없을뿐더러 알려진 바와는 달리 영양가도 높지 않다. 게다가 건강을 위협하는 수은이 다량으로 검출되기도 한다. 제비 침분비물로 구성된 제비집 수프가 중국인들 사이에 황제가 즐기던 진미로 통하는 것과 마찬가지 이유로, 단지 희귀성 덕분에 샥스핀이 최고급 요리 자리에 오른 건 아닐까. 아무리 어두육미라고는 하나, 상어잡이 어부 가족은 자신들이 목숨 걸며 잡은 물고기의 머리나 몸통 부분은 실컷 먹을망정 꼬리는 감히 맛볼 엄두조차 내지 못한다.

하나에 수백 달러를 호가하는 지느러미를 노리고 전 세계적으로 연간 수천만 마리 상어가 포획되면서 개체 수가 급격히 줄어들었다. 등불을 밝히는 기름으로 소모되며 죽어간 고래. 아프리카 내륙 침탈에 일조한 코끼리 상아. 눈과 얼음으로 덮인 시베리아와 알래스카까지 러시아 영토를 확장시킨 모피 사냥, 그 바람에 사라져간 비버, 담비, 여우, 해달, 물

베나 마을

고생길, 여행의 맛 (부제: 로컬버스 탐구)

요란하게도 요동친다. 앞 등받이에 맞닿은 무릎이 들썩이는 엉덩이를 제어하진 못한다. 의자 밑에 구겨 넣은 배낭의 행방을 염려할 겨를은 없다. 통로에는 장바구니와 곡물 자루, 좌석 밑에는 보자기로 싼 닭이나 코코넛, 지붕에는 가방과 목재, 가축 따위를 싣고 다닌다. 엉덩이 올려놓을 데가 없어 쌀 포대나 맥주 박스를 의자 삼아 앉기도 한다. 시종 댄스 음악이 쿵쾅거리고 닭이 꼬꼬댁거린다. 그런데도 마음은 편하고 여유롭다. 투어리스트 셔틀이 제공하는 멋쩍은 편리함은 버렸다. 체취와 열기가 곤혹스러움에서 자연스러움으로 바뀐다. 그래 이제야 여행하는 맛이 나는군, 하고 중얼거린다.

웅덩이 턱에 덜커덩 부딪히거나 굽잇길을 멀미나게 돌 때면 고꾸라질 위험이 다분한 맨 뒷자리. 개중 로열석으로 치지만 온몸으로 햇볕을 받으며 불안한 선잠을 청하다가 어느 순간 이삼인 공유석으로 변하곤 하는 운전석 옆자리는 제쳐두고, 나름대로 최선의 선택이라면 운전석 뒤편 두 번째 창가 자리일 터이다. 밀치고 들어오는 승객들로부터 방비하고 자연 통풍으로 담배 연기를 내보내며 바깥 풍경을 감상하는 여유까지 누릴 수 있으니 그만한 명당자리가 따로 없다.

인도네시아 서민들의 다리 노릇을 하는 미니버스, 베모bemo 또는 앙꼿angkot. 지역에 따라 오쁠렛, 믹롤렛, 뻬떼뻬떼, 라비라비 등 갖가지 명칭으로 불린다. (기실, 이런 형태의 미니버스는 저개발국 어딜 가나 접할 수 있다.) 시내와 근교를 도는 마을버스형과 도시 간 중거리를 잇는 시외버스형으로 나눌 수 있다. 마을버스 앙꼿은 멀리서도 알아볼 수 있도록 흔히 색깔로 행선지를 표시한다. 차량 크기라 해봐야 거기서 거기, 승합차를 벗어나지 못한다.

Air Cond, Toilet, No Smoking, Restaurant, Full Music, Relax, WiFi. 수마트라 여행길에 이런 7대 서비스를 제공한다고 당당히 적어놓은 미니버스를 탄 적이 있다. 그러나 이 중에서 만끽할 수 있었던 건 오직 '풀 뮤직'뿐. 뮤직 하나는 정말 물리도록 들었다. 식당에 들렀고 그래서 화장실을 이용했으니 레스토랑이랑 토일릿도 넣어야 하나. 에어컨과 와이파이는 언감생심, 상상조차 사치다. 옆 사람을 열 덩어리로 여기지 않아도 될 만한 틈이라도 주어지고 창밖으로 불어오는 바람을 맞으며 너무 늦지 않게 목적지에 닿을 수만 있다면 참으로 다행이다. 여기에 훌륭한 부가 서비스 하나가 빠졌다. 수삐르(운전사)에게 잘만 얘기하면 원하는 지점에 딱 내려주는 '도어 투 도어' 서비스가 제공되는데 말이다.

운전사와 차장이 한 팀을 이룬다. 워낙 부대끼는 사람과 들락거리는 짐이 많은 데다 차가 잦은 고장을 일으키다 보니 운전사를 돕는 조수는 필수다. 둘은 펑크 난 타이어 교체나 땜질 수리에 능한 기능공이기도 하다. 폐차 직전 차량일망정 운전사는 본인 취향을 반영하여 화려하게 '튜닝'을 한다. 섹시한 여배우, 축구 선수, 만화 캐릭터, 심지어 체 게바라나 밥 말리 그림으로 외부를 단장하고 잡다한 스티커, 인형, 시디, 볼록거울 등을 붙이고 매달아 내부를 치장한다. 한류 덕에 한국 연예인이 간혹 모델로 등장할 때도 있다.

　미니버스 문은 예사로 열어둔 채로 달린다. 어떤 경우에는 아예 닫을 수 없도록 고정해놓았다. 식민 지배한 유럽 국가 영향으로 차는 좌측통행, 운전석은 오른쪽, 출입문은 왼편이다. 정류장은 따로 없다. 내리고 싶다면 긴말 필요 없이 "끼리, 끼리!" 하고 소리치면 된다. '끼리kiri'는 왼쪽이라는 뜻이다. 당당하게 "끼리야~"를 외치며 차를 멈출 수 있다면 당신은 현지 생활에 완전히 적응한 셈이다.

　우리가 아는 큰 버스도 비스bis 또는 부스bus로 불리며 드물게나마 운행한다. 인구 많은 지역의 도시 구간을 주로 뛰며, 때로는 배에 실려 섬과 섬 사이를 건너기도 한다. 승객이 다 차지 않았는데 버스가 움직이기 시작했다고 해서 좋아할 일은 아니다. 골목골목 수차례 순례한 뒤에야 시내를 벗어날 테니까. 그러니 출발 예정이라던 시간을 지나 늦장을 부리더라도 너무 조바심치거나 하지는 말자.

　베모 종류 말고도 인도네시아에는 흥미로운 교통수단이 여럿 있다. 조랑말이 끄는 이륜마차 도까르, 오토바이를 개조한 삼륜차 바자이, 자전거 인력거 베짝 등. 선거철이면 베짝에 후보자 사진을 붙이고 다니며 홍보 수단으로 활용하기도 한다. 라오스 '썽테우'와 비슷하게 화물칸에 기다란 나무의자를 양측에 놓은 픽업트럭도 대중교통수단에 속한다. 오또꼴, 비스 까유라는 이름으로 험한 산길을 질주한다.

로컬버스는 다니지 않고 택시는 부담스럽다면 오토바이 택시인 오젝ojek*을, 베모는 불편하고 그렇다고 승용차를 빌릴 형편이 아니라면 한결 말끔한 합승 지프 끼장kijang**을 택할 수도 있다. 마땅한 교통수단이 없는 시골이라 하더라도 걱정하지 말자. 오토바이를 가진 사람이라면 오젝 기사로 변신하길 마다하지 않을 테니까. 이렇듯 선택의 폭은 넓다. 내가 인도네시아 여행길에 베모 다음으로 즐겨 이용한 교통수단은 오젝과 끼장이었다.

알다시피, 여행을 가리키는 영어 단어 travel은 고생과 노고를 뜻하는 travail에서 비롯되었다. 집 떠나면 고생길, 여행은 반쯤 고행이다. 여행자는 길의 감식가. 길 위의 나날을 보내며 고통과 환희를 함께 맛본다.

....
* 여행 중 나는 주로 현장에서 오젝을 알아봤지만, 대도시에서라면 '오젝계의 우버'라 할 만한 〈gojek〉 앱을 스마트폰에 설치해 활용하면 편리하다. 'go-ride' 메뉴로 오토바이를 원하는 장소로 호출할 수 있다.
** 끼장은 인도네시아 현지에서 조립 생산되는 도요타 사륜구동차에서 명칭이 유래했다.

무인도들로 이루어진 해상 공원을 거느린, 외딴 해안 마을 리웅. 이곳에는 인근 바자와 출신, 술라웨시에서 건너온 부기스족, '바다 집시'로 알려진 바자우족 등 여러 이주민이 어울려 살고 있다. 가톨릭을 믿는 사람이 다수이기는 하나 그에 못지않게 많은 무슬림이 거주한다. 성경에서 따온 서양식 이름을 가진 이들이 있는가 하면 꾸란에서 가져온 이슬람 이름을 물려받은 이들도 있다. 생김새마저 다양하다. 까만 얼굴에 곱슬머리를 기른 사내는 레게 음악이라도 들려줄 듯하다. 플로레스, 리웅

영혼이 모이는
삼색 호수

곱게 차려입은 부녀자들이 어딘가로 바삐 움직인다. 천막에서 흥겨운 음악 소리가 흘러나온다. 플로레스 지역이 모계 중심 사회라고 하더니 그 말이 맞는 모양이다. 손님 대부분이 여자들인 데다가 할머니들이 가운데 자리를 차지했고 남자들은 뒷전으로 물러났다. 꽃과 풍선으로 장식한 무대에는 하얀 드레스 입은 소녀가 다소곳이 앉아 있다. 얼굴에는 화장기마저 보인다. 처음에는 어린 나이에 약혼식이라도 올리는 줄 알았다. 흰 장갑에 나비넥타이를 맨 건넛집 사내아이가 신랑감인가 싶었다. 포도주 잔을 든 예수, 두 손 모아 그 잔을 받아 드는 아이, 현수막 그림을 찬찬히 살펴보고서야 그게 아니란 걸 깨달았다. 첫영성체를 기념하는 잔치가 열린 것이다. 한두 집이 아니라 온 동네가 축제 분위기다. 성찬 순례에 나선 나는 축의금도 내지 않고 몇 번씩 음식만 축내었다.

저녁에는 춤판이 벌어졌다. 천 자락을 휘감으며 춤사위를 유도하다 말고 구경꾼인 나를 향해 손짓하는 이는 분명 여장 남자*. 비디오카메라가 돌아가고 초대 가수가 목청껏 내지르는 소리가 스피커를 울렸다. 손에 손을 잡고 둥글게 돌아가며 춤을 추었다.

....
* 인도네시아에는 의외로 트랜스젠더나 여장 남자가 드물지 않게 눈에 띄었다. 이들은 와리아waria 또는 속칭 벤쫑bencong이라 불린다. waria는 wanita(여성)와 pria(남성)의 합성어. 수마트라 브라스따기의 숙소를 지키던 사람, 깔리만딴 깐당안 어느 미용실에서 내 머리를 손질해준 사람도 여장 남자였다.

  섬 서쪽 끝에서 모니 마을까지 로컬버스로 '플로레스 하이웨이'를 횡단
했든 아니면 인근 도시 엔데로 단숨에 비행기로 날아서 왔든, 끌리무뚜
삼색 호수를 넋 놓고 바라보는 행운을 누렸다면 여행길에 들인 수고를
충분히 보상받은 셈이다.

  오토바이를 얻어 타고 새벽길을 질주한다. 오토바이 핸들을 잡은 사람
은 어제저녁 잔칫집에서 만난 동네 아저씨 도미니크 루벤 씨다. 숲은 아
직 어둠에 젖어 괴괴하다. 호수와 마주하려면 주차장에 차를 세우고 반
시간은 더 걸어 올라가야 한다. 오토바이는 돌려보낸다. 여유 부리며 노
닐다가 혼자 천천히 산마을을 둘러보며 내려갈 요량인 까닭이다. 숲이 내
뿜는 새벽 기운이 살갗에 스민다. 나는 다른 오토바이에서 내린 아낙네
와 앞서거니 뒤서거니 하며 걷는다. 꼭두식전부터 부지런하기도 하다. 관
광객이 몰려오기 전에 커피와 기념품을 팔 채비를 하려고 서둘렀나 보다.

끌리무뚜Kelimutu는 영혼이 끌리는 산이다. '끓는 산'이라는 이름처럼 꿈틀거리며 변하는 화구호를 세 개나 지녔다. 현지 사람들은 죽은 이의 혼이 신성한 호수에 깃든다고 믿는다. 호수가 영혼을 담는 그릇인 셈이다. 숲을 두른 검푸른 호수는 '늙은 영혼의 호수' 띠우 아따 음부뿌Tiwu Ata Mbupu, 두 번째 연둣빛 호수는 '젊은 영혼의 호수' 띠우 누와 무리 꼬오 파이Tiwu Nuwa Muri Koo Fai, 그 곁에 지금은 초록빛을 띠는 '악한 영혼의 호수' 띠우 아따 뽈로Tiwu Ata Polo. 세 호수는 차례로 서에서 동으로 자리한다. 아따 음부뿌는 위쪽에 따로 떨어져 있고, 누와 무리 꼬오 파이, 아따 뽈로 두 호수는 쌍안경 렌즈처럼 딱 붙어 있다.

세 호수는 변신의 귀재다. 건기와 우기, 아침과 저녁나절, 시시때때로 색옷을 갈아입는다. 과거 촬영한 항공사진과 비교해보면 그 둔갑술이 놀랍기만 하다. 한때 '젊은 영혼의 호수'는 녹색이었는데 이제는 연옥색에 가까우며, 마치 초콜릿을 풀어놓은 듯 적갈색을 띠던 '악한 영혼의 호수'는 초록색으로 돌아왔다. '늙은 영혼의 호수'만이 여전히 진중한 진청색이다. 특히나 마법에 걸린 '악령의 호수'는 종잡을 수 없을 만치 변덕이 심하다. 적갈색, 흑갈색, 감청색, 초록색으로 탈바꿈하며 정체 모를 빛깔을 발산한다. 지질학자라면 물에 녹아든 광물질의 성분 변화나 가스 분출이 일으키는 화학 반응, 시간에 따른 빛의 굴절 등으로 물빛이 달라지는 이유를 설명할 테지만 오랫동안 끌리무뚜 산자락에 기대어 살아온 리오족 사람들은 조상 정령이 그런 변덕을 부린다고 여긴다.

나는 경고문을 무시하고 울타리를 넘는다. 깎아지른 벼랑이 굽이치며 호수를 둘로 나누었다. 부연 안개 탓일까, 물빛이 흐리다. 구름을 옅게 물들이는 것으로 해돋이는 지나갔다. 이대로 일출 산행이 싱겁게 끝나는가 싶어 실망할 즈음, 이편 호수 둘은 내버려 둔 채 언덕배기를 잰걸음으로 오르는 무리를 발견했다.

언덕 너머로는 '늙어서 죽은 넋이 모이는 호수' 띠우 아따 음부뿌가 숨어 있다. 호수 셋을 한꺼번에 보려면 그곳 전망대에 서서 한 바퀴 시선을 돌리는 것으로 충분하다. 시간이 흐른다. 빛살이 화구 빗면을 금빛으로 물들인다. 순간순간이 그야말로 경이의 연속이다. 운무로 덮인 휘장을 걷어내고 호수가 검푸른 목구멍을 드러낼 때까지 침묵 속에서 기다린다. 분화구를 감싼 구름이 흩어져 사라진 게 아니라 움푹한 둥근 구멍 속으로 스며든 것만 같다.

전망대를 내려오며 '젊어서 죽은 남녀 영혼이 머무는 호수'와 '악한 영혼이 가는 호수'를 다시 만난다. 그사이, 호수 표정이 달라졌다. 악한 영혼은 농도가 짙어졌고 젊은 영혼은 얼룩무늬를 그렸다.

플로레스를 여행하며 매일같이 커피를 맛보았다. 이날도 나는 커피 가루 그대로 뜨거운 물을 붓고 설탕을 듬뿍 탄 플로레스식 커피를 연거푸 얻어 마셨다. 산을 내려가는 길에 커피를 수확하는 모녀에게 말을 붙였다가 한 잔, 커피콩을 늘어놓고 말리는 마당을 기웃거리다 그 집 가족에게 둘러싸여 또 한 잔. 커피에서 흙냄새가 났다. 이 지역에서 재배하는 커피는 로부스타 종이라고 했다. 커피를 마시며 인도네시아 말 몇 가지를 배웠다. 프란시스쿠스 엘레 씨 이름을 수첩에 남겼고 그의 가족을 카메라에 담았다.

운무가 서서히 걷히며 드러나는 '늙은 영혼의 호수'

끌리무뚜
산마을에서
만난 가족

함석지붕, 태양 집열판, 빨래, 그물, 우물, 물을 받아 세수하는 아이, 소녀 손에 들린 두레박, 웃통 벗은 사내의 몸에 새겨진 문신…. 방죽 위를 거닌다. 해 기울려면 멀었고, 대나무로 급조한 해변 카페에 손님이라고는 없다. 포구를 떠난 배는 이웃 섬으로 향한다. 《유라시아 횡단 기행》의 작가 폴 서루였나, "관광객은 자신이 어디에 와 있는지 모르고, 여행자는 자신이 어디로 갈지를 모른다"라고 잘라 말했던 사람이. 익숙해지면 떠나기 어려운 법. 이제 어디로 가야 할까. 지평은 열려 있고 선택은 늘 자신의 몫이다. 마음만 먹으면 시간이 허락할 때까지. 플로레스, 마우메레

향신료라는 유혹
진화론에 관한 영감

띠도레 섬에서 본 떠르나떼

대항해 시대를 열고
식민 침탈을 부른 향신료

향신료 산지로 가는 새로운 인도 항로를 개척하려는 모험이 이른바 지리상 발견과 대항해 시대를 열었고, 향신료를 확보하기 위한 경쟁이 제국주의 식민지 침탈을 낳았다. 유럽인들 눈에는 지구 절반이 빈 곳으로 인식되던 시절이었다.

중세 서양에서 금만큼이나 귀하고 값비싼 것이 후추였다. 심지어 후춧가루는 화폐로 통용되기도 했다. 향신료에 대한 욕구가 유럽 귀족층을 사로잡았다. 육류를 오래 보관하고 입맛을 돋우는 데 향신료는 필수였다. 정력을 높이는 강장제로, 전염병을 막고 살균 효과를 내는 약재로, 악귀를 물리치는 종교의식용으로 두루 쓰였다. 이국적인 맛을 내는 진귀한 향신료를 손님에게 대접할 수 있다는 점은 당시 지배 계급의 지위를 상징했을 터이다. 어쩌면 실제 쓰임새보다는 그 자체의 희소성과 특권층의 과시욕이 유럽인들로 하여금 향신료에 열광하도록 만든 건지도 모른다.

이슬람 세력이 서아시아와 지중해를 장악한 상황에서 아랍인과 교역을 하지 않고서는 유럽 사람들은 동양에서 나는 신기한 조미료를 맛볼 수가 없었다. 이슬람 왕들이 교역에 무거운 관세를 부과한 데다 아랍 상인과 베네치아 상인 손을 수차례 거치면서 향신료 가격은 천정부지로 치솟았다. 14세기 오스만튀르크가 발흥해 동서 무역로를 차단하자 중개상을 통하지 않고 현지에서 향신료를 직접 구하고 싶은 욕심이 생겨났다. 바스쿠 다 가마는 포르투갈을 떠나 아프리카 희망봉을 돌아 인도양에서 동쪽으로 부는 계절풍을 타고 후추 산지 인도에 도착했다. 마르코 폴로의 《세계 경이의 서》(동방견문록)를 읽고 '황금과 후추의 나라'에 매혹된 크리스토퍼 콜럼버스는 서쪽으로 가다 보면 언젠가 인도 땅에 닿으리라는 기대로 대양을 횡단했다. 페르디난드 마젤란이 이끄는 선단이 대서양을 건너고 천신만고 끝에 오늘날 마젤란 해협이라 불리는 남아메리카 남단을 돌아 광대한 태평양으로 항해를 계속한 것도 정향과 육두구라는 향신료에 대한 유혹 때문이었다. 마젤란은 필리핀 조그만 섬에서 사망했지만 살아남은 선원들은 정향 원산지 떠르나떼 섬에 결국 도착했고 마지막 남은 배 한 척에 향신료를 가득 싣고, 떠난 지 3년 만에 스페인으로 돌아올 수 있었다.

인도 고아를 식민 기지로 삼은 포르투갈은 이어서 말레이 반도의 말라카 왕국을 점령하고 말루꾸(몰루카) 제도를 장악하여 향신료 독점을 노렸다. 이에 질세라 네덜란드와 영국이 해상 교역과 식민지 쟁탈전에 뛰어들었다. 17세기 들어 두 나라는 포르투갈과 스페인을 몰아내고 동인도 향신료 무역권을 탈취했다. 인도·인도네시아, 중국·일본, 유럽 본국을 잇는 삼각 무역을 이끈 주역은 정부에 맞먹는 막강한 권한과 군대를 보유한 주식회사, 동인도회사였다.

당시 후추보다 더 귀했던 향신료는 정향과 육두구였다. 육두구는 말루꾸의 일곱 개 작은 섬 반다 제도에서만 났다. 떠르나떼와 띠도레를 포함하는 다섯 섬이 세계에서 유일하게 정향나무가 자라는 곳이었다. 네덜란드 동인도회사의 간섭이 본격화되기 전까지만 해도 떠르나떼 이슬람 왕국은 말루꾸 제도와 술라웨시 일원에 영향력을 뻗칠 만큼 강력했다. 떠르나떼 술탄은 정향을 팔아 벌어들인 부를 앙숙인 이웃 섬 띠도레와의 전쟁에 소모하기도 했다. 네덜란드 식민 총독은 정향나무를 암본 섬으로 옮겨 심고 떠르나떼와 띠도레에는 없애버리라고 지시했다. 그 바람에 두 섬 주민들은 수입원을 잃었고 술탄은 지배력을 상실했다. 아메리카에서 고추, 올스파이스 등 새로운 향신료가 들어오고 정향 공급이 늘어나 가격이 폭락하자 네덜란드인들은 정향나무를 뽑아버리고 허가 없이 정향을 재배하는 농부들을 처형하기까지 했다. 프랑스인 푸아브르가 몰래 정향 묘목을 빼돌려 인도양 모리셔스 섬에 심는 데 성공하면서 네덜란드의 독점권은 무너지기 시작했고, 잔지바르와 마다가스카르를 비롯한 동아프리카 연안으로 생산지가 퍼져 나갔다.

한때 타이틀을 빼앗긴 적도 있지만 현재 인도네시아는 세계 정향의 80%가량을 공급하는 최대 생산지이다. 또한 정향 최대 소비국이기도 하다. 일찍이 '검은 담배'라 불리는 정향 담배 끄레떽keretek 맛에 인도네시아 남자들이 깊이 길들여진 탓이 크다.

무엇이 여행자 레이더에서 한참 비켜나 있는 멀고 먼 작은 섬 떠르나떼로 나를 불러들였을까? '향신료 섬'이라는 신화에 현혹되었거나, 부국과 빈국의 세계사적 기원을 다룬 책에서 읽은 구절, 어쩌면 여행안내서에 나온 그림 같은 사진 한 장이 계기가 되었을지도 모르겠다.

도착 첫날, 나는 섬 크기에 비해 제법 규모를 자랑하는 꼬따 떠르나떼 시가지에 놀랐다. 우리나라 울릉도 1.5배 면적에 20만 인구가 살고 있는 데가 떠르나떼였다. 나는 택시와 오젝 기사들의 꼬드김을 차례로 뿌리치고 공항을 나와 베모가 다니는 대학교 앞까지 걸었다. 여행 경비 중 제일 아까운 돈은 공항에서 시내로 들어갈 때 부담하는 택시 요금이다. 현지 물정에 어두운 여행자에게 덤터기 바가지를 씌우는 금액이라면 더더욱. 비록 무더위를 견뎌야 하지만 배낭 메고 이십 분만 걸으면 스무 배나 돈을 적게 쓸 수 있는데 그걸 마다할 이유는 없었다.

향신료 섬에 향신료 가게는 드물었다. 내가 식당에서 점심을 먹다가 마침 맞은편에 문을 연 상점을 발견했을 때만 해도 그게 정향과 육두구를 눈앞에서 보고 만지는 마지막 기회일 줄은 몰랐다. 그곳에는 정향 꽃과 육두구 열매를 건조시키는 시설이 갖추어져 있었다. 주인은 서슴없이 향신료를 보여주고 사진 촬영을 허락했다. 향신료 담은 자루들이 속속 창고를 나와 트럭에 실렸다.

정향丁香은 꽃봉오리를 말리면 모양이 못을 닮는다고 해서 그렇게 불린다. 영어 이름 클로브clove 역시 못을 뜻하는 '클루clou'에서 왔다. 정향은 향기가 좋을 뿐 아니라 부패를 방지하고 살균력이 뛰어나다. 치과에서 구강 마취제로도 쓰인다. 육두구肉豆蔲에 해당하는 영어 너트멕nutmeg은 사향 향기가 나는 호두라는 뜻이다. 인도네시아어로 정향은 쩽께cengke, 육두구는 빨라pala라고 한다. 살구 같은 육두구 과육을 벗기면 빨간 씨껍질로 둘러싸인 호두 닮은 씨앗이 나온다. 육두구는 만병통치약처럼 알려져 왔고 한방에서도 약재로 쓰이지만, 드라마 〈대장금〉에서 장금이의 미각을 잃게 한 것이 육두구라고 나올 만큼 독성 또한 지닌다.

떠르나떼는 향신료 산지로서의 명성을 술라웨시 등 다른 섬에 빼앗긴 지 오래다. 향신료 거래로 부를 누리던 이슬람 술탄이 이제는 박물관으로 변한 궁전 한구석에 기거하고 있듯이 말이다.

보석 원석을 팔거나 그걸 연마 가공해 반지에 세팅해주는 사람들이 떠르나떼 최고 이슬람 사원인 마스지드 알 무나와르로 가는 길목에 늘어섰다. 시장 어귀로 보석 가게들이 이어진다. 루비, 사파이어, 자수정, 에메랄드, 마노, 터키석…. 눈망울만 한 보석이 올라간 반지를 내밀어 보이며 그걸 손에 끼고 있으면 건강에 좋다고 선전한다. 상인들이 전하길, 떠르나떼 남쪽에 자리한 바깐 섬에서 채굴한 원석을 들여온다고 한다.

떠르나떼로 오는 길에 술라웨시 마나도에 들렀는데, 그때 만난 한 남자가 내게 던진 짤막한 말이 떠올랐다. 내가 떠르나떼로 갈 예정이라 했더니 그는 "마이닝, 젬스톤?"이라고 물었다. 나로서는 그가 보인 반응이 의외였다. "스파이스spice?" 하며 내뱉을 줄 알았으니 말이다. 그는 나를 보석상쯤으로 여겼던 모양이다. 오늘날 떠르나떼의 특산품을 들라면 향신료보다는 차라리 보석을 내세우는 게 맞을 듯하다. 이 섬에 들르는 방문객 대부분은 보석 거래 등을 위해 사업차 출장 온 사람들로 보인다. 대로에 면한 숙소는 하나같이 비즈니스호텔이다. 호텔은 중국계 소유고 주고객마저 중국인 무역상이다. 하물며 내가 머문 저가 게스트하우스에도 방마다 중국 남자들이 나왔다.

사원 곁은 수변 공원이다. 수평선 위로 해가 내려앉고 나무들이 제 그림자를 넓혀갈 무렵, 조용하던 바닷가는 산책 나온 사람들로 북적이기 시작한다. 아이스크림, 박소, 사떼 따위를 파는 장사꾼들 손이 분주해지는 시간이기도 하다. 점프하는 아이들을 쫓아 히잡 쓴 여인네들도 체면 차리지 않고 시원한 바닷물로 뛰어든다. 수심이 얕아 수십 미터를 들어가도 물은 허리께에서 찰랑거린다. 상인들은 층층이 두리안을 쌓아놓고 손님을 불러들이고, 바퀴 달린 음식점 까끼 리마가 줄줄이 들어선다. 둑길에 돗자리를 펴고 둘러앉은 가족은 그 자리에서 아예 저녁거리를 해결할 기세다.

향신료
육두구

투명 악어가 사는 호수

길은 해안에서 점점 멀어졌다. 섬 중앙에 우뚝 솟은 가말라마 산을 흘깃거리며 땡볕에 달아오른 도로를 걸었다. 가말라마는 2011, 2012, 2014년 잇달아 분출한 활화산이다. 오토바이 행상 아저씨들을 만날 때까지 이따금 지나치는 차량 말고는 움직이는 물체라고는 없었다. 오토바이 뒤에는 채소와 양념거리가 실렸고 박소가 김을 내며 끓었다. 다시 바다와 가까워지고서야 마을이 나왔다.

떠르나떼에는 똘리레 호수가 둘 있다. 똘리레 라모와 똘리레 이찌. '라모'가 큰 똘리레, '이찌'는 작은 똘리레다. 작은 똘리레를 거느린 검은 모래 해변에 서면, 해협 건너로 바다에 솟아난 섬이 보인다. 떠르나떼라는 지구 곁에 달처럼 떠 있는 히리 섬이다. 호수로 놀러 온 아가씨들에게 말을 붙여본다. 머리에 쓴 뚜둥(히잡)이 화려하다. 떠르나떼 하이룬 대학교에 다니는 여대생들이다. 나는 여학생들과 어울려 매점에서 달걀 넣은 라면을 먹고서 똘리레 라모로 향한다.

사방 수풀이 수면으로 내려와 배어든 듯 호수는 완연한 풀빛이다. 플로레스 끌리무뚜처럼, 건기에는 옅은 파랑, 우기에는 진한 녹색이나 갈색을 띠며 물빛이 변한다. 크기로 따지면 똘리레 라모 호수가 끌리무뚜 삼색 호수 셋을 다 합친 것보다 커 보인다. 일부 주민이 주장하기로 호수 바닥이 깊이 내려가 바다와 연결되어 있다고 한다.

신비로운 기운을 드러내는 장소가 흔히 그렇듯 똘리레 호수에는 여러 전설이 내려온다. 로미오와 줄리엣식 사랑 이야기는 아니다. 딸을 임신시

찰스 다윈에게 보낸 편지

떠르나떼 섬을 거쳐 간 유럽인으로 탐험가, 식민 총독, 약탈 원정대, 일확천금을 노린 향신료 무역상만 있었던 건 아니다.

앨프레드 윌리스Alfred Russel Wallace라는 인물이 있다. 1858년 떠르나떼 섬에 머물고 있던 그는 찰스 다윈Charles Darwin에게 한 통의 편지를 보낸다. 거기에는 〈원래 유형에서 무한히 멀어지려는 변종들의 경향에 대하여〉라는 제목의 글이 동봉되어 있었다. 그는 말라리아에 걸려 병상에 누운 채 맬서스《인구론》의 논리를 숙고하던 중 문득 '변형과 적자생존'에 대한 통찰을 얻었고, 그것을 정리한 논문을 검토해달라며 찰스 다윈에게 편지를 보낸 것이다(다윈 역시 《인구론》에서 진화론의 단서를 찾아냈다). 이메일이 없던 시절, 말루꾸 제도 떠르나떼로부터 1만 6천 킬로미터 떨어진 영국까지 편지가 전해지는 데에는 세 달이 걸렸다. 논문을 읽어본 다윈이 충격에 빠진 건 당연하다. 다윈은 친구들 충고를 받아들여 윌리스를 공동 저자로 해서 학회에 논문을 발표한다. 나중에 이 소식을 전해 들은 윌리스는 공동 저자로나마 자신의 이론을 알린 점을 기뻐하며 다윈의 권위를 인정해주었다고 한다. 1년 후인 1859년에 다윈은 20년 동안이나 묵혀두었던 진화론 연구를 책으로 출판한다. 그것이 마르크스《자본론》, 프로이트《꿈의 해석》과 더불어 세상을 바꾼 책으로 꼽히는 《종의 기원》이다.

요즘 말로, 다윈이 금수저를 물고 나왔다면 윌리스는 흙수저였다. 부유한 집안의 후광을 입은 엘리트 학자였던 다윈과는 달리, 윌리스는 평범한 가정에서 태어나 열네 살에 학교를 그만두고 측량과 건축 일을 하며 근근이 밥벌이를 해야 했다. 독학으로 박물학을 공부하며, 아마존 밀림에서 4년, 말레이 인도네시아 군도에서 8년을 떠돌며 닥치는 대로 동식물 표본을 채집했다. 다윈이 1만 개 따개비를 모았듯이 그는 딱정벌레를 8만 마리나 수집했다.

월리스는 인도네시아 여러 섬을 여행하던 중 바로 이웃한 섬인데도 동물군 분포에 있어 뚜렷한 차이를 드러내는 현상을 발견한다. 보르네오와 술라웨시 사이, 발리와 롬복 사이 해협을 가르는 선이 동남아시아 구區와 오세아니아 구의 동물상을 분할하는 생태지리적 경계선임을 밝혀낸다. 뒷날 이것은 다른 학자들에 의해 '월리스 라인'으로 명명된다. 그는 답사 여행기뿐만 아니라 《말레이 제도》, 《다위니즘》 등 열 편 넘는 저작을 남겼다.

월리스의 아이디어를 다윈이 가로챘다고 주장하는 음모론을 받아들이지 않더라도, 다윈에게 보낸 그의 편지가 진화론을 세상에 내놓는 촉진제가 되었음을 부인하기 어렵다. 허나 세계관을 뒤집은 섬 갈라파고스는 알아도 떠르나떼 섬은 들어본 적이 없듯이, 진화론 하면 찰스 다윈을 으레 떠올리면서도 진화론 최초 주창자라 할 앨프레드 월리스의 이름을 기억하는 이는 드물다.

오늘날 떠르나떼에는 네덜란드와 포르투갈 군대가 건설한 요새들이 고스란히 보존되어 있다. 바스쿠 다 가마의 동상이 서 있고, 인도네시아를 대표하는 세계적인 가수, 자메이카 레게 음악가, 아르헨티나 출신 쿠바 혁명가, 미국 펑크록 밴드, 유럽 리그 축구선수들을 그린 벽화가 길거리를 장식할망정, 앨프레드 월리스와 관련한 흔적은 섬 어디에서도 찾을 길이 없다.

사구 녹말과 카사바를
반찬으로 먹은 특식

역사적으로 보면, 서로 이웃한 나라치고 앙숙이 아닌 경우가 드물다. 향신료 정향 원산지이며 일찍이 이슬람을 받아들인 술탄 왕국, 크기와 모양마저 비슷한 화산섬인 떠르나떼와 띠도레. 닮은꼴 두 섬나라는 오랜 견원지간이었다. 3킬로에 불과한 좁은 바다를 사이에 두고 말이다. 외세가 이런 불화의 틈을 파고들어 갈등을 부채질하고 지배력을 높이려 한 건 당연하다. 떠르나떼가 포르투갈의 간섭을 받고 있을 시기, 띠도레에는 스페인이 들어왔다. 포르투갈과 스페인, 그리고 스페인에서 독립한 네덜란드. 향신료 제도를 두고 다툰 세 나라 역시 숙적 관계이기는 마찬가지였다.

승객이 찰 때마다 수시로 떠나는 모터보트를 이용하면 이쪽 섬에서 저쪽 섬으로 건너가는 일은 금방이다. 띠도레 중심지라고 할 소아시오가 섬 반대편에 자리한 까닭에 해안선을 끼고 도는 베모를 잡아타고 한 차례 더 이동한다. 차량 바깥에 붙어 있어야 할 볼록거울이 열 개도 넘게 전면에 늘어서서 운전사 얼굴의 복사본을 비추는 모습이 재미있다.

어디로 가야 할지 종잡지 못한 채 나는 갑자기 난감한 상황에 빠졌다. 굳게 잠긴 철문 너머로 인기척이라고는 없다. 책에 딱 하나 나온 홈스테이는 빈방이 없었고 그래서 거기 주인 할머니가 적어준 이름 하나 들고 진땀 쏟으며 여기까지 찾아왔는데 말이다. 옆집 가게에 손님으로 들른 남자가 마침 이런 사정을 듣고서 자기 차로 나를 다른 숙소로 데려다주는 수고를 베풀지 않았다면, 길 잃은 아이처럼 머물 데를 찾아 불볕 속에서 헤맬 뻔했다. 그곳은 깨끗하고 큼직한 방에 고풍스러운 가구하며 어느 것 하나 나무랄 데가 없을뿐더러 바다와도 지척이었다.

스페인 군대가 세운 요새에 올랐다. 끼에마뚜부 화산 봉우리부터 소아시오 시가지와 바다 건너 어렴풋한 할마헤라 섬까지, 전망이 뛰어나다. 꼬따 떠르나떼가 번잡한 상업도시라는 인상을 주는 반면, 소아시오는 바다를 낀 한적한 전원도시다운 정취를 자아낸다. 삼거리에서 꺾어진 차들이 드문드문 소실점으로 사라진다. 푸르던 나뭇잎이 노랗게 물든다. 눈가에 줄무늬가 어룽댄다. 나비 꿈이라도 꾸었나. 보리수 그늘 벤치에 팔베고 누웠다가 설핏 잠이 들었나 보다. 놀러 온 젊은 남녀들의 재잘거림이 아니었다면, 햇빛 들어 아롱질 때까지 그리 누워 한것을 보냈을지도 모른다.

버스터미널이면 시장이 인접할 테고 식당이 몰려 있을 거라 생각했다. 그렇게 별생각 없이 찾아든 식당에서 나는 인도네시아 특별식이라 할 만한 음식을 맛보았다. 생선, 사구sagu, 싱꽁singkong, 쌀밥, 몇 가지 채소로 구성된 차림은 나로서는 처음 접하는 조합이었다. 사구는 사고야자 줄기에서 채취한 녹말을, 싱꽁은 카사바를 말한다. 사구 먹는 방법이 색달랐다. 반투명 젤리 상태인 사구를 나무젓가락으로 몇 번 휘감아 덩어리로 만들고 그걸 향신료 들어간 생선 국물에 곁들어 먹었다. 한 덩이 입에 넣는 순간 말캉말캉한 촉감을 느낄 새도 없이 미끄러지듯 식도로 넘어갔다. 음식 이름이 궁금해질 수밖에 없었다. 아주머니가 일러주길, 사구를 기본으로 한 이 세트 메뉴를 인도네시아 말로 '빠뻬다'라 부르며 말루꾸 제도 사람들이 즐기는 별미라고 했다.

겉모양이 굵은 칡뿌리나 마처럼 생긴 싱꽁은 시장에서 여러 번 본 적이 있어 낯설지 않았지만 직접 먹어보기는 처음이었다. 단맛이 덜한 고구마라고나 할까. 싱꽁 삶은 것은 씹히는 맛이 부드러웠고 삐상 고렝(바나나 튀김)만큼이나 맛있었다. 싱꽁은 척박한 땅에서도 잘 자라는 구황 작물이다. 그래서일까, 인도네시아에서는 가난뱅이나 촌놈을 빗대어 '아낙 싱꽁'(직역하면 '싱꽁 자식')이라 부르기도 한다. 부자를 '꺼주(치즈)'라고 하듯이. 자연에 가까운 이런 투박한 음식을 좋아하는 걸 보니 나도 촌놈인가 보다.

밥 한 그릇을 뚝딱 비웠다. 생선과 야채 국, 깡꿍(공심채) 같은 나물 반찬 또한 맛이 괜찮았다. 배만 부르지 않으면 몇 그릇이라도 더 해치울 자신이 있었다. 다섯 살 큰딸 찌찌, 두 살 반인 작은딸 짜짜, 이 집 귀염둥이 딸내미들 덕에 더 즐거웠다.

강은 길이자 삶

마하깜 강

연무와 함께한 여행

술라웨시 마까사르를 거쳐 깔리만딴* 발릭빠빤에 이르렀다. 발릭빠빤 공항과 사마린다를 연결하는 버스가 숲속을 지날 때였다. 길가로 뜨거운 불길이 치솟았다. 자욱한 연기가 차량을 덮쳤다. 버스가 화염을 피해 무사통과한 게 천만다행이었다.

건기가 절정에 달하는 8월은 인도네시아와 주변국 사람들을 괴롭히는 재해가 시작되는 시기이기도 하다. 그 재해란 '아삽asap'이라 불리는 지독한 연무煙霧 현상을 가리킨다. 깔리만딴으로 건너오기 전 인도네시아 다른 섬을 여행하는 동안에 나는 연무의 심각성을 미처 깨닫지 못했다. 'asap'이라는 단어가 들어간 자막과 함께 불타는 숲에 물을 뿌리는 소방관이 나오는 뉴스 화면을 처음 접했을 적에는 그것을 흔히 아는 영어 약자와 연결할 정도였으니 말해 무엇하랴.

스모그라 하면 공장지대나 과밀한 대도시를 떠올리기 마련인데 어찌된 일인지 도시에서 산골로 들어갈수록 연무 농도는 짙어졌다. 사마린다에 머물 때만 해도 간지러운 코를 문지르며 사진 선명도를 떨어뜨리는 뿌연 공기를 원망하는 수준이었는데, 날이 갈수록 점점 숨쉬기 곤란해지고 천식에 눈병이라도 날 지경에 처했다. 인상주의 화가 끌로드 모네가 말년에 시력을 잃어가며 그린 풍경화처럼 사물의 경계가 뭉개져 보였고 심지어 풀풀 떠다니는 재가 눈앞에서 관찰되기도 했다.

....
* 세계에서 세 번째로 큰 섬 보르네오. 깔리만딴Kalimantan은 그 4분의 3에 해당하는 남쪽 인도네시아 영역을 가리킨다. 섬 북쪽에는 말레이시아 사라왁·사바 주, 브루나이 왕국이 자리한다.

산림자원 부국이라는 인도네시아, 그중에서도 열대우림을 가장 잘 보존하고 있다고 알려진 깔리만딴과 수마트라. 어느 곳보다 청정한 공기를 자랑할 것 같은 지역에서 주민들은 도리어 건기만 되면 호흡기 질환에 시달린다. 학교는 단축 수업에 들어가거나 휴교령이 내려지고 항공기 연착과 결항이 밥 먹듯이 발생한다. 연기가 말레이시아와 싱가포르, 멀리 태국이나 필리핀까지 날아가 대기를 오염시키는 바람에 인도네시아 정부에 항의하는 소동이 벌어진다. 날이 풀리는 봄이면 중국 내륙에서 불어온 황사와 미세먼지가 한반도 상공을 희뿌옇게 뒤덮어 마스크를 쓰지 않으면 외출이 어려워지는 일이 우리에게도 일어나기는 하지만 이에 비하면 약과라 할 만하다.

화전을 일구기 위해 사람들이 일부러 내는 산불이 연무의 원인이다. 주범은 소규모 화전민이 아니라 기업형 팜 농장이다. 엘니뇨 영향으로 길어진 가뭄과 자연 발화는 변명거리에 지나지 않는다. 팜나무 열매에서 추출한 팜오일palm oil은 화장품, 식용유, 식물성 유지, 바이오디젤 연료 등으로 사용된다. 우리가 즐겨 먹는 라면을 튀기는 데 쓰이는 기름, 과자 종류를 만들 때 들어가는 첨가제가 바로 팜오일이다. 팜오일이 화석 연료를 대체할 에너지원으로 떠오르면서 동시에 역설적으로 산림 파괴를 부채질하는 원인으로 지목되고 있는 형편이다. 산소를 생산하는 숲을 파괴해서 공해 물질 배출을 줄이겠다는 식의 발상에 어처구니가 없어진다. 밀림이 사라져 건조해진 이탄층*에 불이 붙으면 비가 내려도 꺼지지 않고 어마어마한 양의 이산화탄소를 뿜어낸다. 더구나 무분별한 벌목과 산불은 오랑우탄의 생존에도 직격탄을 날린다. 우리가 매일같이 먹는 라면과

----
* 완전히 썩지 않은 식물 잔해가 진흙과 함께 쌓인 지층. 이탄층 자체가 이산화탄소를 흡수하는 역할을 하는 까닭에 여기에 불이 나면 온실가스를 이중으로 증가시키는 결과를 초래한다.

과자가 결과적으로 숲을 파괴하고 환경을 오염시키며 오랑우탄을 죽이는 셈이다. 우리 인간은 아이러니하게도 한쪽에서는 나무 위에 사는 이 영장류를 멸종 위기로 몰아가면서 다른 한쪽에서는 어미 잃은 새끼를 구조해 보호구역에서 돌보며 야생 적응 훈련을 시킨다.

인도네시아에서 숲이 파괴되는 속도는 실로 엄청나다. 지난 20여 년간 인도네시아 숲의 절반이 사라졌다. 연례행사처럼 되풀이되는 화재와 그로 인한 연무 탓에, 아마존과 더불어 '지구의 허파'로 일컬어지던 섬이 이제 폐병 앓는 이산화탄소 제조 공장으로 변하고 있다. 우리는 우리의 집인 지구를 그동안 너무 함부로 다루어온 건 아닐까.

나는 하루라도 빨리 연무에서 벗어나고 싶었다. 그렇지만 예약해둔 항공권 탓에 20일 동안 깔리만딴에 머물렀다. 말레이시아 꾸칭으로 넘어가는 비행기를 타는 날에야 대기 중에 쌓인 먼지와 연기를 씻어 내리는 폭우가 쏟아졌다. 그로부터 나흘 뒤, 쿠알라룸푸르로 향하는 하늘 위에서 내려다본 풍경은 야자나무 농장 일색이었다. 보르네오 섬이 진행형이라면 말레이 반도는 완료형이었다.

체감 기온과 더불어 대기 밀도가 상승했다. 하늘 강 구분 없이 온통 흙빛으로 물들었다. 조명 받아 번쩍이던 사원 첨탑, 어둠 속에 부풀어 출렁이던 강물, 나를 압도하며 사마린다의 밤으로 이끌던 어제 그 순간은 어디로 갔을까. 모또르 경적 소리, 목재 잔해가 쓰레기와 뒤엉켜 떠다니는 배다리, 물길을 오르내리는 물오리 같은 조각배들. 석탄을 산처럼 실은 바지선 두 척이 멈춘 듯 천천히 움직이며 교차한다. 무동력 바지선을 이끄는 예인선 삭줄이 끊어질 듯 팽팽하다. 깔리만딴 내륙 고원에서 발원한 강물은 정글이 내놓은 잉여물, 문명이 배출한 토사물을 끌어안으며 하구로 흘러든다. 숭아이 마하깜Sungai Mahakam이 바다와 만나는 삼각주에 건설된 이슬람 도시가 사마린다이다.

연무와 더위의 이중고, 거기에 더해 사마린다의 도로 사정은 강변 따라 3킬로 남짓한 거리를 걷는 일조차 하나의 도전으로 느끼게끔 만들었다. 혼잡한 차량 흐름이나 매연이야 그렇다고 쳐도 심심하면 끊기고 장애물이 가로막는 인도는 걷는 이를 지치게 했다. 그렇게, 자카르타의 마스지드 이스띠끄랄에 이어 동남아시아에서 두 번째로 큰 이슬람 사원이라는 사마린다 이슬라믹 센터를 어렵사리 방문했다. 사원 안은 신발을 벗고 들어가야 했는데 발바닥이 아프도록 움직여도 다 못 돌아볼 정도로 규모가 컸다. 사마린다 시가지를 아우르는 강 유역을 조망하고 싶어 찾은 미나레는 승강기를 이용하지 않고서는 올라갈 수 없을 만큼 높았다. 센터라고 명명한 이유를 이해할 만했다.

마침 일요일이라 나는 다약족이 사는 빰빵이라는 곳을 방문하고 싶어졌다. 일요일 오후마다 롱하우스longhouse에서 전통 의식이 열리는 데다가, 늘어진 귀가 가슴까지 내려오는 다약족 할머니들을 만날 수 있는 몇 안 되는 장소 중 하나라는 소문을 들었기 때문이다. 무거운 귀걸이를 어릴 때부터 하고 다닌 탓에 귓불이 늘어나 그렇게 되었다고 한다. 다약족 마을로 가는 노란색 미니버스가 모인 공터를 찾아내는 데까지는 무리가 없었다. 그렇지만 차를 세워놓고 노닥거리던 남자들은 너무나 터무니없는 돈을 요구했다. 버스를 택시처럼 통째로 빌리는 요금을 내라는 뜻인 듯했다. 그들을 무시하고 근처 시장을 둘러보고 돌아왔더니 다른 운전수가 모는 버스가 들어와 있었다. 그런데 그는 빰빵 마을로 간다면서도 나를 태우길 주저하며 아까 나와 이야기를 나눈 남자들 눈치를 보는 게 아닌가. 이럴 때는 정말 대책이 없다. 화나고 아쉽지만 포기하는 수밖에.

대신, 400년 된 목조 마스지드를 본다는 핑계로 강 건너편 마을에 들렀다. 강변 부두는 물류 집산지이자 여객 터미널이고 강줄기는 수상 도로다. 인부들은 열대과일, 목재, 생필품 따위 화물을 부지런히 선박에서 내렸고, 수상 버스 노릇을 하는 목선이 수시로 들락거리며 사람들을 실어 날랐다. 뱃전에 인도네시아 국기가 휘날린다. 앉을 자리가 남아도는데도 사내 몇은 굳이 배 지붕 위에 서서 간다. 생각보다 강폭이 넓다. 승객이 부탁하는 대로 선장은 어디든 가리지 않고 배를 댄다. 내가 하는 말을 용케 알아듣고 나무로 지은 첨탑이 보이는 곳에다 내려주었다.

물속에 말뚝을 박고 서로 어깨를 대고 떠 있는 집들, 그 틈새로 허술하게 이어붙인 널판때기가 선창가 골목이다. 사람들은 강에서 길어 올린 물로 빨래를 하고 몸을 씻는다. 아예 배를 집 삼아 살기도 한다. 사는 방식과 환경이 우리네와 조금 다를 뿐 삶 자체가 다른 건 아니다.

돌아올 때에는 손 흔들어 지나가는 배를 세웠다. 짐 실은 배에 타고 보니 젊은 치 하나가 낯이 익었다. 부두에서 허드렛일을 하던 친구였다. 배 주인도 아니면서 반농담으로 뱃삯을 두세 배 달라고 하더니, 얘기 끝에 그는 고액권 지폐를 꺼내며 손가락으로 야릇한 표시를 해 보였다. 그것 역시 농담조였지만 매춘을 의미하는 손짓임은 분명했다. 이 도시에서 벌써 두 번째 겪는 일이다. 결혼한 부부라는 걸 증명하지 못하면 남녀 쌍은 호텔 투숙을 거부할 만큼 엄숙주의를 고수하고, 가라오케 바와 나이트 클럽이 성업 중인 다른 데서는 환락이 판친다. 신성한 이슬람 도시에 감춰진 이면이다.

나무로 지은 길
허공에 뜬 집

보르네오 섬은 그 크기만큼이나 헤아릴 수 없이 많은 강과 지류를 품고 있다. 숭아이 까뿌아스, 바리또, 마하깜은 보르네오 내륙을 가로질러 흐르는 장대한 강들이다. 지나친 개발과 벌목으로 숲이 파괴된 숭아이 까뿌아스와는 달리, 숭아이 마하깜은 습지 생태계가 비교적 잘 보전되어 있고 유역 주민들의 생활상도 외부 간섭에서 비켜나 있다. 더구나 수량만 풍부하다면 중상류 정글 깊숙이까지 공용 보트를 타고 들어갈 수 있는 까닭에 모험심 가득한 여행자들을 유혹하기에 충분하다.

　마하깜을 제대로 여행하고 싶다면 배를 탈 일이다. 까빨 비아사kapal biasa는 강 위의 시외버스 또는 '떠다니는 호스텔'이라 일컬을 만하다. 위층 갑판은 매트리스를 바둑판처럼 쭉 깔고 수십 명이 눕는 공동 숙박 공간이다. 아래층에는 화물칸, 주방, 바닥에 구멍 뚫린 화장실을 갖추었다. 강력한 모터로 움직이는 롱보트는 까빨 비아사에 비해 요금은 비싸지만 훨씬 빠른 속력을 낸다. 모터 단 카누 쩨스ces는 날렵한 크기 덕에 좁은 수로나 늪지에 접근할 수 있어 개별로 구석구석 돌아보기에 맞춤하다. 자금만 넉넉하다면 승무원과 가이드, 요리사가 서비스하는 하우스보트에서 유람을 즐길 법도 하다. 까빨 비아사가 공용 페리라면 하우스보트는 전용 크루즈선이다.

　여윳돈이 없는 나는 사마린다에서 꼬따 방운까지는 버스로 이동했다. '꼬따'라는 말이 붙었고 육로로 접근이 가능한 점으로 짐작할 수 있듯이 꼬다 방운은 강변 마을치고는 그런대로 도회지에 속한다. 싸구려 여인숙, 로스멘에 머물렀다. 좋게 보면 고시원 심하게 말하면 감방 같은, 나무 칸막이 틈으로 옆 칸에서 소곤대는 소리가 흘러드는 좁다란 방이었지만 하룻밤 지내는 데는 지장이 없었다. 흐르는 강물을 바라보며 샤워를 할 수 있는 만디(욕실) 하나는 마음에 들었다. 숙소 복도에 붙은 포스터에 관심이 쏠렸다. 둥근 이마에 웃는 눈을 지닌 이라와디가 물 위로 튀어오르는 사진이다. 이라와디는 미얀마 에야와디, 캄보디아 메콩, 보르네오 마하깜 등지에 사는 민물 돌고래이다. 1980년대까지만 해도 그렇게 많던 것이 지금은 고작 몇백 마리만 살아남았다.

하늘은 윤곽 없이 밋밋한 회색이다. 해를 가린 건 구름이 아니라 연기다. 연무가 일으킨 온실효과 덕에 자외선 차단제를 덧바르지 않아도 될 성싶다. 잿빛 강을 모터보트가 가른다. 건기라 수심이 낮아져 까빨 비아사는 다니지 않는다고 한다.

단층 지붕들 위로 가분수처럼 비어져 나온 건물이 한둘이 아니다. 작은 창살 창문 외에는 사방이 막힌 게 감옥 같아 보인다. 녹음한 가짜 새소리가 진짜 새를 유인한다. 제비를 키우는 곳이다. 이런 요상한 건물을 롬복 섬 어촌에서도 본 적이 있다. 주민들이 제비 사육장을 만든 이유는 값나가는 요리 재료를 얻기 위해서다. 중국인들 사이에 제비집 수프가 황제의 요리로 소문이 나서, 제비 둥지를 모아 팔면 꽤 짭짤한 돈벌이가 되기 때문이다. 연와燕窩라고도 하는 제비집 수프의 주성분은 바다제비(흰집칼새)의 침 분비물이다. 바다제비가 천적으로부터 새끼를 지키려고 동굴 벽이나 갯가 절벽에다 둥지를 틀었던 까닭에 예전에는 어두운 동굴 속에 들어가거나 낭떠러지를 기어올라 주로 버려진 둥지를 채취했다. 보양식에 군침 흘리는 이들이 많아지자 새끼들이 사는 둥지마저 훔쳐 갔고, 급기야 공급이 달리면서 바다제비가 모일 만한 데에다 인공 사육장을 세웠다. 뒷날 방문한 캄보디아 해안 지역에서도 이런 제비 사육장을 심심찮게 목격했다.

오전 아홉 시가 지났건만 도로에 멈추는 승합차는 없고 선착장에는 승객을 실어 나를 보트라고는 보이지 않는다. 무아라 문따이로 가려면 비싼 값에 배를 빌리라고만 한다. 숙소 주인이 이야기한 택시란 게 합승택시가 아니라 수상 택시인 쩨스는 아니었을까 하는 생각이 들었다. 아침을 먹고 왔더니, 10만 루삐아(9천 원)에 오토바이로 무아라 문따이까지 데려다주겠노라며 아저씨 한 분이 나섰다. 다른 오젝 기사들이 요구한 액수의 절반, 쩨스를 타면 지불해야 할 요금의 3분의 1 가격이었다.

두 시간을 줄달음쳤다. 온갖 길을 경험했다. 맞바람에 모자가 날아갔고 눈에서 눈물이 흘러내렸다. 나무판자 길, 나무다리, 아스팔트 시멘트 포장도로, 야자수 농장, 불타고 남은 검은 땅, 늪지 덤불 사이로 난 흙길, 바퀴 하나 겨우 지나갈 만한 울퉁불퉁 오솔길을 지났다. 오토바이를 배에 실어 강을 건너기도 했다. 도저히 끝날 것 같지 않은 길이었다. 오토바이 뒷자리에서 엉덩이를 내려놓을 때는 내 입에서 저절로 신음이 흘러나왔다. "짜뻬(힘들죠)?"라는 말로 아저씨는 절름거리는 나를 위로했다. 나는 그와 악수를 나누며 지폐를 몇 장 더 얹어주었다. 아깝지 않은 돈이었다. 왔던 길을 어찌 되짚어갈까 염려되었다.

　집도 길도 나무로 지었다. 마을 외관을 구성하는 거의 모든 재료를 나무에서 가져왔다. 관광지에나 설치할 법한 보드워크, 판자를 깔아 덧댄 길이 사방팔방으로 뻗어 나간다. 무른 땅에 도로를 놓기 어려워 쉽게 구할 수 있는 목재를 활용해 공중에다 길을 내었다. 다만 걷고 있던 내 몸이 진동을 받아 요동칠 따름, 속도를 내며 오토바이가 몇 대씩 달려가도 끄떡없을 정도로 나무로 만든 길은 튼튼하다. 폭이 넓은 데는 좌우 통행로까지 구분해놓았다.

　길 양쪽으로 나무집들이 늘어서 있다. 집들도 허공에 떠 있는 꼴이다. 우기에 강물이 차오르는 데 대비해 통나무 말뚝을 박고 그 위에 높다랗게 집을 지었다. 거리에 면한 부분으로 가옥 전체를 상상해서는 안 된다.

거대한 목선을 연상시키는 집채가 뒤편으로 길쭉하게 이어진다. 나무로 지은 집이나 길이 건재한 이유는 썩고 부러지기 전에 틈틈이 보수를 해 주는 덕택이다. 그러고 보면 인간이 환경에 적응하고 그것을 변화시키는 능력이란 참으로 놀랍다. 강기슭에 터전을 다지고 공동체를 이루기까지 얼마나 많은 노고를 들였을까.

문따이 사람들은 수줍고 상냥했다. 마을은 번듯한 모양새를 갖추었고 있을 건 다 있었다. 하지만 날 저물면 가게들은 문을 닫았고 거리는 금세 어둠에 싸였다. 딱 한 곳 불 밝힌 식당을 발견했다. 나는 침침한 등불 아래서 달걀과 닭고기가 들어간 볶음밥을 먹었고 즉석에서 갈아준 망고주스를 마셨다. 맛이 기가 막혔다.

지상에 방 한 칸 빌려 고단한 몸을 누인다. 천장에 달린 선풍기가 털털거리며 돌아간다. 이곳에 여행객이라고는 나 혼자다. 내일은 강을 거슬러 올라가리라 맘먹는다. 뱃길이 아니고서는 달리 더는 나아갈 길이 없기도 하다. 갈 수 있는 데까지 가고 싶다.

지도에 나오지 않는 강마을

뭍에서 끝난 길은 물에서 다시 이어진다. 둑에서 내려와 물의 정경으로 들어간다. 위상이 바뀌니 세상이 달라 보인다. 공기는 무겁고 물은 흙빛이다. 지나가는 배가 일으킨 물결에 내가 흔들린다. 굽이를 돌 때마다 강은 넓어졌다 좁아지고 다시 넓어지길 거듭한다. 빠른 속도로 나아가지만 제자리에 멈춘 듯도 하다. 텅 비어 있으면서도 채워져 있다. 짐승의 내장 속으로 미끄러져 들어가는 것만 같다. 소설 《암흑의 핵심》(조지프 콘래드)에서, 강의 상류로 올라가는 일은 이 세상이 처음 시작되던 시대로 되돌아가는 것과 같다고 했던가. 강줄기를 거꾸로 오르며 알지 못할 기시감에 빠져든다.

물길은 샛강으로 갈라진다. 나무둥치마다 희고 검은 선이 그어졌다. 물높이가 내려가며 남긴 흔적이다. 어김없이 찾아올 우기에는 강은 범람해 사방을 물바다로 만들 터이다. 모래톱을 삼키고 호수를 낳을 것이다.

강은 길이자 삶이다. 벌거벗은 사내들이 수면 위로 머리만 내놓은 채 어망을 설치하는 중이다. 뱃머리에 위태롭게 서서 노를 젓고 그물을 끌어 올린다. 입에 담배를 물고 손을 흔들어 보인다. 순간 하늘이 열린다. 정면에서 마스지드 은빛 돔이 반사광에 번쩍인다. 펄에 뿌리내려 수상 가옥을 척추처럼 떠받치는 나무 기둥들이 양안에 도열해 나를 맞이한다. 나는 기이한 황홀경에 사로잡힌다. 지도에 나오지 않는 강마을 잔뚜르다.

　고약한 눈빛이다. 얼굴을 빤히 쳐다보고 차림새를 훑으며 천천히 한마
디씩 내뱉는다. 어찌할 바를 몰라 엉거주춤 서 있으려니, 내 배낭을 보고
는 난생처음 접하는 물건인 양 이게 뭐냐며 캐묻는다. 공연히 강 건너로
왕복하고 몇 번을 사람들에게 물으며 숙소랍시고 겨우 찾아낸 데가 여기
인데 말이다. 맥이 탁 풀렸다. 몸짓을 곁들인 인도네시아 말도 효력을 잃
었다. 다시 올 테니 짐을 맡아달라는 소리는 어떻게 이해했는지 받아주
었다.

　근처를 서성이다 열한 살 소년 아끌리를 만났다. 말귀를 알아들은 똑

똑한 꼬마가 마을에 하나 있는 민박집이라며 데려간 곳은 다름 아닌 조금 전 내가 거부당한 아흐메드 씨네였다. 그가 웅얼거린 말에 의기양양하던 소년의 얼굴이 금세 굳어졌다. 다른 데로 오토바이를 타고 가라는 둥 오랑 아싱(외국인)이 어쩌고 하더니만, 도리 없이 고집 피우는 외국인이 딱했는지 아흐메드 씨는 나를 위층으로 데려갔다. 이제야 생각해보니, '오랑 아싱'이라며 중얼댄 건 이방인은 자기 집에 재울 수 없다는 뜻이었던 모양이다.

2만 루삐아! 고작 1,800원짜리 방이라니. 사상 최저가로 기록될 숙소다. 널빤지 바닥이 위태롭게 울렁거리고 구멍도 몇 개 뚫렸다. 아래층 부엌에서 달각대는 소리와 밥 익는 냄새가 올라왔다. 이토록 큰 마을에 변변한 숙소 하나 없을 줄이야.

　나는 오늘, 시간을 거슬러 변경으로 다가갔다. 내가 모르던 세상의 일
부를 보았다. 이상한 기운에 홀려 종일토록 걸었고 많은 사람을 만났다.
길을 따라 거닐수록 놀라움은 커졌다. 나무로 지은 길은 습지를 침범하
며 계속 확장 중이었고 기둥 위에 세워진 집들이 물가를 포위하며 끝도
없이 이어졌다. 두 갈래 물줄기가 하나로 모이는 만곡부 중심에는 뾰족
탑이 구름에라도 닿을 듯 기세 좋게 서서 번득였다. 사원 옆으로 커다란
묘지가 드러났고, 아래로는 사람 실은 모터보트가 빠르게 오갔다. 고기
잡이 거룻배가 흔들렸고 뗏목에 실린 집이 떠다녔다. 어부는 지렛대 달
린 커다란 그물로 물고기를 낚아 올렸다.
　물 새는 나룻배가 건너편 마을로 나를 실어다 주었다. 식당인 줄 알고

들어간 가정집에서 점심을 먹었다. 섬과 섬을 잇는 연도교처럼 마치 은하수 다리처럼, 공중에 높이 걸린 나무다리가 양쪽 기슭을 연결했다. 그 위를 오토바이들이 거침없이 질주했다. 다리에 올라 시야를 넓혀 보아도, 굽이치는 길이 어디쯤에서 끝나는지 가늠할 수 없었다.

금색으로 칠한 벽과 파란 기둥, 분홍색을 드리운 커튼. 여자들 옷차림새 못지않게 그네들이 사는 거처는 자못 컬러풀하다. 기다란 집을 수직으로 세운다면 적어도 오륙 층은 될 성싶다. 마루 밑은 카누나 통발 따위를 보관하는 창고로 쓰인다. 집에서 강으로 바로 진입할 수 있도록 길 아래로 통로를 만들어두었다. 나무판자 길과 맞붙은 툇마루는 또 얼마나 널찍한지. 거기에서 옷가지를 널어 말리고 음식을 조리하고 모여앉아 놀이를 한다. 연장을 뚝딱거려 세간을 장만한다. 마루 아래 골조가 드러났다. 곧 다가올 우기에 대비해 집수리가 한창이다. 앞마당으로 강물이 찰랑대는 하늘 맑은 날 이곳에 다시 온다면 어떨까 상상해본다.

어떤 이는 외국인인 나를 외계인처럼 쳐다보기도 했다. 사람들에게 둘러싸여 이야기를 나누노라면 누군가는 의혹에 찬 눈으로 나를 노려보곤 했다. 애초에 주민들이 나를 서먹해한 건 내 행색이 낯설기도 했거니와 나도 모르게 낯빛이 굳어 있어 더 그랬는지도 모르겠다. 나는 차츰 표정이 풀렸고 그러자 사람들도 나를 웃음으로 대했다. 마하깜 중류에서 그나마 딴중 이수이는 다약족 전통 마을로 알려져 찾는 여행객이 더러 있을 테지만, 이곳 잔뚜르는 보트 유람 중 잠시 내려 둘러볼지언정 나처럼 하루를 넘기며 머무는 이는 없을 듯하다.

정신없이 한나절을 보내고 아흐메드 씨 집으로 돌아왔다. 비록 남루한 싸구려 방이지만, 은하수를 밤하늘 등뼈라고 별을 천공에 난 구멍이라 여기던 옛사람들을 떠올리며 감상에 젖기에는 제격이었다. 방 안에 모기향을 피워놓고 난간뜰로 나와 검은 강물과 밤하늘을 망연히 바라보고 있을 때였다. 십 대 후반이나 되었을까. 허우대 멀끔한 녀석 하나가 이층으로 올라왔다. 그곳은 바깥으로 계단이 나 있어 아무나 무턱대고 올라올 수 있는 구조였다. 어떤 외국인이 온 동네를 들쑤시고 다닌다는 소문을 듣기라도 한 걸까. 내가 혼자라는 걸 확인하더니, 오토바이를 태워주겠다느니 자신이 쩨스를 갖고 있다느니 하며 사설을 늘어놓았다. 쩨스로 딴중 이수이로 데려다주겠다며 50만 루삐아를 달라고 했다. 내가 보기에 카누는커녕 오토바이도 갖고 있지 않을 듯했다. 얼토당토않은 요구에 내가 전혀 관심을 보이지 않자 녀석은 어둠 속에서 우두둑 손마디 꺾는 소리를 냈다. "민따 우앙(돈 줘요)!"이라고 내뱉으며 인상을 구겼다. 음료수 마실 돈이라도 내놓으라며 협박조로 지껄였다. "슬라맛 말람! 굿바이!" 나는 작별 인사를 던지는 것으로, 자리를 뜨지 않으려는 그를 겨우 등 떠밀어 내려보냈다.

방문을 걸어 잠갔다. 두려움이 엄습했기 때문이다. 중앙아시아 여행중 야밤에 벽돌로 뒤통수를 두들겨 맞은 사건이 여태 트라우마로 남았던 모양이다(그때 그 일이 여행길을 멈추라는 경고인가 싶었는데 또 이렇게 아무도 찾지 않는 강마을에서 밤을 보내고 있다). 부실한 문짝은 발로 걷어차면 부서질 듯했고 허술한 창문은 제대로 잠기지도 않았다. 잠든 틈에 녀석이 칼이라도 들고 몰래 숨어들거나 패거리를 끌고 돌아오지나 않을까 하는 염려에 잠을 설쳤다. 내 여행 이력에서 처음 겪은 일이었다.

다음 날 새벽같이 일어난 나는 퍼블릭 쩨스를 타고 무아라 문따이로 돌아가는 길을 택했다. 배 타고 떠나는 나를 물끄러미 바라보는 아흐메드 씨 모습이 물 건너로 아득히 포착되었다. 끈적한 공기가 새벽안개와 뒤섞였다.

대나무 뗏목 타고
래프팅을

현기증을 동반한 복통이 일었다. 유력한 용의자는 엊저녁 꼬치구이와 함께 입맛 다시며 섭취한 땅콩 소스 샐러드였다. 트럭 뒤 칸이 얼추 짐과 사람으로 찼다 싶은데 움직일 낌새를 보이지 않았다. 짐 가방만 놔두고 사라진 두 사람이 돌아와 승객 열하나를 채우고서야 픽업트럭은 출발했다. 속이 메스꺼워졌다. 참지 못하고 나는 달리는 차량 밖으로 머리를 내밀고 멀건 구역질을 쏟아냈다. 건너편에 앉은 아주머니가 '이 도로에는 커브길이 많아'라는 뜻으로 손짓을 해 보였다. 굽이굽이 도는 산길에 차멀미라도 하는 줄 알았던 모양이다. 록사도에 도착해서도 배탈은 가라앉을 줄 몰랐고 문턱이 닳도록 화장실을 들락거려야 했다.

이층 통나무집을 숙소로 삼았다. 문을 닫으면 암흑으로 변하고 심심하면 전기가 끊기는 작은 방이었다. 그럼에도 위층으로 오르는 나무계단을 맨발로 밟는 감촉, 한 발짝 옮길 때마다 삐걱대는 신음마저 좋았다. 발코니가 썩 괜찮은 전망을 선사했다. 아래층 뒷문은 냇가로 이어졌다. 아낙네들이 옷을 빨고 개구쟁이들이 물장구치며 노는 곳이었다. 머라뚜스 산줄기에서 흘러내린 물은 비누 거품쯤은 대수롭지 않게 거두어들이며 맑게 흘렀다. 나는 강에서 끌어들인 차갑고 미끈한 물로 몸을 씻었다.

물안개였더라면 차라리 운치라도 더했으련만. 다만 유일하고도 심각한 훼방꾼은 연기였다. 초목을 불사른 연기가 회색 장막을 친 듯 암연히 대기를 짓눌렀고, 타고 남은 잔해가 부스럼 딱지인 양 숲을 갉아 먹었다.

뻔히 잿개비가 둥둥 떠다니는 판인데도 마을 주민은 나뭇가지 따위를 끌어모아 습관적으로 불을 질렀다. 폭포 찾아 열대림을 헤치며 홀로 산길을 걷고 돌아온 날 저녁, 눈이 따끔거리고 목이 아파 붓는 증상이 나타났다. 발가벗고 뛰어들고 싶은 충동이 일 만큼 폭포수는 더없이 투명했건만, 깔리만딴 최고 청정지, 깔리만딴의 파라다이스라는 찬사가 무색하게 느껴졌다.

록사도에는 머라뚜스 다약 사람들이 산다. 다약Dayak은 어느 특정 부족을 일컫는 말이 아니다. 다른 섬에서 이주해온 민족이나 말레이인과 대비해서, 이슬람을 믿지 않던 보르네오 토착 부족들을 통칭해서 유럽인이 그렇게 명명했다. 50여 가지 다른 언어를 쓰는 종족들이 다약족으로 묶인다. 오늘날 다약 사람들은 연안 지역은 이주민에게 내주고 주로 내륙 강기슭과 밀림에 거주한다. 이반 다약족 등은 적의 목을 베어 수급首級을 문 앞에 걸어두는 공포의 헤드헌터 전사로 알려졌지만 다 옛날이야기에 지나지 않는다. 식민 정부에서 '머리 사냥'을 법으로 금지했던 데다 다약족 대부분이 기독교로 개종했기 때문이다. 1990년대 말 깔리만딴에서 종족 간 충돌이 일어났을 때, 이주민인 마두라족을 다약족이 공격해서 목을 자른 사건이 발생하긴 했다.

다약족 전통 목조 가옥은 길이가 무척이나 길어 롱하우스라 불린다. 롱하우스는 루마 빤장, 루마 브땅, 라민과 같이 지역마다 달리 불리며 형태도 상당한 차이를 보인다. 록사도에는 '발라이'라는 롱하우스가 전해진다. 원래는 십여 개 방을 가진 발라이에 여러 가족이 모여 살았다. 이슬람이나 기독교를 받아들이면서 본시 믿던 정령신앙은 흔적으로만 남았듯이, 오늘날 주민들은 시멘트와 나무, 함석으로 만든 주택에 거주하고 발라이는 공동 집회소로나 가끔 쓰인다. 모내기나 추수를 마무리하는 시

기에 그곳에 모여 자연과 생명에 감사하고 기원을 드리는 의례를 치르곤
한다.

　나는 숙소 주인이 그려준 약도에 의지해, 나무로 엮은 출렁다리 건너
정글 속에 깃든 마을을 찾아 길을 나섰다. 마을은 평화로웠고 지그시 바
라보는 눈빛들은 고요했다. 생김새가 동아시아인에 가깝고 여느 인도네
시아인보다 밝은 피부색을 지닌 사람이 많아 조금 놀랐다. 그 길에 발라
이 아닷 말라리스, 발라이 아라따이 같은 롱하우스에 들렀다. 집 안을
거닐던 나는 이상한 기운에 사로잡혔다. 천장에서 스며든 햇살이 제단을
비추었고 거기서 도깨비 닮은 무당이 금방이라도 튀어나와 한판 춤이라
도 출 것 같았다.

　여행지로서 록사도를 알린 건 따로 있다. 바로 대나무 래프팅. 래프팅
이라 하면 고무보트나 카약을 흔히들 떠올리겠지만 말이다. 나는 짧게나
마 대나무 래프팅을 체험했다. 물 흐름에 맡겨 느릿느릿, 소沼에서 잔잔
히 머물고 때로는 여울을 만나 급류를 타며. 차가운 물에 발목을 적셨
다. 뗏목 운전수는 장대로 강바닥을 밀며 동력을 내고 방향을 바꾸었다.
허리에 차고 있던 칼을 빼 들어 쓰러진 나무를 잘라내고 앞길 막는 바위
를 손으로 치우며 물길을 텄다. 벌목한 대나무를 팔기 위해 뗏목으로 만

들어 하류로 운반하던 데서 대나무 래프팅이 생겨났다. 록사도 사람들은 수십 개 통대나무를 하나로 엮어 그걸 타고 아만딧 강을 따라 깐당안까지 내려갔다고 한다.

돌아오는 길에 보니, 동네 꼬마들이 고무 타이어로 래프팅 놀이를 하고 있었다. 뗏목 타기가 배앓이를 낫게 했나 보다. 이즈음에 배탈 설사가 씻은 듯이 잠잠해졌으니 말이다.

화물 트럭으로 옮겨야 할 온갖 물건들, 농산물 공산품 가리지 않고 배에 실어 운반한다. 꽁무니에 모터 단 카누들이 끊임없이 물길을 오르내리며 물자를 실어 나른다. 뱃사공이 택배기사다. 선창에 배가 닿을라치면 구릿빛 피부의 장정들이 달려들어 속속 짐을 부린다. 노동으로 단련된 근육은 그들 어깨에 짊어진 자루처럼 터질 듯 팽팽하다. 이들이야말로 바리또 강의 물류계를 주름잡는 '상남자'들이다.

강가 골목길을 걷다가 나는 몇 번이나 주춤거려야 했다. 유독 기형이거나 불구인 사람이 눈에 자주 띄었기 때문이다. '엘리펀트 맨'(데이빗 린치의 영화)처럼 얼굴이 부풀어 오르거나 물혹이 달린 사람, 눈이 사시이거나 머리가 가분수인 아이, 심한 피부병을 앓는 여자. 오염된 수질, 열악한 환경이 초래한 불운일지도 모른다고 생각하니 마음이 편치 않았다. 조금 전만 해도 부두에서 일하는 남자들의 건강한 활력에 감탄했는데 말이다. 깔리만딴, 너가라

강 위에 열리는
새벽 번개시장

'물의 도시' 반자르마신Banjarmasin에는 물 위에 떠다니는 시장이 있다. 동틀 녘이면 매일 어김없이 과일과 채소를 가득 실은 배들이 강으로 모여든다.

빠사르 떠라뿡(수상 시장)의 기원은 500년 전 반자르마신이 도시로 세워지던 시기까지 거슬러 올라간다. 역사로 따지면 반자르마신 시내에 자리한 무아라 꾸인 시장이 더 오래되었지만, 나는 규모가 더 크다는 록 바인딴Lok Baintan 수상 시장을 방문했다. 마르따뿌라 강 상류 쪽으로 배를 타고 20킬로가량 올라가면 록 바인딴이 나온다. 찾아가는 방법을 숙소 여주인이 친절하게 알려줘서 도움이 되었다. 새벽 네 시에 일어난 나는 잠이 덜 깬 상태로 강변 선착장까지 밤길 걸어가는 수고를 아끼지 않았다.

도로에 있어야 할 교통 표지판이 강 위에 세워져 있다. 조심해서 지나가야 할 데를 뱃사람들에게 알려준다. 어둠이 걷히며 물길 양쪽으로 수상 가옥들이 서서히 드러날 무렵, 나를 태운 끌로똑은 느지막이 합류하는 주꿍을 앞지르며 배들이 모인 장소에 이르렀다. '끌로 똑똑똑' 하며 요란하게 울리는 엔진 소리에서 이름을 따왔을 똑딱선, 끌로똑. 엔진이 달렸고 카누보다 크기가 커서 승객을 여럿 태울 수 있다. 노 젓는 주꿍이 물 위의 자전거라면 끌로똑은 승합차에 해당한다.

수가 늘어나며 장은 점점 활기를 띠었다. 미죽한 나무배들이 서로 스치며 한데 엉켰다. 거기에는 보이지 않는 질서와 흐름이 존재했다. 누구도 제 물건을 사라며 고함치거나 하지 않았다. 물살을 가르며 천천히 다가가 상대편 뱃전에 손을 뻗어 끌어당기고, 즉석에서 흥정을 걸고 거래를 성사시킨다. 돈이 오가지 않는 거로 봐서는 물물교환이 이루어지기도 하는 모양이다. 빈 배를 끌고 다니는 사람은 물건을 사서 되팔려는 중개상으로 보인다.

카누 타고 노 젓는 이는 거개가 여자들이다. 남정네들은 기껏해야 한둘 목격될 뿐이다. 여성 속옷조차 남자가 팔고 여자들은 감히 시장에 나와 장사할 꿈을 못 꾸는 일부 이슬람 국가에 견주면 인도네시아는 상당히 개방적인 사회라 할 만하다. 야자수 잎으로 엮은 챙 넓은 모자를 쓰고 화려한 무늬가 그려진 치마를 두른 아낙네들이 시장의 주인공이다. 생선이나 일용잡화도 없진 않지만 주거래 품목은 손수 길러 갓 수확한 농산물이다. 바나나, 망고, 감귤, 즈룩 발리(왕귤), 코코넛, 구아바, 파파야, 망고스틴, 두꾸, 마르끼사 등등 줄기와 잎이 그대로 달린 신선한 과일들이 넘쳐난다. 우리 돈으로 천 원 남짓이면 과일 1킬로를 살 수 있다. 몇 안 되는 관광객을 상대로 반자르 특산 케이크나 튀김 같은 간식거리를 팔기도 한다. 주꿍으로 옮겨 탄 나는 배들 사이를 헤치며 시장을 한 바퀴 돌았다. 인심 좋은 아주머니가 맛보기로 잘라 건네주는 과일을 받아먹었고, 밥과 반찬을 한데 섞어 바나나 잎에 포장해주는 나시 붕꾸스와 달고 진한 커피 한 잔으로 출출한 위장을 달랬다. 끌로똑 선장이 담뱃진에 까매진 앞니를 드러내며 돌아갈 때를 재촉했다.

록 바인딴은 이른 아침에만 반짝 열리는 시장이다. 새벽 다섯 시경에 강 위에 문을 연 시장은 아홉 시가 지나면 언제 그랬냐는 듯 자취를 감춘다. 장보기를 마친 배들이 노 저어 흩어지면, 강은 통통배가 거품을 물고 간간이 지나다니는 평소 모습으로 돌아간다.

뜻밖에 발견한
다이아몬드 광산

계획에 없던 장소에서 뜻밖의 행운을 만나기도 한다. 내게는 다이아몬드 광산, 부미 쩜빠까가 그랬다.

깔리만딴에서 이름난 여행지라면 단연 딴중 뿌띵 국립공원이다. 오랑우탄에게 먹이를 주고 야생 동물을 눈앞에서 보고 싶은 바람으로 사람들은 비행기를 타고 멀리 자카르타나 발리로부터 날아와 강을 거슬러 정글 속으로 들어간다. 그렇지만 거기 닿는 길이 녹록지 않거니와 가이드 포함한 사흘짜리 보트 투어에 기백 달러에 달하는 거금을 들여야 한다는 소식이 내 기를 꺾어놓았다. 나는 관심을 딴 데로 돌려야 했다. 반자르마신에서 대중교통으로 갈 만한 곳을 수소문하다가 근처에 다이아몬드 광산이 있다는 걸 알게 되었다. 나는 반자르마신 근교 도시 반자르바루를 지나는 버스에서 내려 무작정 오젝 기사를 붙들고 다이아몬드 광산에 데려다 달라고 부탁했다.

영원한 사랑의 징표, 다이아몬드. 그러나 '피 묻은 다이아몬드'를 떠올린다. 시에라리온, 라이베리아, 앙골라, 짐바브웨, 콩고민주공화국 등 아프리카 국가들은 세계적인 다이아몬드 산지이자 '자원의 저주'에 걸린 최악의 빈국이기도 하다. 이들 나라 독재 정부와 반군은 다이아몬드를 팔아 사들인 무기로 더러운 전쟁을 벌였다. 노예노동, 아동노동을 일삼으며 무고한 사람들을 광산으로 내몰았다. 처음에는 전쟁을 치를 돈줄로 다이아몬드가 필요했으나 나중에는 다이아몬드를 독차지하려는 욕심에 전쟁을 멈추지 않았다. 시에라리온 내전이 대표적인 예이다. 반군은 주민들 팔다리를 도끼로 절단하는 짓을 서슴지 않았다. 단지 현 정부에 투표했 다는 이유만으로. 납치된 열 살 안팎 아이들은 소년병으로 길러져 고향 마을 사람에게 총질을 해야 했다. 다른 한편에는 분쟁 지역에서 헐값에 사들인 다이아몬드를 가공 판매하여 막대한 이익을 챙겨온 드비어스 같 은 거대 기업이 있었다. 누군가의 우아한 손가락에 걸려 반짝이는 보석, 그건 무고한 이들이 손목을 잘리며 치른 희생의 대가일지도 모른다.

쩜빠까 지역에 흩어진 보석 채굴장은 한두 군데가 아닌 듯했다. 오토 바이 운전사가 나를 데려간 곳은 뿜뿡이라는 마을 곁에 자리한 허허벌 판이었다. 채굴 터가 보일 때까지 나는 과연 그곳에 어떤 광경이 펼쳐질 지 머릿속에 그림이 잘 그려지지 않았다. 끝 모를 지하 갱도로 내려가 작 업하는 광부를 상상하기도 했고, 험한 노동 현장이 노출되는 걸 원치 않 는 관리자가 외부인 접근을 막지는 않을까 지레 걱정하기도 했다.

먼저 시야에 들어온 건 잔돌 더미 위에 솟은 목조 구조물이었다. 그건 끌어 올린 흙물을 자갈과 모래, 물로 구분하여 쓸모없는 것을 일차로 걸 러내는 일종의 배수 여과 시설이었다. 다이아몬드를 캐내는 일을 하는 남자들은 광부라기보다는 채굴꾼이라 부르는 게 적합해 보였다. 땅 밑 갱도가 아니라 노천에서 일을 했기 때문이다. 채굴꾼은 모두 합쳐 열댓 명으로 생각보다 많지 않았다. 이들은 물론 일부 아프리카 나라와는 달 리 자유로운 계약을 맺고 일했다. 채굴장 입구에는 다이아몬드 외에도 금, 사파이어, 루비, 마노 같은 보석을 판매하는 장사치들이 진을 치고 있었다.

채굴꾼들은 십여 미터 아래로 구덩이를 크게 파 내려간다. 고무호스에서 뿜어져 나오는 세찬 물줄기로 땅을 파헤치고 흙덩어리를 잘게 부순다. 발목이 푹푹 빠지고 때로는 물이 허리께로 차오르는 웅덩이로 들어가 쇠꼬챙이와 삽으로 흙을 떠내고 펌프를 돌려 물을 빼낸다. 여과 장치를 거쳐 침전지에 고인 흙탕물을 삿갓 모양을 한 나무 접시에 담아 빙글빙글 돌리며 토사 속에 섞여 있을지 모를 다이아몬드 알갱이를 골라낸다.

이런 모습을 사진으로 담으며 돌아다녀도, 내 우려가 무색하게, 일꾼들은 오히려 손 흔들어 반가움을 표시했다. 접시를 휘저으며 희귀한 보석 입자를 찾아내는 데 열중인 남자에게 다가가 말을 붙였더니 대꾸가 없었다. 작업 중에 말을 뱉으면 다이아몬드가 놀라 모래 속으로 숨어버린다는 속설이 전해진다고 하더니 그게 사실인 모양이었다. 또한 다이아몬드를 지칭할 때 '인딴intan'(다이아몬드를 가리키는 인도네시아어)이라고 직접 언급하는 것을 금기시해서 그 대신 '은'이나 '공주'라는 뜻을 지닌 '갈루'라는 말을 사용한다고. 다이아몬드라고 발설하면 복이 달아난다고 여기는가 보다.

1965년 쯤빠까 광산에서 166.7캐럿짜리 새알만 한 핑크 다이아몬드가 발견되어 세상을 떠들썩하게 했다. 이 원석에다 당시 인도네시아 초대 대통령이던 수카르노는 '세 번(대단히) 신성한'이라는 의미로 '뜨리 삭띠'라는 애칭을 부여했다. 2008년에는 200캐럿짜리 원석을 발굴하여 '수줍은 공주'라는 뜻을 담아 '뿌뜨리 말루'라 명명했다. 그런데 이렇듯 값진 보석을 찾아낸 노동자에게는 과연 얼마만큼의 몫이 돌아갈까.

도시 이름치고는 괴상하다. 배 속에 아기를 배고 죽은 여자 귀신에게서 뽄띠아낙Pontianak이라는 지명이 유래했으니 말이다. 원혼 서린 악령을 물리치기 위해 붙인 이름이라나.

태평양 건너 에콰도르 키토와 인도네시아 뽄띠아낙은 한 가지 공통점을 지닌다. 둘 다 지구 적도가 시가지 가운데를 지나는 도시라는 점이다. 나는 카페리 '즘바딴 까뿌스'를 타고 까뿌스 강 건너 적도 기념비를 보러 갔다. '까뿌스 다리'라는 뜻처럼 페리는 강 양안을 연결하는 도선에 불과했지만 그 외양만은 인도양이라도 거뜬히 건널 수 있을 듯 거대했다. 기념비 아래에서 수조의 물이 회오리를 일으키지 않고 빠져나가는지 알아보거나 달걀을 똑바로 세워보는 실험을 할 순 없었고, 다만 적도를 밟고 서 있었음을 공식적으로 인정하는 방문 증서를 얻을 수 있었다.

이곳으로 올 때는 자카르타를 경유했다. 한 섬에 속하는 도시인데도 반자르마신과 뽄띠아낙 사이에 직항편이 없어 자바 해협을 날아 에둘러 이동해야만 했다. 당시 연무로 뒤덮인 기상 상태를 고려하면 비행기가 떴다는 사실이 신기할 지경이었다. 항공기 내에서 컵라면을 먹어대는 진풍경이 벌어졌다. 아무도 그걸 두고 뭐라 나무라지 않았다. 비상구 근처에 앉아 있던 남자들 대여섯 명이 우르르 일어나 자리를 옮겼다. 여승무원이 비상시 대피를 돕는 요령을 설명하다 말고 다른 승객들과 좌석을 바꾸도록 요청했기 때문이다. 그들이 인도네시아어는커녕 영어도 못 알아듣는 중국인이라서 비상 상황에 아무런 도움을 줄 수 없다고 판단한 모양이었다. 그다음 날, 뿐띠아낙에서 수까다나라는 곳을 오가는 뱃길 여행에서 나는 이들 중국인 노동자들과 같은 배를 타게 되었다. 다들 큰 덩치에 스포츠형으로 짧게 깎은 머리라서 단번에 알아볼 수 있었다. 뿐띠아낙으로 돌아올 때 중국인들은 항구에 닿기 전에 공항과 가까운 선착장에서 먼저 내렸는데 그때 작은 해프닝이 일어났다. 나를 그들과 한 무리라고 여긴 선원이 보트 지붕에서 내 배낭을 내리더니 제방 위로 던지려 했기 때문이다.

뿐띠아낙에는 말레이나 다약 사람뿐 아니라 중국인이 눈에 많이 띄었다. 내부를 온통 붉은색으로 치장한 중국식 절도 보였다. 내가 머문 호텔의 주인만 해도 중국계였다. 18세기 후반 서부 깔리만딴 일원을 휩쓴 골드러시 붐을 타고 중국인 광산 노동자들이 대거 몰려들었고 그들이 현지 다약족 여자와 결혼하면서 정착한 것이 오늘날 이 지역에 중국계가 다수 거주하게 된 사연이라고 한다. 이처럼 말레이·인도네시아 군도로 이주해와서 결혼 등을 통해 현지인으로 동화된 중국계를 뻐라나깐('혼혈'이라는 뜻)이라 부르기도 한다. 다른 도시에서도 중국인이 운영하는 호텔에 머문 적이 여러 번 있었다. 또한 번듯한 규모를 갖춘 상점은 어김없이 주인이 중국계였다.

전체 인구의 4~5%에 못 미치는 중국계 인도네시아인이 오늘날 인도네시아 경제의 80%를 차지하고 있다. 인도네시아 최대 부호 열 명 중 아홉이 중국계이고 상장 기업 가운데 70% 이상이 화인華人* 기업이다. 이렇듯 중국계가 이 나라 경제를 장악하다시피 한 상황이라 다른 인도네시아인들의 반감을 사기도 한다.

....

* 중국 국적을 유지하고 있는 화교華僑와 구분하여, 중국 국적을 지니지 않은 해외 거주 중국인 후손을 화인華人이라 칭한다.

고대에 이미 중국 승려들이 해로를 따라 인도를 오가는 길에 수마트라(불교 왕국인 스리위자야)에 머물렀다는 기록이 있다. 중국 남부에서 건너온 무역상들이 해안 지역에 정착하기도 했다. 본격적인 이주는 17~18세기 네덜란드 동인도회사 시절 광산과 농장에 일하러 온 중국인들에 의해 시작되었다. 그중에는 쿨리coolie라 불리는 노예 노동자들도 많았다. 민족과 종교가 다른 소수는 어딜 가나 질시와 박해의 표적이 되기 십상이다. 네덜란드 측에서는 중국계를 식민 지배를 위한 도구로 이용했고 때로는 탄압하고 학살했다. 중국계의 피해는 사회 혼란기마다 두드러졌다. 인도네시아 수하르토 정권 초기에서는 많은 화인들이 공산주의자로 몰려 죽었다. 중국 학교를 폐쇄하고 중국어와 한자 사용을 금지하는 등 중국계를 차별했다. 1998년에는 몰락 위기에 처한 군부 정권이 반중국인 정서를 부추겨 일어난 폭동으로 중국계 수천 명이 희생되었다. 수하르토 퇴임 이후 중국계에 대한 차별 대우는 점차 사라지고 있다. 화인들은 이제 경제적 성공에 그치지 않고 정계로도 진출하고 있다.

심야 경찰 습격

자정을 넘긴 시각, 쾅쾅 문 두드리는 소리에 잠을 깼다. 뒤숭숭한 마음을 진정시키고 겨우 잠자리에 들었는데 말이다. 문을 열자 제복 입은 경찰이 버티고 서 있는 게 아닌가. 그는 내가 외국인이라 놀란 눈치였다. 방 안을 휘둘러보고 나 혼자임을 확인했다. 주둔군인 양 여경을 포함한 일개 소대 인원이 호텔 로비를 차지했다. 그들은 범인 색출이라도 하듯 방마다 들쑤시고 다녔다. 호텔 주인인 중국계 남자와 직원들이 조사를 받았다.

나는 경찰서장 앞으로 불려갔다. 그는 내가 한국에서 온 여행객이란 걸 알고는 웃으며 부드럽게 대했고 인도네시아 어디어디를 여행했는지 영어로 묻기까지 했다. 그럼에도 여권을 확인하는 그의 손이 페이지를 넘길 때마다 거기 찍힌 수많은 스탬프에 은근히 신경이 쓰였다. 해명이라도 하듯 나는 날 밝는 대로 말레이시아 꾸칭으로 떠날 예정이라며 묻지도 않은 말을 털어놓았다. 불현듯 과거 한 장면이 뇌리를 스쳤다. 그건 타지키스탄 여행 중 가름이라는 도시에서 경찰서로 끌려가 심문을 받던 순간이었다. 당시 나는 집회가 열리는 이슬람 사원 앞을 지나갔을 뿐인데 반정부 이슬람 단체와 접촉하려는 외국인 활동가로 의심을 받았었다. 경찰들이 이 호텔을 급습한 것은 결혼하지 않은 남녀가 한 방에 투숙했다는 제보를 받았기 때문이라고 했다. 나는 혼전 성관계를 금하는 이슬람 율법이야 익히 알고 있었지만 국가에서 법률로 금지한 범죄에 해당하는 줄은 몰랐다며 정말로 그러냐고 되묻지 않을 수 없었다.

이 숙소를 찾아올 때 나는 경찰의 도움을 받기도 했다. 사흘 전 일이다. 공항버스를 이용해 뽄띠아낙 시내로 들어올 수 있었던 건 다행이었다. 근처 있을 법한 호텔을 찾아 밤거리를 한참 헤매고 다닌 뒤에야 버스가 엉뚱한 장소에 멈추었다는 걸 알아차렸다. 그러다가 나는 순찰 중이던 경찰관을 우연히 만났고, 그 덕에 경찰 오토바이 뒷자리를 차지하고서 경광등 번쩍이며 차량 사이를 누비는 영광을 누렸다.

경찰 대원들이 철수하고 두세 시간이나 지났을까. 또다시 누군가 방문을 급하게 두들겼다. 공항으로 데려다줄 오토바이를 대기시켜놓았다며 호텔에서 일하는 청년이 나를 깨운 것이다. 시계를 보니, 깨우기로 약속한 시간까지 한 시간이나 남아 있었다.

출국 심사 따위는 없었다. 폭우가 인도네시아 여행 피날레를 장식했다. 나는 탑승 게이트를 나서다 말고 비 쏟아지는 창밖으로 눈을 돌렸다. 이번에는 연무 때문이 아니라 호우 탓에 출발이 늦춰졌다. 이륙이 지연되는 바람에 출국장으로 되돌아오지 않았더라면 여권에 출국 도장도 받지 않은 채 이 나라를 떠날 뻔했다. 지난번 인도네시아 여행 때 자카르타 공항 출국장에서 겪은 일과는 격세감이었다. 그때는 입국 시 받은 출국카드를 제시하지 않았다는 이유로 한바탕 홍역을 치렀으니 말이다.

폭우의 기세가 약해진 틈을 타서 비행장에 뛰어들었다. 열 명 남짓한 승객을 실은 말레이시아 꾸칭행 쌍발기는 빗줄기를 뚫고 하늘로 이륙했다. 지긋한 건기가 끝나고 우기가 시작되었음을 알리는 비였다.

길거리 가수들의 애환과
자카르타의 이면

〈잘라난 Jalanan〉
(감독 다니엘 지브, 2013)

떠돌이 가객 뻥아멘이 등장해 기타 줄을 퉁기며 한 곡조 뽑았다. '찐따(사랑)'
라는 말이 반복되는 구슬픈 사랑 노래다. 승객 중 몇몇은 흥얼흥얼 따라 부르
기조차 했다. 유행가 가사에 감정이 동했는지 바람이 땀을 식혀 마음이 느긋
해지기라도 했는지, 너도나도 돈주머니를 열었다. 나로서도 오랜만에 보는 뻥
아멘이라 반갑기까지 했다. "아구아, 아구아!" 다음 타자로 아송안이 자리를
돌며 음료수를 떠안겼다. 뒤늦게 버스에 올라탄 다른 뻥아멘 팀이 노래 부를
적에는 한바탕 물결이 휩쓸고 간 뒤라 반응이 미지근했다. 버스나 식당, 길거
리, 가리지 않고 사람 많은 데라면 어디든 활동 무대로 삼는 뻥아멘과 아송안.
인구 밀집 구역에 들어섰음을 알리는 신호 노릇을 한다. (깔리만딴의 사마린다
와 발릭빠빤을 잇는 버스 안에서)

인도네시아에는 수많은 사람이 길거리를 일터로 삼아 하루하루를 살아 가고 있다. 아송안, 빡 오가, 뚜깡 빠르끼르(주차 도우미), 뚜깡 오젝(오젝 운전사), 오젝 빠융, 뺑아멘, 뺑으미스(구걸꾼) 같은 사람들이 그들이다. 행인이 거리를 메우고 도로가 차로 막히고 차 안이 혼잡을 빚을수록 이들에게는 오히려 반가운 일이다. 아송안에게는 어깨에 짊어진 봇짐이 걸어 다니는 점포이고 뺑아멘에게는 번잡한 버스 통로가 콘서트장이다. 뺑아멘은 버스에서 버스킹하는 사람이다. 거리 공연 또는 버스킹이라 하면 인디 음악가나 무명 가수가 돈과 상관없이 자신의 재능을 대중에게 알리고 싶어 길거리로 나선 경우를 대개 떠올릴 테지만, 인도네시아 뺑아멘들에게 그것은 그야말로 매일의 생계가 달린 돈벌이 수단이다.

'잘라난jalanan'은 '거리·도로'를 뜻한다. 영화 〈잘라난〉은 거리의 가객 뺑아멘에 관한 이야기이다. 1999년부터 자카르타와 발리에 거주해온 캐나다 출신 작가 다니엘 지브. 그는 5년 동안 밀착 취재한 길거리 가수들의 삶을 147분짜리 다큐멘터리로 요약해 세상에 내놓았다.

자카르타만큼이나 급격한 도시화를 겪으며 그에 따른 심각한 부작용을 앓는 도시도 드물 것이다. 인구 집중을 감당하지 못하는 기반 시설, 무분별한 개발로 인한 지반 침하, 우기마다 되풀이되는 물난리, 해결책이 안 보이는 교통 혼잡, 화려한 쇼핑몰 아래 판자촌 골목…. 카메라는 세 명의 길거리 가수, 보니, 호, 띠띠의 일상을 따라가며 그들의 좌절과 기대, 아픔과 기쁨을 조명한다. 더불어 모순에 찬 거대 도시 자카르타의 그늘진 이면을 드러낸다.

보니는 다리 밑을 거처로 삼아 아내와 아이들과 함께 살고 있다. 기타와 하모니카가 그의 유일한 재산이다. 그는 여덟 살 때부터 뺑아멘 생활을 시작했다. 어머니가 빨래를 해서 겨우 생계를 잇는 형편에 초등학교마저 마치지 못하고 거리로 나설 수밖에 없었다. 그런 탓에 글을 읽을 줄만 알고 쓸 줄은 모른다. 악상이나 노랫말이 떠오르더라도 종이에 적어놓지 못하고 머릿속에 저장해두었다가 곡을 만들어야 한다. 그는 버스에 올라 자신의 삶을 노래한다. "거리가 곧 나의 삶"이라 부르짖는다.

보니의 동료인 호, 그는 레게 머리를 흔들며 기타를 두드린다. 이렇게 노래 부를 수밖에 없는 처지를 한탄하며 때로는 사회를 비판하는 가사를 쏟아낸다. 시선을 돌리는 승객들. 돈을 거두는 주머니인 비닐봉지에 어쩌다 동전이 떨어진다. 그가 하루에 버는 돈이라고 해봐야 기껏 밥 한 끼 사 먹을 금액밖에 안 된다. 꽤나 낙천적이면서도 시니컬한 성격의 호. 남은 동전을 탈탈 털어 정력 음료 자무를 마시고 커피를 홀짝인다. '인민 만세, 정의 만세'를 주장하는 시위 군중을 향해 "그들 모두 위선자들"이라며 뇌까린다.

여자 뺑아멘 띠띠, 그녀가 '알 함두릴라(신께 감사를)'와 '알라'가 들어간 노래를 부를 때면 평소에는 무심하던 여자들마저 지폐를 꺼낸다. 기타를 내려놓고 질밥을 머리에 쓰고 사원에 기도드리러 가는 그녀는 다른 여자처럼 보인다. 그녀는 두 아이를 시골에 보낸 채 남편과 셋째 아들과 함께 살고 있다. 번 돈의 절반을 고향 부모님께 보내면 그 돈은 친정아버지 약 값으로 두 아들 학비로 쓰인다.

노래가 흐르는 동안, 구걸하는 아이들 모습이 화면을 스친다. 차도에 뛰어들어 우쿨렐레를 퉁기거나 비 오는 날 거리에서 우산을 들고 선 아이들. 신문이나 담배, 음료수를 내밀며 다가드는 야윈 남자들. 하지만 자카르타 길거리에서 구걸을 하거나 물건을 파는 행위는 공식적으로 불법이다.

호는 경찰에게 붙잡혀 구치소에 갇힌다. 맨바닥에 처량하게 드러누운 가난한 사람들. 그중에는 어린 딸과 함께 잡혀 온 베짝 운전수도 있다.

자카르타에서는 베짝을 모는 일조차 법을 어기는 짓이다. 구치소 동료와 거리의 사람들을 위해 호는 노래를 지어 부른다. "우리는 묻고 싶어. 인도네시아는 누구에게 속하는가. 우리가 인도네시아인이야. 하지만 우린 외계인 취급을 받지…"

홍수로 범람한 도로 위를 차들이 아무렇지도 않게 달린다. 하천은 쓰레기 더미로 넘쳐난다. 불어난 물에 교각 아래 둥지는 휩쓸려가 버렸다. 보니 가족과 친구들은 다리 밑에 새로 집을 짓는다. 시멘트를 바르고 페인트를 칠해 '일성급 호텔 하얏트'라 명명한다. 하지만 10년 동안이나 살아온 거처를 잃고 만다. 수로 공사를 한다며 시에서 철거에 나섰기 때문이다. 호는 빠당 음식점에서 밥을 먹으며 여자와 데이트를 하는 중이다. 총각 신세에 과부와 결혼하는 호. 그녀의 아기가 사랑스럽기만 하다. 빌려 입은 셔츠가 영 어색하다. 결혼증명서를 받아든 그는 마냥 기쁘다. 띠띠는 남편과 헤어지고 고등학교 검정고시를 준비한다. 시험 합격 소식을 듣기 며칠 전에 아버지가 돌아가셨다는 기별부터 듣는다. 아이 셋을 둔 이혼한 아줌마인 그녀는 이제 새로 직장을 구해 자신의 운명을 바꿀 수 있을까. 보니, 호, 띠띠, 세 사람의 삶은 앞으로 어떻게 흘러갈까?

〈잘라난〉은 2013년 부산국제영화제에서 최우수 다큐멘터리에 주는 상을 받았다. 2014년 EIDF(EBS국제다큐영화제)를 통해 방송으로 소개된 적도 있다.

〈잘라난〉은 쓸쓸하면서도 웃음이 흐르는 따뜻한 영화다. 인도네시아를 더 잘 이해할 수 있도록 돕는다. 이 영화에 나오는 세 사람에게 공감을 느꼈다면 어쩌면 그건 우리도 그들과 다름없이 거리를 떠도는 도시 유목민임을 아는 까닭일 터이다.

bumi:흙

발리보다 숨바

여행이란 이런 건가 보다.
나를 둘러싼 이 황야를 탐사하는 것이 아니라,
내 마음속 황야를 탐색하는 것이로구나.
_레비 스트로스《슬픈 열대》

열대 방랑자에서
문화 산책자로

빠안다란 해변

반 시간 머물려고
여덟 시간 반을 왕복하다

"돌아오지 않는다면 여행은 멋진 것이다." _ 괴테

삶을 연장하려면 추억을 많이 쌓으라고 한다. 거기에 여행의 기억만 한 것도 없으리라. 그것이 달콤한 기억이든 씁쓸한 기억이든. 늙든 젊든 여행하는 자의 심장은 늘 청춘이다.

어떤 인연이 또다시 나를 인도네시아 땅으로 불러들였을까. 자카르타 공항을 나서자 어김없는 열대였다. 반둥행 셔틀버스는 나를 포함해 승객 둘만 태우고서 자카르타를 떠났다. 이 나라에서는 드문 경우였다. 어둑발이 내리더니 비가 퍼부었고 길은 범람했다. 지난해 이맘때쯤 우기의 시작을 알리는 폭우를 헤치며 인도네시아를 떠나던 날이 생각났다. 안과 밖은 천양지차. 차창을 빗금으로 두드리는 빗방울은 안온한 기분에 젖게 했건만. 택시로 갈아타기 위해 이동을 멈추고 도로변 물난리에 발을 담그자 평화는 그치고 현실에 맞닥뜨렸다. "잘란 반지르(도로에 홍수가 났네)!"라며 '블루버드' 운전사는 외쳐댔다. 앞차 뒤꽁무니를 쫓아 굼뜨게 움직이는 흐름에서 간신히 벗어난 택시가 호텔을 찾아 반둥역 주변을 맴도는 동안, 나는 쑥쑥 올라가는 미터기 숫자를 바라보며 맘을 졸여야 했다.

선풍기 날개가 뜨겁고 눅눅한 공기를 밀어내며 맥없이 돌아가고 있던 새벽, 나는 심한 가려움에 목덜미를 긁으며 잠을 깼다. 에어컨 달린 방과 선풍기 놓인 방이 실내 온도와 밝기뿐 아니라 청결도 면에서도 차이가 날 수야 있겠지만 이 정도일 줄은 몰랐다. 방을 바꾸지는 못하고, 직원을 불러 베개와 침대보를 새것으로 가는 걸로 만족했다. 겉은 멀쩡하고 갖출 건 다 갖춘 호텔이라 예방책을 세우지 않은 게 변고를 불렀다. 첫날부터 마주친, 배낭여행자의 영원한 적이자 동반자, 베드버그!

내 못마땅한 기분을 무마라도 하려는 듯 호텔 직원은 뭔가 보여줄 게 있다며 팔꿈치를 잡고 나를 로비로 데려갔다. 카운터 옆 커다란 유리문을 열자 담벼락에 그려진 벽화가 나왔다. 거기에 하얀 옆얼굴로 묘사된 인물은 틀림없는 북한의 '위원장'이었다. 그건 유일체제를 풍자한 그라피티였다. 처음에는 누가 김정은을 찬양하는 그림이라도 그려놓았나 싶어 헛웃음을 지었지만 말이다. 나중에 알게 된 사실이지만, 지난해 반둥회의 60주년 기념식을 앞두고 북한 관리들이 벽화를 찾아내 지웠다고 한다. 그런데 그들은 이렇게 건물 안에 김정은이 나오는 그림이 숨겨져 있을 줄은 짐작 못 했던 모양이다.

자카르타와 수라바야에 이어 인도네시아에서 세 번째로 큰 도시, 반둥. 우리에게는 1955년 아시아·아프리카의 제3세계 국가들이 모여 반둥회의를 연 곳으로 어렴풋 알려져 있다. 네덜란드인들에 의해 '자바의 파리'라는 별명이 붙었다는데, 지금은 드물게 남은 유럽풍 건물만이 흘러간 시절을 떠올리게 할 뿐이다. 인도네시아 여느 대도시가 그렇듯, 도로를 가득 메우며 극심한 정체를 빚는 차량과 거기서 뿜어져 나오는 매연은 속히 이곳을 떠나 자연 속에 묻히도록 방문객을 재촉한다. 그나마 고원에 자리한 덕에 자카르타에 비교하면 더위는 덜한 편이다.

배 모양을 닮았다는 분화구 땅꾸반 뻐라후, 연초록 물빛이 이색적인 분위기를 연출하는 까와 뿌띠, 호수 곁에 차밭이 어우러진 시뚜 빠뗑안, 말라바르를 비롯한 차밭, 여러 온천, 크고 작은 칼데라호…. 반둥 인근 볼거리야 일일이 다 열거하지 못할 만큼 많긴 하다. 그렇지만 자카르타와 반둥으로부터 줄을 잇는 나들이객, 터무니없이 높게 매겨진 외국인 입장료에 더해, 대중교통편으로 방문할라치면 몇 번을 갈아타야 하는 번거로움이 내 발걸음을 머뭇거리게 했다. 더구나 인도네시아에서 유명하다는 화산과 호수는 이미 두루 섭렵하지 않았는가. 웬만해선 성에 차지 않을 게 분명했다. 그중 하나 고른 데가 '하얀 화구호' 까와 뿌띠Kawah Putih다.

호텔 매니저에게 인도네시아 말로 전해 들은 얘기, 책과 인터넷에 나온 정보를 종합해서, 투어를 이용하지 않고 까와 뿌띠를 찾아가는 방법을 알아냈다. 까와 뿌띠 내 셔틀을 제외하더라도 차를 네 차례나 타야 했다.

반둥 시내에도 담리(정부에서 운영하는 공영 버스)가 다닌다는 사실에 놀라며, 널찍하고 깔끔한 버스를 타고 르위 빤장 터미널로 이동할 때까지만 해도 괜찮았다. 찌위데이로 가는 앙꼿 한구석에 몸뚱이를 밀어 넣으며 악몽은 시작되었다. 아송안들이 기웃거리며 간식거리를 들이밀었고, 아가씨 뻥아멘은 조율이 엉망인 기타를 치며 노래를 불러 젖혔다. 그녀의 눈웃음에 넘어간 나는 잠시 흥이 나서 지폐 한 장을 찔러주기도 했다. 초등학교에 다녀야 할 어린 버스 차장은 사람마다 받은 금액을 용케 기억했다가 거스름돈을 챙겨주었다. 2인용 자리에 서넛을 앉히고 앉은뱅이 걸상을 좁은 통로에 놓아 아홉을 태우면 적당할 고물 승합차에 승객 스물을 채우고서야 운전사는 시동을 걸었다. 앙꼿이 시내를 벗어나는 동안 버텨야 했던 지루한 시간은 불편함보다 더한 고통이었다. 거리에는 오토바이, 베짝, 마차, 승합차, 승용차가 서로 다투며 더디게 움직였고 행인들과 한데 뒤엉켜 19세기에서 21세기를 아우르는 만물상을 펼쳐 보였다.

찌위데이에서 다시 까와 뿌띠 방면으로 가는 앙꽂을 탔다. 하굣길에 비를 맞고 홀딱 젖은 채 맨발로 뛰어들었던 여자아이들이 내리자 미니버스 안에는 나 혼자 남았다. 운전사는 얼마 안 가 차를 세우더니 내게 은밀한 제안을 해왔다. 돈을 좀 보태면 까와 뿌띠 정상까지 곧바로 데려다주겠노라고 속삭였다. 비옷을 챙겨 입으며 바깥으로 나서려던 나는 망설일 수밖에 없었다. 비가 너무나도 거세게 퍼부었기 때문이다. 그렇게 택시로 변한 앙꽂은 나를 호수로 실어 날랐다.

그치는가 싶던 비가 다시 내리기를 되풀이했다. "빠용(우산) 빠용!"이라 소리치며, 돈 받고 우산을 빌려주는 아이들이 등장했다. 마스크나 기념품 따위를 파는 장사꾼, 사진을 찍어 즉석에서 인화해주는 젊은이들이 뒤를 이었다. 물가에 닿기 전에 유황 냄새가 났다. 유황 채취 노동자들의 일터인 까와 이젠에서 맡았던 냄새에 비하면 구수하게 느껴질 정도였다. 연둣빛 수면 위로 물안개가 피어올랐고 검은 나뭇가지가 앙상한 팔을 내밀었다. 빗줄기가 굵어져 사람들이 흩어진 사이에 잠시 나는 호수를 독차지할 수 있었다.

까와 뿌띠를 오가는 데 도합 여덟 시간 반을 들였지만(반둥에서 까와 뿌띠는 고작 45킬로 거리) 정작 그곳에는 기껏 삼십 분만 머물렀다. 이 말은, 이날 교통편을 알려준 직원이 비에 젖어 초췌한 몰골로 호텔에 들어서는 나에게 그곳이 어땠냐며 물었을 때, 참 좋았다는 표현 다음에 붙인 군소리이기도 했다.

이튿날 나는 숙소 체크아웃 시간을 채우며 사원 첨탑이 높게 솟은 알룬알룬(광장)과 아시아-아프리카 거리, 빠사르 바루 시장 골목을 누볐다. 반둥을 바로 떠나기가 섭섭했던가 보다.

입장료 돌려줘!

인도네시아 500여 화산 중에 여전히 연기를 뿜으며 생동하는 활화산이 129개나 된다. 태평양을 둘러싼 '불의 고리Ring of Fire' 중에서도 유라시아 판과 인도-호주 판이 만나는 지점에 인도네시아 여러 섬이 놓여 있는 탓이다. 끊이지 않는 화산 분출과 지진은 삶터를 황폐화하고 많은 생명을 앗아가지만 그로 인해 생겨난 놀라운 자연경관은 관광객을 불러 모으기도 한다.

반둥을 떠나 빵안다란 해변으로 가는 길에 가룻에서 멈춘 건 거기 가까이 빠빤다얀Papandayan 화산이 솟아올라 있기 때문이었다. '쌍둥이 봉우리'라는 말이 나를 매혹했다. 1772년 폭발로 주변 마흔 개 마을을 파괴하며 주민 3천 명을 희생시킨 이후, 빠빤다얀은 대규모 분화만 해도 다섯 차례나 일으켰다. 최근 2002년과 2011년에도 분출했을 만큼 그 주기가 점점 빨라지고 있다.

주말이면 반둥 시민들은 이곳 가룻으로 모여든다. 두 마리 양이 긴 뿔을 부딪치며 혈투를 벌이는 숫양 싸움을 구경하고, 쌀가루에 코코넛 우유와 코코넛 설탕을 넣어 만든 단과자 도돌을 먹으면서, 온천욕을 즐기며 요양할 수 있기 때문이다. 나는 가룻 이웃 마을인 찌빠나스에 숙소를 정했다. 지명에서 온천을 떠올린다. 호텔 욕실에 나오는 온수는 화산 열기로 데워진 온천수라고 한다.

찌빠나스 거리의 한 식당에서였다. 싱꽁 잎이 들어간 시원한 국물로 목을 축이며 뗌뻬와 두부를 곁들여 맛있게 밥을 먹고 있으려니, 검은색 송

꾹(무슬림 모자)을 쓴 남자가 내게 말을 걸어왔다. 한국에서 왔다고 밝히며 식당 주인 부부와 얘기를 나누던 참이었다. "다단입니다"라고, 그는 내가 내민 수첩에 한글로 비뚤게 적었다. 4년 반 동안 천안 근처 공장에서 일했고 귀국한 지는 얼마 되지 않았노라고 했다. 4년 넘도록 한국에서 지냈다면서도 다단은 한국말이 서툴렀다. 외부로 나다니지 않고 공장 안에서 숙식을 해결하며 머물다 보니 그렇게 되었다고 한다. 그는 한국에서 번 돈으로 아파트를 장만했다며 자기 집에 놀러 가자고 내게 청했다.

오후면 쏟아질 비를 피하고 싶어 아침 일찍 숙소를 나섰다. 찌가장 방면 앙꼿을 타고 가다가 중간에 내렸고 오토바이 뒷자리에 매달려 엉덩이 아프도록 울퉁불퉁 산길을 올랐다.

입장료가 무려 30만 루삐아, 우리 돈으로 2만 7천 원이다. 나는 깜짝 놀랄 수밖에 없었다. 2016년 최신판 가이드북에조차 10만 루삐아라고 나왔는데 말이다. 3년 전까지만 해도 만 5천 루삐아였다는데 이제 외국인은 평일 22만 5천 루삐아, 주말 30만 루삐아라는 거액을 내놓아야 한단다. 더구나 외국인이라는 이유로 내국인보다 열 배나 많은 요금을 부담해야 하는 차별 앞에 나는 못마땅함을 드러내지 않을 수 없었다. 다른 나라에서 온 관광객이라고 다들 부자는 아닐 텐데 말이다. 30만 루삐아면 하루 여행 경비를 단 한 번에 쓰는 셈이다. 이 나라 물가를 고려하면 내국인 요금인 3만 루삐아마저 결코 가벼운 금액이 아니다. 그런데도 산을 소개하는 자료나 트레킹 경로가 그려진 지도 한 장 받지 못했다.

나무 없는 산기슭에 산불이라도 난 듯했다. 주차장을 지나 돌길을 걸은 지 불과 이십여 분만에 화구 지대가 정체를 드러냈다. 화산 감시원이 지키는 오두막에 들어가 방문 기록을 남겼다. 짐 실은 오토바이가 아랑곳없이 불구덩이 곁을 질주했다. 땅속 유황 가스가 좁은 숨구멍을 통과하며 뜨거운 수증기를 내뿜었다. 가쁜 숨소리를 내며 누런 분기공이 부글부글 끓었다. 수십 개 구멍에서 나온 하얀 김이 하늘 구름과 합쳐졌다. 나는 언덕에 올라 그런 광경을 한참 바라보았다.

남녀 할 것 없이 화장품인 양 얼굴에 누런 유황을 바른 모습이 눈길을 끌었다. 보이스카우트 차림을 한 젊은이들과 인사를 나누고 함께 사진도 찍었다. 한류 덕에 아이돌 그룹이나 유명 연기자 이름을 대는 것만으로도 한국인은 엄청난 호응을 받는다. 그들은 하룻밤 야영을 하며 일출을 맞이할 계획이라고 했다.

캠핑장에 이를 때까지 마주친 이들은 하나같이 인도네시아 청년들이었다. 비수기인 우기인 데다 턱없이 비싼 입장료 탓일까, 외국인은 보이지 않았다. 꽃망울이 맺힌 에델바이스 군락 사이를 거닐기는 했으나 거기가 뜨갈 알룬이라는 에델바이스 초원인지는 알 길이 없었다.

정상에 있다는 녹색 호수에 닿았다면 어땠을까. 이번이 처음 하는 화산 트레킹이었다면 달랐을까. 그곳에서 보낸 시간이 뇌리에 강렬한 인상을 남기며 오래도록 잊히지 않는다면 비싼 입장료쯤이야 문제가 되지 않을 터이다. 안타깝게도, 빠빤다얀은 내게 그런 경험을 전하지 못했다. 못내 입장료가 아깝게 느껴졌다.

비자 정책은 무비자로 전환하면서 입장료는 왜 일 년이 멀다 하고 번번이 올리는 걸까. 이 나라 정부는 그릇된 판단을 하고 있음이 틀림없다. 대폭 높아진 금액에도 불구하고 찾아오는 사람들이 있을 테니 입장료로 벌어들이는 국가 수입이야 조금 늘긴 하겠지만, 방문객 숫자가 감소하면서 그들에게 기대어 생계를 이어온 가이드, 운전사, 상인, 여행사와 호텔과 식당 주인, 거기 딸린 직원들의 벌이는 신통치 않게 줄어들 게 뻔한데 말이다.

산에서 내려오는 길에 자신을 저널리스트라고 소개한 남자와 조우했다. 내외국인 구분 없이 입장료를 받지 않는 한국 국립공원의 예를 들며 (사실 나는 환경 훼손을 줄이기 위해서라도 소액의 입장료나마 거둬야 한다는 쪽이다) 외국인 차별요금제에 대한 불만을 토로했더니, 그는 이 문제를 기사화하겠노라고 밝혔다. 과연 신문에 실렸을까.

나가Naga 마을에는 오토바이가 다니지 않고 휴대폰이 없으며 전기조차 들어오지 않는다. 자동차가 쉼 없이 지나다니는 도로에서 불과 백여 미터 거리에 문명을 멀리한 채 자발적인 정체를 택한 사람들의 마을이 있다는 게 놀라울 따름이다. 규약에 따라 마을 안에는 집을 더 지을 수 없으며 외지인은 들어와 살 수 없다. 주민들은 다랑논에 벼를 재배하고 연못에다 붕어를 놓아기르며 손수 만든 공예품을 방문객에게 팔아 생계를 잇는다.

전봇대는 보이지 않는다. 하지만 지붕 위로 한둘 설치된 건 분명 안테나다. 배터리를 돌려 텔레비전을 본다. 아직은 거기서 그친다. 전기 시설이 들어와 가전제품을 구입해 편리함을 깨닫고 가진 자와 못 가진 자 간의 차이를 의식하는 날이면, 여태껏 지켜온 작은 공동체는 무너지고 말 터이다. 외부와 접촉이 늘고 도시로 나가 돈을 벌어오는 이도 생길 텐데, 그들이 전하는 소문을 견디며 얼마나 오래 자신들의 문화를 고집할 수 있을까 하는 의문이 들기도 한다. 자바, 가룻, 깜뿡 나가

꿍꽝꿍꽝! 축제 판이라도 벌어졌나? 현수막에 적힌 글씨, Seni Kuda Lumping… 말춤 예술? horse dance? 가믈란 연주 소리가 요란하다.

화려한 색과 무늬, 짙게 분장한 얼굴. 편편 납작한 대나무 말에 갈기가 달렸고 꼬리털이 흔들린다. 말 등에 올라 빙글빙글 원을 그리며 돌기를 거듭한다. 무아지경에 빠져 발을 구르며 춤을 춘다. 한 발을 올렸다 내리고 팔을 비틀고 손목을 꺾는다. 채찍을 맞을 때마다 말로 변한 남자는 말처럼 히힝거리며 복종한다. 목마른 말은 주인 앞에 허리를 굽히고 그릇째 벌컥벌컥 물을 마신다. 춤을 북돋우는 여가수의 노래가 울려 퍼진다. 제정신이 아닌 게 틀림없다. 작두 타는 무당이 저러할까. 태연히 유리 조각 더미를 밟고 맨발로 걷는다. 칼날에 배를 대고 드러눕자 그 위를 사람이 올라타 밟고 누른다. 기름 머금은 입으로 불을 뿜는다. 관중들 입이 딱 벌어진다. 곡마단의 묘기 대행진, 차력 쇼는 계속된다. 자바, 빵안다란

바다와 줄다리기하는 사람들

강물은 누런 흙탕물, 길은 끊어졌다. 콘크리트 교량 가운데가 푹 주저앉았다. 다리를 앞에 두고 멈춰선 차들로 이차선 도로가 주차장으로 변했다. 목적지에 당도하려면 아직 멀었는데 승객들 모두 내리게 했다. 부서진 다리 위를 사람들은 아무렇지도 않게 요령껏 지나다닌다. "한 달 전에 물난리가 나는 통에 싹 휩쓸고 가버렸다오." 마치 마중 나온 손님을 대하듯, 버스에서 내리는 나를 앞장서며 이끌던 남자가 내뱉은 말이다. 빵안다란까지 나머지 거리를 그의 오토바이 뒷자리를 빌려 이동하기로 했다.

입장료가 있는 줄은 몰랐다. 길목을 지키는 검문소 겸 요금소에서 신상을 기록하고 영수증을 세 장이나 받았다. 하나는 입장권이 분명한데 나머지 둘을 뭘까. 알고 보니 소액의 보험료와 오물 수거료였다. 바다에서 서핑을 하고 계곡에서 래프팅, 정글에서 동굴 탐험을 하다 보면 다치는 경우가 생길 테니 상해보험을 의무적으로 들어야 하는가 보다. 얼마나 많은 쓰레기를 버리고 가기에 오물 수거료를 따로 받는 걸까.

발길은 곧장 바닷가로 향한다. 하늘도 바다도 창백한 청회색이다. 부슬부슬 내리는 비를 그대로 맞으며 조깅을 하는 노랑머리 할머니. 모래사장을 축구장 삼아 공을 차는 아이들. 해는 먹구름 뒤로 잔영을 남기고 물러갔다. 허기진 배부터 채우기로 했다. 어둠 속에 불 밝힌 레스토랑으로 찾아들었다. 그동안 로컬 식당을 전전했던 나로서는 깜박이는 조명 아래서 메뉴판을 뒤적이고 있자니 어쩐지 어색한 기분이 들었다. 웃음 띤 얼굴로 음식을 나르던 젊은이가 영어로 말을 붙여왔다. 우기에 물이 불어나 그린 캐년에는 들어갈 수 없을 거라더니, 자신은 가이드 일도 한다며 자연보호구 열대림 속으로 안내하고 파라다이스 아일랜드의 하얀 해변에도 데려가겠노라고 속삭였다.

인도양 가장자리에 머리카락을 담그는 둥근 곶, 일렁이며 스며드는 물결에 가는 목을 어루만지는 만灣. 빵안다란 일대를 담은 지도를 일별하노라면 부낏 반도를 거느린 발리 남부를 연상하게 되는지도 모른다. 그렇지만 땅 모양만 닮았을 뿐, 휴양객이 몰리는 한철이 아닌 다음에야 발리의 난리법석과는 거리가 멀다. 빵안다란에서라면 일출과 일몰을 함께 볼 수 있다. 오목한 지협을 가로질러 십여 분만 움직이면 반대편 해안에 가 닿는다. 바다를 향해 대나무 잔교들이 뻗어 나간 선창에서 눈부신 아침을 맞고, 다갈색 모래가 끝 간 데 없이 펼쳐지는 해변을 걸으며 저물녘을 보낸다.

아침나절, 바다로 산책을 나선다. 바쁘게 그물을 올리는 어부들 틈에 끼어들어 참견하고 생선을 널어 말리는 광경을 곁에서 지켜본다. 빠사르 이깐(생선 시장)이라는 이름을 단 해산물 식당가에서 점심을 배불리 먹고 난 뒤면 더위를 피해 또는 빗줄기에서 달아나 숙소로 돌아와야 한다. 침대를 뒹굴며 소설책을 읽다가 깜빡 선잠이 들어도 괜찮다. 볕이 위력을 다해가는 오후, 다시 골목을 나선다. 수면으로 서서히 떨어지는 해를 바라보며 바닷길을 거닌다. 물결에 몸을 맡긴다. 물기 머금은 고운 모래가 석양을, 내 그림자를 되비춘다. 빛은 이울고 어둠이 시야를 가린다. 바다가 내뱉는 한숨 소리를 들으며, 들랑거리는 물결이 종아리를 핥도록 내버려두어도 좋다. 빵안다란에서 보낸 일과였다.

　푸르고 하얀 페인트를 칠한 거룻배들 위로 오색 깃발이 바람결에 펄럭인다. 해안가에 정박했거나 바다 위를 떠다니는 고깃배 중에 큰 배는 없고 모두 이렇듯 나무로 만든 카누들이다. 앞바다에는 좌초한 선박이 암초처럼 떠 있다. 노르웨이 선적 화물선이라고 한다. 천혜의 해수욕장을 거느린 휴양지이자 파도타기 명소이기 이전에 이곳은 고기잡이 마을이었고 지금도 그렇긴 마찬가지이다.

　새벽 출항에서 돌아온 배일까. 고깔모자를 쓴 아낙네들이 어망을 정리하고 있다. 그런데 그물에 물고기는 별로 없고 폐비닐 조각 따위가 뒤엉킨 허섭스레기가 태반이다. 바다가 몸살을 앓고 있다는 증거다. 쓰레기더미 속에서 물고기를 솎아내는 것도 일이다.

나는 동쪽 바다로 건너와 둑길을 따라 걷는다. 어부들이 배를 밀어 바다로 나간다. 연안이 황금 어장. 멀리 나갈 필요는 없다. 넓게 구역을 정해 그물을 내린다. 그물 안으로 고기 떼가 들어올 때까지 기다리는 시간은 그리 길지 않다. 뭍으로 나온 어부들은 바다로부터 밧줄을 끌어 올린다. 예닐곱 명이 한 조를 이루었다. 두 편으로 갈라 양쪽에서 잡아당긴다. 허리에 줄을 매고 뒷걸음질 치는 모습이 마치 줄다리기라도 벌이는 듯하다. 맨 뒤편 사람은 앞쪽으로 다시 옮겨가 파도와 싸운다. 저마다 몸을 놀리며 앞서거니 뒤서거니 되풀이한다. 퍼붓는 비 따위는 아랑곳하지 않는다. 일에 남녀 구분은 없다. 그물이 드러나기 시작하면 함성과 함께 거리를 좁히며 하나로 뭉친다. 그물을 올리는 손길이 바빠진다. 밧줄을 포함한 그물 길이는 무려 300미터에 달한다고 한다.

물이 빠져나가 알짜만 남은 그물을 바구니에 쏟아붓는다. 동쪽 바다는 해수욕장을 거느리지 않은 덕에 딸려오는 쓰레기가 거의 없다. 갈치나 삼치 같은 은빛 생선도 나오지만 촘촘한 그물코에 주로 걸리는 것은 우당 끄찔udang kecil이라 불리는 작은 새우 종류다. 주꾸미 닮은 쭈미쭈미도 간혹 꼼지락거린다. 새우는 체로 걸러 따로 담는다. 새우를 생선보다 값을 더 쳐주는가 보다. 새우는 입맛 돋우는 젓갈을 담그는 데 쓰인다. 언제 나타났는지 몇몇은 갓 건져낸 생물을 그 자리에서 사 간다. 수확물이 기대보다 초라하다고 해서 실망하진 않는다. 다시 한 번 바다와 줄다리기하며 그물을 던지고 걷어 올리면 되기 때문이다.

한국에 돌아온 나는 빵안다란 바다 사람들의 사진을 인화해 수첩에 적힌 주소로 국제우편을 보냈다. 어부 아주머니와 한 약속을 지킬 수 있어 기뻤다.

와양과 바띡

자카르타가 인도네시아의 정치 경제 수도라면 족자카르타*는 문화 수도라 해도 무방하다. 술탄 궁전 끄라똔과 '물의 궁전' 따만 사리, 불교 사원 보로부두르, 힌두 사원 쁘람바난이 족자카르타 시내와 인근에 자리한다. 힌두교, 불교, 이슬람 왕국이 차례로 자바 섬을 다스린 덕분이다. 끄라똔은 여전히 왕궁으로 쓰일뿐더러 술탄은 특별자치주 족자카르타의 주지사 노릇을 하고 있다. 왕궁 일부를 박물관 형태로 일반에 개방해놓았다.

바띡을 입고 블랑꼰(두건 모양의 자바 전통 모자)을 쓴 남자들이 손님을 맞아들인다. 그들은 왕궁을 관리하고 방문객의 관람을 돕는 '압디 달름'이다. 건물 바닥을 대리석으로 덮고 색유리로 창을 내었다. 홀 천장에는 샹들리에를 달았다. 자바 양식에 유럽풍이 뒤섞인 모습이다. 안내문이 불충분하고 조명조차 어두우니 정작 전시물은 눈에 들어오지 않는다. 왕족들 얼굴을 담은 초상화에나 눈이 갈 따름이다. 요일에 따라 가믈란 연주, 그림자 인형극, 전통 무용을 공연하는데, 이게 오히려 관심을 끈다. 내가 방문한 날은 토요일이라 그림자 연극 와양 꿀릿을 볼 수 있었다.

아이 적에 그림자놀이를 한 번쯤 해보지 않은 사람이 있을까. 손으로 개, 여우, 토끼, 새 모양을 꾸미며 상상의 이야기 나라로 떠나곤 했을 터이다. 동굴에 살던 옛사람들은 횃불을 들고 벽에 그림을 새기기 전에 혹시 그 불빛 아래에서 그림자놀이부터 즐기진 않았을까. 움직이는 그림자

* 욕야카르타Yogyakarta가 공식 명칭이지만 흔히들 족자카르타. 발음하기 쉽게 줄여서 '족자'라 부른다.

로 장난치며 놀던 데서 그림자극이 생겨나고 오늘날 영화로까지 발전한 건 아닐까.

그림자 인형극은 인도, 중국, 터키, 동남아시아 등 세계 각지에서 오래전부터 행해져 왔다. 그 대표가 인도네시아 자바와 발리의 와양 꿀릿이다.

똑같은 '와양wayang'이지만 와양 골렉에는 관절 달린 입체 목각 인형이 등장하는 반면, 와양 꿀릿에는 물소가죽으로 만든 평면 인형이 쓰인다. 와양 골렉은 관객 앞에서 꼭두각시 인형극을 상연하고 와양 꿀릿은 영사막 뒤로 인형 그림자를 비춘다. 자바어로 '그림자'를 의미하는 와양. 지금은 그 범위가 넓어져 전통 인형극을 아울러 가리킨다. 골렉golek은 '나무 인형', 꿀릿kulit은 '피부·가죽'이라는 뜻이다. 이밖에도 골렉과 꿀릿의 중간 형태라 할 와양 끌리띡, 배우가 가면(또뻬)을 쓰고 연기하는 와양 또뻬, 사람이 인형처럼 분장하고 배역을 맡는 와양 윙 등이 전해진다.

와양 꿀릿

와양 골렉이나 꿀릿에서 인형을 조종하는 사람을 '달랑'이라 한다. 그는 연출자 겸 배우이자 변사이다. 와양 꿀릿의 달랑은 스크린 뒤편에 숨어 인형에 연결된 막대기를 조종한다. 그러면 조명을 받은 그림자가 하얀 스크린에 투영된다. 납작한 인형을 스크린에 댔다 뗐다 하는 식으로 그림자 크기를 변화시키기도 한다. 스크린 양편에는 앞으로 출연할 인형들이 쭉 늘어서 있다. 무대 뒤에서는 가믈란 오케스트라의 연주가 쉼 없이 이어진다. 그에 맞추어 신화나 전설을 흥미롭게 재구성한 이야기를 낭송한다. 영사막 건너편에 둘러앉은 관객들은 음악을 듣고 그림자 움직임을 따라가며 이야기 흐름을 읽어내려 애쓴다.

자바 문화의 전통을 간직한 곳으로 족자카르타 이웃 도시인 솔로를 빼놓을 수 없다. 완행열차를 타더라도 '족자'에서 한 시간이면 솔로에 닿는다. 수라카르타는 솔로의 별칭이다. 이슬람 왕조 마타람의 수도였던 이곳에는 족자카르타와 마찬가지로 술탄이 살아 있고 끄라똔이 전해진다. 근래에는 이런 문화 이미지를 내세운 쇼핑센터로 더 유명한 듯하다.

솔로는 바띡batik 원산지로 알려져 있다. 내가 묵은 숙소 골목만 해도 바띡 패션 거리라 할 만했다. 화려한 색과 문양을 한껏 드러낸 옷들이 걸음을 멈추게 했고, 바띡 염색 작업을 시연하는 모습은 가게 안으로 발을 들이도록 유혹했다.

바띡은 밀랍을 이용해 무늬를 그려 넣는 염색법 및 이를 통해 생산된 옷감과 옷을 가리킨다. 바띡이라는 말은 '점이나 얼룩이 있는 천'이라는 뜻의 자바어 '암바띡ambatik'에서 유래했다. 우선 손으로 하나하나 점과 선을 그리거나 패턴이 새겨진 도장 틀에 밀랍을 묻혀 옷감에 찍는다. 짠띵canting이라는 끝이 뾰족한 도구로 염료를 조금씩 흘리며 무늬를 채운다. 뜨거운 물에 천을 담가 밀랍이 찍힌 부분을 지워내면 문양이 드러난다. 밀랍이 발라진 데는 염료가 물들지 않는 특성을 이용한 것이다. 원하는 디자인을 표현하기 위해 여러 색의 염료로 이런 과정을 반복한다. 그런 만큼 바띡을 완성하는 데에는 세심한 주의와 긴 시간을 요한다. 요즈음에는 화학 염료를 사용해서 공장에서 다량 생산한 바띡을 저렴하게 내놓고 있다.

바띡은 원래 왕족이나 귀족층에서 입던 옷이었으나 지금은 누구나 평상복으로 입고 다닌다. 인도네시아 정부에서는 '바띡의 날'을 정해 공무원과 학생 들이 바띡을 입도록 유도하고 있으며 공공 행사에 참여하는 이들은 으레 옷차림을 바띡으로 맞춘다. 바띡 염색 기법은 인도네시아뿐 아니라 말레이시아, 인도, 스리랑카, 중국, 나이지리아 등 여러 지역에 퍼져 있다. 인도네시아와 말레이시아 두 나라는 바띡을 놓고 원조 논쟁을 벌이기도 했다.

짠띵을 이용해
바띡을 염색하는
모습

닮아서 다투는 이웃 나라

비슷한 문화를 공유하면서도 애증 관계에 놓인 이웃 나라, 인도네시아와 말레이시아. 다민족 국가이면서도 말레이계가 다수를 차지하는 인종 구성, 이슬람이라는 종교가 가지는 통합성, 말레이시아어와 인도네시아어의 친근성…. 앞에 나라 이름이 붙었을 뿐, 말레이시아어와 인도네시아어 둘 다 믈라유어(말레이어)에 뿌리를 두고 있다. 유럽식 영어와 북미식 영어만큼이나 엇비슷해서 서로 무리 없이 의사소통이 가능하다. 국가를 넘어 같은 언어권에 속한다는 점은 동질감 형성에 무엇보다 큰 기여를 할 게 분명하다.

닮은 점이 많다 보니 되레 다툼이 잦아지기도 한다. 전통 음악, 무용, 의복, 음식 등을 놓고 두 나라는 원조 논쟁에 휩싸이곤 했다. '라사 사양에'('사랑 느낌'이라는 뜻)는 인도네시아에서 공식 행사를 치를 때면 다 함께 부르곤 하는 노래다. 말루꾸 제도에서 기원한 민요로 알려진 이 노래를 말레이시아가 자국 관광 홍보에 활용하면서 논란이 불거졌다. 그림자 인형극 와양 꿀릿, 천연 염색 바띡을 두고도 서로 자기 나라를 발상지로 내세웠다. '바띡 싸움'은 2009년 유네스코에 의해 바띡이 인도네시아의 인류무형문화유산으로 등재되면서 인도네시아 측 승리로 끝이 났다.

말레이시아 거주 인도네시아인 노동자와 가정부에 대한 인권 유린과 강제 추방이 계속되자 인도네시아 정부가 나서서 항의하고 인력 송출을 중단하는 사건이 일어난 적도 있다. 보르네오 동부 해상 시빠단, 리기딴 섬을 두고 빚어진 영토 분쟁으로 양국 외교 관계가 악화되기도 했다. 국제사법재판소는 말레이시아에서 두 섬에 등대를 건설하고 거북이 알 채집을 규제한 적이 있다는 점을 근거로 실효적 지배를 인정하여 말레이시아 손을 들어주었다. 뒤미처 두 섬 인근 해상인 암발랏 해역에 원유가 다량 매장된 사실이 드러나면서 영유권 분쟁이 재현되었다.

말레이시아와 인도네시아는 2차 대전 이후 탄생한 신생국가라 할 수 있다. 1824년 영국과 네덜란드 간 협약을 통해 성립된 분할선이 결국 오늘날 두 나라를 가르는 국경선으로 굳어졌다. 세계대전 종료 후 네덜란드와 전쟁을 치르며 독립 국가를 수립한 인도네시아와는 달리, 말레이시아는 영국이 세운 말라야 연방을 계승하는 형태로 독립했다. 보르네오 섬 북부가 영국령에 속했다가 말레이시아 연방으로 넘어간 데에는 19세기 영국인 탐험가이자 군인인 제임스 브룩이라는 인물의 공이 크다고 하겠다. 그는 해적을 소탕한 덕에 브루나이 술탄으로부터 보르네오 사라왁 지방을 하사받고 '백인 왕White Rajah' 노릇을 했으니 말이다. 인도네시아는 보르네오 섬 전역을 차지하기 위해 1962년부터 1966년까지 말레이시아와 전쟁을 치렀다. 영국의 지원을 받은 말레이시아가 이를 물리침으로써 북 보르네오는 말레이시아 연방과 브루나이 왕국의 영토로 남았다.

두 나라를 놓고 여행지로서 어디가 더 나으냐고 묻는다면, 내 마음은 아무래도 인도네시아 쪽으로 기울 듯하다. 여행 경험의 다양성에 더해 말로 표현이 안 되는 끈끈한 정겨움 면에서 말레이시아는 인도네시아를 따라오지 못할 테니. 그래도 유럽과 아시아 문화가 버무려진 독특한 말레이시아 문화만은 인정해주고 싶다.

왜 돌을 쌓아 탑을 세울까

'꼬레아 슬라딴(남한)'에서 왔다는 말에 소녀들이 활짝 반색하며 사진을 청한다. 안내소에서 나눠준 사롱이 바람결에 치마처럼 나부낀다. 뺨을 타고 흘러내리는 땀을 바람이 잠시 식혀준다.

바닥을 받치는 사각형 기단이 다섯 층, 그 위로 원형 기단이 세 층을 이룬다. 부처의 일생과 인간 생로병사를 돋을새김으로 새긴 조각을 살피며 동심원 회랑을 어정어정 오르다 보면 어느새 종 모양 스투파들이 가운데 꼭대기 탑을 옹위하며 둘러싼 원형 기단에 다다른다. 사원은 위쪽으로 올라갈수록 폭이 좁아지는 피라미드 꼴이다. 그 자체가 돌로 조각한 거대한 연꽃이고 불탑이다. 회랑을 돌아 중심부로 오르는 길은 만다라를 경험하고 해탈에 이르는 과정이다. 미얀마 버강이 수천 개 파고다가 흩어진 불교 사원군이라면, 보로부두르는 숲속에 우뚝 솟은 단일 대형 사원이다. 어떤 이들은 스투파 구멍 속으로 손을 뻗쳐 불상의 팔과 등을 쓰다듬는다. 불상을 만지면 소망을 이루고 행운이 온다고 믿는 중생들 등쌀에, 화산재 아래 파묻혀 잠들었다가 천 년 만에 깨어난 부처님이 고단함을 느낄지도 모르겠다.

라다크를 여행할 때였던가. 티베트 스님들이 돌가루로 만다라를 그리던 모습이 떠오른다. 오색 고운 돌가루를 조금씩 뿌리며 며칠에 걸쳐 숨죽여 완성한 그림이건만, 스님들은 끝을 보기 무섭게 미련 없이 그것을 쓸어버렸다. 집착의 실타래가 끊어지듯 색이 뒤섞이며 만다라 꽃은 몇 줌 모래로 지워졌다.

　인간은 왜 돌을 하늘 높이 쌓아 탑을 세우고 신을 섬길까? 종교의 힘으로 이룩하고 무너진 유적지, 신들을 위한 자리에 머무노라면 품게 되는 물음이다.

　세계 최대 이슬람 국가인 인도네시아에서 불교 유적에 이어 힌두교 유적을 만난다. 보로부두르와 쌍벽을 이루는 쁘람바난Prambanan. 9세기에 건설된 이래로 쁘람바난은 수차례 화산 분출과 지진을 겪으며 파괴와 재건을 거듭했다. 2006년에만 해도 큰 지진이 일어나 심각한 훼손을 입었다. 복원 작업은 현재진행형이다. 240개 사원이 있었다고 하나, 남은 것은 열여덟 개뿐이다. 세 개 주요 사원은 힌두교 삼대 신에 봉헌되었다. 중앙에 파괴의 신인 시바, 그 남쪽에 창조의 신 브라흐마, 북측에 유지의 신 비슈누. 탑 안에는 신의 조각상을 모셨고 둘레 벽을 따라 라마야나 신화를 묘사해놓았다.

시바 신전은 47미터 높이로 가장 크고 높다. 네 방향 석실에는 시바를 비롯하여 두르가, 가네샤, 아가스티야 신상을 모셨다. 시바의 아내이자 성스러운 여전사인 두르가는 쁘람바난에서 '로로 종그랑'이라 불리기도 한다. 여기에 로로 종그랑 공주 이야기가 전해져 내려오기 때문이다. 로로(라라) 종그랑은 자바어로 '날씬한 처녀'라는 뜻을 지닌다. 여러 조각상 가운데서도 유독 두르가의 색이 검게 변한 건 소원을 비는 사람들, 예뻐지길 바라는 여자들 손끝이 너무나 많이 닿은 탓이다.

전설에 따르면 쁘람바난 일대에는 원래 탑이 천 개나 흩어져 있었다고 한다. 그 옛날 힌두교를 믿던 시절, 뺑깅과 보꼬라는 사이가 좋지 않은 두 나라가 있었다. 뺑깅의 왕자 반둥 본도워소(반둥과 본도워소는 오늘날 자바의 도시에 해당한다)는 마력을 부려 이웃 왕을 죽이고 전쟁에서 승리를 거둔다. 그는 보꼬의 아름다운 공주 로로 종그랑에게 반해 청혼을 한다. 아버지를 죽인 자의 아내가 될 수는 없었기에 공주는 실현 불가능한 조건을 내건다. 해가 떠오를 때까지 하룻밤 만에 천 개의 사원을 세운다면 결혼을 받아들이겠노라고. 왕자는 지하에서 수많은 마귀들을 불러들여 힘들이지 않고 바위를 날라 사원을 지어 나갔다. 999번째 사원이 완성될 무렵 다급해진 공주는 시녀들과 마을 아낙네들을 불러 모아 동편에 불을 훤히 밝히고 아침밥을 준비하는 양 쌀 찧는 소리를 크게 내도록 했다. 이때 방아 소리에 잠을 깬 닭들이 울기 시작했고, 날이 밝은 걸로 착각한 마귀들이 마지막 사원을 짓다 말고 땅속으로 도망치고 말았다. 속임수에 화가 난 왕자는 공주를 돌로 만들어버렸고 그것은 가장 아름다운 천 번째 돌탑으로 변했다.

불상을 안치한 파고다, 힌두 신을 모신 돌탑. 만신전의 땅 인도에서 퍼져 나온 종교들. 보로부두르에서도 그랬듯이, 쁘람바난을 둘러보는 동안 나는 미얀마 버강, 스리랑카 아누라다푸라, 캄보디아 앙코르 와트를 떠올렸다. 사원 출구로 나서기 위해서는 천막을 치고 기다랗게 도열한 기념품 상가와 식당가를 지나야만 했다.

로봇시대에 만나는 석기시대

와노까까 마을

신비의 섬, 외로운 섬

모두가 인공지능과 로봇, 풍요와 진보라는 새로운 신화를 구가하는 시대에도, 지구 한 모퉁이에는 시간의 흐름을 잊은 채 자연 만물에 깃든 정령을 믿으며 마당 가득 고인돌을 세우는 사람들이 남아 있다. 열도 아래 홀로 놓인 섬, 숨바에 가면 그들을 만날 수 있다.

내가 올랐을지도 모를 화산 봉우리들이 구름층 사이로 솟아 멀리서 비행기를 따라왔다. 새 떼처럼 떠도는 섬들을 데리고 바다 위를 나는 동안, 문득 일 년 전 기억이 떠올랐다. 롬복, 숨바와, 플로레스로 이어지는 섬을 여행할 때였다. 플로레스 바자와로 가는 장거리 버스 칸에서 덱Deck이라는 이름의 영국인을 만났었다. 대학 졸업식 이튿날 여행을 떠나왔다는 그는 유럽과 아시아를 아홉 달째 여행 중이며 마지막 여정을 인도네시아에서 마무리할 참이라고 했다. 그러면서 며칠 후면 일주일에 두 번 있다는 페리를 타고 플로레스 엔데에서 바다 건너 숨바로 갈 작정이라고 털어놓았다. 당시 그 말을 들었을 때만 해도 나는 숨바와Sumbawa와 비슷한 이름을 가진 숨바Sumba는 어떤 데일까 하는 궁금함이 들었을 뿐 그 섬에 가볼 생각은 하지 못했다.

숨바는 누사 떵가라Nusa Tenggara 즉 소순다 열도Lesser Sunda Islands에 딸린 섬이다. 소순다 열도는 발리, 롬복, 숨바와, 코모도, 플로레스, 름바따, 알로르, 숨바, 티모르 등 자바 섬 동편으로 줄지어 늘어선 섬들을 가리킨다. 약 2,150개 섬이 열도를 이룬다. 그 가운데서 숨바는 남쪽으로 외떨어진 섬이다. 한편, 대大순다 열도는 수마트라, 자바, 보르네오, 술라웨시 등 인도네시아 순다 열도 중 큰 섬들을 가리킨다. 숨바 섬은 우리나라 제주도 면적의 여섯 배에 이르지만 인구는 70만에 지나지 않는다. 인도네시아에서도 가장 가난한 지역에 속한다.

비행기가 고도를 낮추면서 섬은 점차 윤곽을 드러냈다. 11월 하순인데도 여태 본격적인 우기로 들어서지 않은 걸까. 메마른 잿빛을 띠며 밋밋한 구릉지가 이어졌다. 다른 섬에는 그리도 흔하던 분화구 하나 보이지 않았다. 와잉아뿌 공항은 아담했고 시내로 들어가는 길은 공항만큼이나 소박했다.

지금 돌이키면 숨바를 상징하는 몇 가지가 떠오른다. 마라뿌, 빠솔라, 깜뿡 아닷, 시리 삐낭, 고인돌, 말…. 여기에 더해, 이깟 천을 걸치고 십자가를 든 예수상, 백일몽에 빠져들게 하는 하얀 해변과 단애를 두드리는 검푸른 파도, 쪽배를 밀어 바다로 나가는 어부들.

베일에 싸인 외로운 섬, 숨바. 이 신비의 섬은 이제껏 여행자의 시야에서 벗어나 있었다. 그런 만큼 여행 정보는 턱없이 부족하다. 810쪽 두께의 론리플래닛 인도네시아 편이 숨바에 할애한 면은 13쪽에 지나지 않는다. 발리는 105쪽에 달하건만.

18세기 후반 네덜란드 동인도회사가 이곳에서 나는 샌들우드(향수 원료인 백단향)에 관심을 기울이며 '샌들우드 섬'이라 부르기 전까지만 해도, 숨바는 교역에 욕심내는 식민주의자들에게조차 외면을 받을 정도로 별 쓸모없는 땅으로 여겨졌다. 20세기 초반에야 네덜란드 군대가 섬에 상륙했다. 오늘날 숨바인의 생활 풍경 속에서 선조의 유산을 어렵지 않게 발견할 수 있는 건 이렇듯 변화와 간섭의 소용돌이에서 오랫동안 비켜나 있었던 덕이 크다.

고대에 숨바 지역은 여러 소왕국들로 나누어져 있었고 부족 간에 전쟁이 잦았다. 전사들은 적의 머리를 잘라와 자신들 마을 복판 '해골 나무'에 걸어두곤 했다. 땅으로 스며든 피가 풍요를 불러온다고 믿었기 때문이다. 다른 부족 사람을 납치해 노예로 삼거나 팔기도 했다. 마을은 방비에 용이한 언덕 위에 지었고 너른 안마당에는 조상들의 돌무덤을 모셨다. 이런 풍습은 옛 모습을 간직한 마을 깜뽕 아닷kampung adat*, 조상신을 숭배하는 정령신앙 마라뿌marapu, 말 타고 창 던지는 싸움을 재현한 빠솔라pasola 축제 등을 통해 오늘날까지 전해진다. 빠솔라는 예전에 전쟁이 끊이지 않았음을 말해준다. 놀랍게도 일부 마을에는 노예 제도가 아직도 남아 있다.

....
* 깜뽕kampung은 '마을·시골', 아닷adat은 '풍습·전통'이라는 뜻으로, 깜뽕 아닷은 전통 마을을 가리킨다.

마당 가운데
고인돌 무덤

벌판은 메말랐고 드문드문 돌은 나무마저 가지 끝에 푸른 잎을 남기고 헐벗었다. 곡예라도 부리듯 남자는 밖으로 몸을 반쯤 내민 채 달리는 차에 매달렸다. 앞문에서 사라졌던 그가 버스가 움직이는 사이 뒷문으로 돌연 나타나는 통에 놀라기도 한다. 길가에 집이라곤 없다시피 하니 승객도 더는 없을 듯한데 그는 버릇처럼 "멜로로!"를 외쳐댔다. 멜로로 Melolo라는 말에서 마치 마시멜로를 발음할 때처럼 입속에서 혀 감기는 단맛을 느끼는 상상에 빠진 것도 잠시, 나는 그늘 한 점 없는 한낮, 인적 끊긴 거리로 내몰렸다. 방향을 틀어 버스는 와잉아뿌 방면으로 돌아갔다. 오토바이를 몰고 지나가는 이를 불러 세워 '오젝 드라이버'로 섭외했다.

깜뿡 아닷은 산기슭이나 언덕에 자리한다. 멜로로에서 오토바이로 이십여 분은 더 들어가야 나오는 쁘라이야왕 마을도 마찬가지였다. 거대한 돌무덤군에 압도되어 넋을 잃고 주위를 맴돌고 있으려니 사내 하나가 다가왔다. 그는 나를 초가 아래 툇마루에 앉히더니 작은 바구니에 담긴 무언가를 내밀었다. 호두를 엷게 저민 듯한 모양의 열매 조각은 삐낭이었다. 그제야 내가 선물을 준비해오지 않았음을 깨달았다. 더구나 가이드도 동반하지 않은 채. 전통 마을을 방문할 때에는 족장이나 마을 어른에게 존경의 표시로 삐낭을 선물해야 한다는 것을 알고 있었음에도. 나는 한국에서는 삐낭을 씹지 않는다는 말로 사양하며 대신 방명록을 적고

약간의 기부금을 전했다.

앞서도 언급했다시피 시리 삐낭sirih pinang은 삐낭 열매를 시리 잎에 싸서 입에 넣고 껌처럼 질겅이는 일종의 건강 기호품이다. 여기에 생석회나 향신료를 더하기도 한다. 코카 잎이 피로와 시름을 달래주며 남미 안데스인의 입을 떠나지 않았던 것처럼 인도와 동남아시아, 태평양 도서 여러 지역 사람들은 시리 삐낭을 즐겨왔다. 여기 주민들도 심심할 때면 습관적으로 시리를 씹고 손님이 찾아오면 담배나 커피를 권하듯이 삐낭이 담긴 접시를 내놓는다. 삐낭이 치아를 튼튼하게 하고 소화를 돕고 기분을 좋게 해준다고 여긴다. 검붉게 변한 입으로 피를 토하듯 침을 뭉텅 뱉기라도 하면 이를 보고 잘 모르는 외지인은 혐오감을 느낄지도 모르겠지만 말이다. 마당이나 길바닥에 붉은 얼룩이 혈흔처럼 남아 있다면 그건 삐낭을 씹을 때 나오는 즙을 뱉어낸 자국일 터이다. 이곳 숨바에서 시리 삐낭은 여전히 손님맞이 의례용이나 축하 선물, 혼수품과 장례 부장품으로 긴요하게 쓰인다.

이렇게 삐낭 열매를
잘라서 판다

고인돌이 한데 모인 넓은 터를 가운데 두고 초가를 인 루마 아닷rumah adat(전통 가옥)이 두 줄로 늘어섰다. 지붕을 새털처럼 촘촘하게 덮는 데 사용한 재료는 잘게 가른 야자수 잎이다. 높이 치솟은 지붕은 배 밑바닥이나 뱃고물 모양을 연상시킨다. 그동안 내가 머물렀던 인도네시아 다른 섬에서도 이렇듯 지붕 머리가 가옥 몸체보다 훨씬 큰 집들을 많이 보아왔다. 집 모양뿐 아니라 생활 풍습에도 공통분모를 찾을 수 있다. 따나 또라자와 숨바의 장례식은 닮은 점이 많다. 망자의 주검을 곧바로 매장하지 않고 장례 치를 경비가 마련될 때까지 수년 동안 길게는 십 년 넘도록 방 안에 모셔둔다. 물소나 돼지를 희생 제물로 많이 내놓을수록 죽음 이후 영원한 삶이 보장된다고 믿는다. 집 앞에 내걸린 물소 뿔 개수가 그 집안의 부와 권위, 위신을 드러낸다. 어떤 면에서는, 부를 과시하고 체면을 유지하기 위해 서로 선물을 경쟁적으로 나눠주고 귀중품을 파괴하던 북아메리카 인디언들의 포틀래치potlatch를 연상시키기도 한다.

왜 이들은 현실의 삶은 곤궁에 허덕이는데도 죽음으로 가는 길에 온 재산을 탕진하다시피 할까. 자본주의 사회의 효율 법칙에 길들여진 나 같은 사람에게는 이런 풍습은 해득 불가능한 낭비로 비칠 수밖에 없는 게 사실이다. 어쩌면 이들은 한 생애가 자연과 우주의 하찮은 일부이고 먼저 떠난 선조와 나중에 태어날 후손이 자신과 길게 이어져 있다고 생각하며, 재물을 없애고 죽음을 기꺼이 받아들이는 건 아닐까.

플로레스 바자와에 가면 이곳과 마찬가지로 마을 가운데를 차지한 돌무더기를 볼 수 있다. 플로레스에서는 다듬지 않은 자연석으로 선돌을 세운 반면, 숨바에서는 네 모서리에 돌을 괴고 그 위에 거대한 판석을 올렸다. 지석묘라고도 불리는 고인돌은 말 그대로 커다란 돌을 괴어 만든 무덤을 일컫는다. 한반도 전역에 4만여 기의 고인돌이 전해지고 전북

고창에는 고인돌 공원이 있을 정도로 우리나라는 세계적인 고인돌 유적
지이다. 돌을 축조해 무덤으로 혹은 숭배와 기념의 대상으로 삼은 거석
문화는 그 형태를 달리하며 신석기 시대로부터 청동기 시대에 걸쳐 모든
대륙에 출현했다. 인도네시아 숨바 섬의 고인돌이 특히 주목받는 것은
까마득한 과거 유산이 아니라 현재까지도 살아 있는 일상이기 때문이다.

  쁘라이야왕 마을의 고인돌은 높이가 내 키를 훌쩍 넘겼고 반듯하게 갈
아 만든 덮개돌만 해도 무게가 수 톤은 나가 보였다. 변변한 장비도 없던
시절, 무거운 바위를 어떻게 캐서 옮기고 또 세웠을까. 사람과 동물 형상
을 조각한 기둥이 고인돌 위에 우뚝 서 있다. 그 덕에 무덤이 아니라 석
조 작품이라 우겨도 될 법하다. 자세히 들여다보면, 말, 물소, 염소, 돼
지, 개, 사슴, 물고기, 도마뱀, 닭, 독수리 등 온갖 짐승들이 한데 엉켜
있어 기괴한 느낌마저 든다. 숨바 고유종인 조랑말이, 때로는 새나 악어

가 사람 머리 위에 올라 비석 꼭대기를 차지했다. 웅장한 크기에 화려한 문양과 높다란 비석을 자랑하는 고인돌은 왕이나 귀족의 무덤이고, 크기가 작고 별다른 치장이 없는 건 평민의 무덤이라고 한다. 초가지붕이 함석판에 자리를 내주었듯이 이제 무덤 일부는 바위보다 훨씬 다루기 쉬운 시멘트 콘크리트로 교체되고 있다.

따로 요구하지 않았는데도 오젝 기사 알렉스 씨는 '깜뽕 라자(왕의 마을)'라며 나를 다른 마을로 데려갔다. 마을 크기는 오히려 쁘라이야왕보다 작았고 사람들은 좀 더 수더분했다. 키 높은 바오밥 나무가 고인돌만큼이나 신기했다. 집 안에 화톳불을 지펴 밥 짓는 모습이 정다웠다. 그을음 끼고 거미줄 엉킨 대나무 시렁에 주렁주렁 매달린 것은 짐승의 턱뼈였다. 소박한 행색의 왕이 있었고 그곳에도 교복 차림으로 학교에서 돌아와 뛰노는 계집아이들이 있었다.

바깥 시간은 바삐 흐르는데 돌 안의 시간은 멈춰 있다. 주검을 곁에 두고 돌무덤에 둘러싸여 평생을 살아왔을 사람들을 생각하니 기분이 아득해졌다.

부인이 둘이면 당신도 왕인가

곱슬한 턱수염을 기른 젊은 사내가 검붉게 물든 이빨을 드러내며 나를 향해 웃어 보였다. 그는 다른 남자들과는 달리 귓바퀴에 귀고리까지 달았다. 앉은 품새가 제법 당당했다. 이곳의 우두머리인 '라자'라고 자신을 자랑스레 소개하며 이렇게 덧붙였다.

"나는 아내가 둘인데 당신은 몇이나 있나?"

"나도 두 명인데요, 왕인 당신처럼…."

나를 자신과 동류라고 여기기라도 한 걸까. 짐짓 정색을 하고 농을 던졌더니 놀라며 반기는 기색이다. 그는 스물여섯 나이에 벌써 아들 둘에 딸 둘을 두었다고 한다.

숨바 서부의 작은 도시 와이까부박은 깜뽕 집합소라 불러도 무리가 없을 듯했다. 그중에서도 여기 깜뽕 따룽은 '울라 뽀두'라는 의식이 치러진다고 해서 찾아간 곳이다. 11월 한 달 동안 금욕 기간이 이어지는데 의식이 끝나는 날 하루 전에 수백 마리 닭을 한꺼번에 죽여 희생물로 바치고 마지막 날에는 노래와 춤으로 한판 축제를 벌인다고 한다. 그중 한 대목이라도 엿볼 수 있지 않을까 하는 기대로 들렀건만 마을은 조용하기만 했다. 희생제와 축제 판이 열리려면 며칠을 더 기다려야 했다.

따룽 마을은 와이까부박 시가지가 내려다보이는 언덕 꼭대기에 자리했다. 숨바 섬에서 이제껏 방문한 다른 전통 마을과 비교해 그 크기가 서너 배는 됨 직했고, 높다란 지붕을 이고 두 줄로 늘어선 집들이 장엄해 보이기까지 했다. 무덤 모양도 여러 가지였다. 돌널에 주검을 담고 평평한 판

돌을 뚜껑으로 덮은 것, 그 위에 다시 지붕을 씌우듯 네 모서리에 돌기
둥을 세워 넓적한 돌을 올린 것, 최근에 만들어졌는지 콘크리트로 멀끔
하게 마감한 것 등. 죽는 이가 자꾸만 생겨날 텐데도 묘지가 마을을 벗
어나지 않는 건 고인돌 하나가 가족묘 하나로 쓰이기 때문이라고 한다.

　사람이 함부로 발을 들여놓지 못하는 공간을 동물은 마음대로 들락거
린다. 탁자 모양의 묘석 위에 개가 태연히 드러누웠다. 적의 머리를 잘라
걸어두었다는 죽은 나무가 고인돌 사이에 꽂혀 있다. 머리에 두건을 쓰
고 허리에는 이깟 천을 두르고 칼을 찬 남자들이 마루턱에 앉아 낯선 이
를 물끄러미 바라본다. 담배 연기를 내뿜거나 삐낭을 오물거린다. 대나무
벽에는 어김없이 물소 뿔이 장식품인 양 걸려 있다.

　안길에는 자갈 섞인 콘크리트를 깔아놓았다. 전선이 걸린 가로등이 생경하다. 여자들은 나를 보자마자 행운의 부적이라며 손목에 색실을 감아준다. 머리카락을 헤집으며 서로 이를 잡아주는 여자들, 발가벗고 뛰노는 아이들, 다정하게 책을 펴놓고 숙제하는 남매. 칼을 보여달라는 말에 사내아이는 무사처럼 칼날을 뽑아 든다. 툇마루에 나란히 앉은 아낙네들이 쌀이 담긴 대광주리를 까부른다. 떨어진 쌀알이라도 주워 먹으려고 돼지가 코를 벌름거리며 돌아다닌다. 회합이라도 열린 줄 알았더니 게으른 사내들 여럿이 둘러앉아 카드를 치는 참이다. 마을을 나서는 길목에는 꼬마들의 팽이치기 놀이가 한창이다.

　숨바에서는 이깟을 걸치고 칼을 차고 다니는 남자들을 길에서 예삿일로 마주쳤다. 흔한 말다툼이 자칫 잘못해 칼부림으로 번지지나 않을까 염려될 정도였다. 나는 와이까부박 길거리에서 숨바 전통식으로 차려입

은 한 남자와 얘기를 나누면서, 따룽 마을에서 풀지 못한 궁금증을 해결
했다. 터번 형태로 머리에 쓰는 것은 이곳 말로 '까뽀우따', 칼은 '까또뽀'
라 한다고 일러주었다. 허리둘레를 감는 천에도 따로 명칭이 있는 모양이
었다. 그는 이름이 토마스, 옆에 있던 남자는 야곱이라 했다. 유럽식 이
름을 원래 이름에 더하여 부른다고 했다. 이깟 아래 받쳐 입은 셔츠가
그렇듯, 어긋난 이름이 그들의 현재 모습을 말해주는 것만 같았다.

콘센트가 없는 마을

전원 스위치를 끄듯 한순간 세상 시름과 소란에서 놓여날 순 없을까. 여행을 와서도 또 다른 여행을 꿈꾼다. 낯모르는 장소에 스며들어 가만 머물고 싶은 바람을 품는다.

와노까까, 와누까까, 와나꼬까, 비슷하게 달리 불리는 지명. 와노까까는 와이까부박에서 남쪽으로 산길을 달려 등성이를 넘으면 길 끝에 나오는 바닷가 마을이다. 강물이 해변 모래톱으로 섞여 들고 길이 바다와 마주하는 곳에 버스는 나를 마지막으로 내려놓았다.

와노까까 중에서도 와이후라 마을, 조니 씨 가족이 운영하는 간판 없는 민박집에 머물렀다. 당연한 듯 누리던 것이 이곳에서는 당연하지가 않았다. 집 안 어디에서도 콘센트를 찾을 수 없었다. 카메라 배터리를 충전하려 했더니, 조니 씨가 말하길 오토바이를 타고 나가 멀리 떨어진 가게에 맡겨주겠노라고 했다. 전기가 들어오지 않을뿐더러 휴대전화 신호조차 뜨지 않았다. 두레박으로 퍼 올린 우물물이 수돗물을 대신했다. 오두막 안에서 바가지로 찬물을 거푸 끼얹으며 땀과 먼지를 씻어내야 했다. 그래도 좋았다. 호기심 가득한 장난꾸러기 아이들과 밤을 지키는 두 마리 개가 있었다. 바다와 하늘을 향해 창을 낸 통나무 '테라스'가 있었다.

움막 같은 방에 놓인 물건이라고는 허술한 모기장이 쳐진 침상이 전부였다. 저녁밥 먹을 때만 테라스에 전등을 켤 수 있었다. 자동차 배터리에 선을 연결하고 알전구를 줄에 매달아 한 조각 불을 밝혔다. 모기를 쫓으며 후딱 먹어 치운 파파야를 곁들인 생선 튀김은 엄지를 세울 만한 맛이었다. 바람 소리, 물결 소리, 어부들의 두런거림을 들으며 잠에 들고 눈을 떴다.

물거품이 하얗게 부서지며 잔자갈을 두드린다. 앞바다에 고기잡이배 몇 점 가물거린다. 오가는 사내들 어깨 위로 한 몸처럼 그물이나 노가 얹혀 있다. 손에 들린 전등은 밤바다를 밝힐 불빛일까, 물고기를 불러올 집어등일까. 활기찬 움직임 속에 삶의 리듬이 보인다. 여럿이 달려들어 배를 뭍으로 끌어 올리거나 물에 띄운다. 뱃머리가 물마루를 넘는 순간 뱃전에 뛰어올라 힘차게 노를 젓는다. 조각배나 다름없는 카누가 위태로이 흔들린다. 뒤미처 모터 소리를 울리며 바다로 미끄러져 나아간다. 어떤 이는 홀로 바다와 겨루기도 한다. 바다로 걸어 들어가 가슴께로 치받는 물결에 맨몸으로 맞선다. 그물을. 낚싯대 없는 낚싯줄을 던진다.

아침이면 나무 아래 반짝 어시장이 열린다. 배 들어오는 시간에 맞추어 사람들이 모여든다. 배가 해안에 닿기 무섭게 생선을 옮겨 싣는다. 보란 듯이 나뭇가지에 물고기를 걸어놓는다. 햇살 받아 물고기 비늘이 은빛으로 반짝인다. 뱀장어 종류나 '히우 끄질'이라 불리는 소형 상어도 보인다. 스티로폼 상자에 생선을 담고 얼음을 가득 채운다. 생선은 가까운 도시로 팔려나갈 터이다.

새벽빛에 바다로 떠났던 어부들은 이제 돌아와, 가로누운 통나무배에 걸터앉아 담배를 피워 문다. 카메라 셔터를 누르는 나를 말없이 바라본다. 찬거리로 삼으려는지 팔고 남은 작은 생선 몇 마리를 줄에 꿰어 집으로 돌아간다. 어깻죽지에는 노를 그대로 매단 채.

억센 노동의 대가는 얼마일까. 여행자의 특권이라도 누리는 양 카메라를 들고 다가서는 나를 어떻게들 생각할까. 얕은 궁리 속에 헤매다 떠날 뿐, 나는 혹시 삶의 방관자는 아닐까.

지하로 바다와 연결된 호수

초원에서는 저녁 별빛이 점점 흐릿해지며 남은 빛을 뿌리고, 이윽고 완
전한 밤이 다가와 대지를 축복하고, 모든 강을 검게 물들이고, 산꼭대
기를 뒤덮고, 마지막 해변을 껴안을 것이다. 누구도, 누구도, 앞으로 어
떻게 될지 알지 못한다. 버려진 누더기처럼 늙어가는 것밖에 알지 못한
다. _ 잭 케루악 《길 위에서》

우리가 발붙인 지구라는 행성은 경이로움 그 자체다. 물과 불의 나라 인도네시아만큼이나 독특하고 다양한 자연경관을 지닌 곳을 어디에서 또 만날 수 있을까. 인도네시아의 많고 많은 섬들 중에 혹시라도 외딴 섬 숨바로 찾아들게 된다면 아무쪼록 이곳을 놓치지 말라고 당부하고 싶다. 빤따이 만도락Pantai Mandorak이라는 해만, 다나우 웨에꾸리Danau We'ekuri라는 석호. 여행안내서에 실리지 않아서, 인터넷 검색망에 걸리지 않아서, 세상에는 몰라서 못 가는 데가 얼마나 많은지. 지금 와서 지난 숨바 여행을 돌이키면 뒤늦은 아쉬움이 드리운다. 오토바이로 한 시간이면 다다르는 그리 멀지 않은 거리에, 눈동자가 커지고 입술이 찬탄을 쏟아낼 풍경이 여럿 더 숨어 있는 줄 모르고 그냥 떠나왔으니.

거꾸로 매달려 기어가는 살진 애벌레 모양을 한 숨바 섬, 그 꽁무니 쪽으로 난 좁은 길을 천천히 달리면 해변 마을 뻬로가 나타난다.

바닷가 민박집에 짐을 풀어놓았을 때만 해도 여기서 사흘 밤이나 보내리라고는 짐작하지 못했다. 섬을 떠나는 항공편을 예약해두지 않았더라면 어쩌면 나는 떠나는 날을 대책 없이 미루며 이곳에 머물렀을지도 모른다.

모든 것을 받아들이고 길러내는 바다. 큰 굽이를 그리며 강물이 바다로 흘러든다. 이편은 수직 낭떠러지, 건너는 반달 모양 모래부리. 자연 방조제를 이룬 만은 배들의 정류장이자 피난처이다.

같은 바다라도 매번 새롭다. 바람이 너울을 부르고 햇볕은 공기를 데우고 큰물은 부풀어 오른다. 파도가 몸을 뒤척이며 해안선을 핥는다. 마치 간헐 온천이 용솟음치듯, 돌고래가 숨을 쉬느라 분수공으로 물을 뿜어 올리듯, 발밑에서 물거품이 높이 솟구치며 놀랜다. 하얗게 울부짖으

며 바윗돌을 쓸어내린다. 바다의 장난에 맞장구치며, 나는 쏟아지는 분
수에 몸을 적신다. 바윗돌을 갉아먹는 물보라, 바다 아래로 통하는 구
멍, 거기 깃든 오랜 시간을 생각한다.

　해 기울 녘이면 약속이나 한 듯 삼삼오오 풀밭에 엉덩이를 대고 앉아
저녁놀을 맞이한다. 붉은 태양이 사람들 얼굴을 밝게 비춘다. 땅거미가
내릴 때까지 바다를 바라보다 돌아오는 일은 나에게도 하루를 마감하는
의식이나 다름없었다.

뻬로 해변에 사흘씩이나 머문 데에는 숙소가 한몫했다. 메르찌 홈스테이는 집을 깔끔하게 새로 단장하고 바깥에 있던 욕실을 안으로 들여놓아서 좋았다. 무엇보다 끼니때마다 가정식으로 차려주는 음식이 흡족했다. 뜰에 꽃나무가 그늘을 드리웠고 낮은 담장 너머로 수평선이 가물거렸다. 다만 하나뿐인 선풍기를 다른 이들이 선점하는 바람에 어쩔 수 없이 시트에 땀을 쏟으며 밤잠을 설쳐야 했고 무시로 전기가 나가서 탈이었지만.

내가 도착하기 전에 민박집에는 영국과 미국 출신 남자 셋이 큰 방 하나를 차지하고 있었다. 다들 내로라하는 파도타기 선수들이었다. 매년 이맘때면 이 숙소를 아지트 삼아 바다에서 일주일을 보내는데, 적게는 네다섯 번, 발리에서 서핑 회사를 운영한다는 친구는 열 번도 넘게 여기로 여행을 왔으며 오직 파도타기를 즐기기 위해 그렇게 한 거라고 했다. 그는 발리보다 숨바를 사랑하는 게 틀림없었다. 그들은 알려지지 않은 이곳 해변을 내가 어떻게 알고 찾아왔는지 궁금해했다. 이튿날에는 독일 여자가 투숙객 명단에 이름을 올렸다. 율리아는 직업이 미술치료사라며 자신을 소개했다. 치매 앓는 노인들이 그림을 그리며 심리적 안정을 찾도록 돕는 일을 한다고 했다. 둘이 식사할 때면 고기반찬은 내 차지가 되었다. 율리아가 순전한 채식주의자였기 때문이다. 그녀는 내가 추천 여행지로 꼽은 수마트라에 대해 캐물었고 틈만 나면 노트에 적어가며 인도네시아 말을 따라 배우려 했다. 또한 내가 로컬버스나 오토바이로 움직이고 초보 인도네시아어로 현지인들과 어울리며 돌아다닌다는 데에 놀라워했다. 공항에서부터 택시비로 100만 루삐아를 지불한 그녀 입장에서는 2만 루삐아에 미니버스를 타고 왔다는 내가 신기하기도 했을 터이다.

　무슬림 마을 뻬로와 그보다 조금 큰 크리스천 마을 본도코디를 벗어나면 무인 지대나 다름없다. 우기가 끝나는 이삼월이면 마상 전투를 재현한 빠솔라 축제가 벌어질 너른 공터와 그 주위로 흩어진 고인돌 무덤군을 지날 때에도 사람 그림자 하나 얼씬거리지 않았다. 논밭은커녕 관목조차 드물다. 벌판 사이 생채기처럼 난 흙길을 오토바이로 달린다.

　두 팔 벌린 단애가 인도양에서 밀려오는 파랑波浪을 막으며 오목한 만을 감싸고 있다. 빤따이 만도락이다. 투명하기 그지없는 물빛, 깨끔한 은모래 해변, 그러데이션을 그리며 멀어지는 바다. 파라다이스라는 진부한 표현을 떠올린다. 여기 전통 초가집 형태의 방갈로를 세운 프랑스인은 낙원의 일부를 산 셈이다.

높이 올라 큰 바다로 눈을 돌리면 상황은 딴판이다. 바위를 바스러뜨릴 듯 굶주린 파도가 몸피를 부풀리며 다가온다. 포효하고 춤추며 심장 박동을 자극한다. 뻬로 해변에서 보았던 물구멍 바람구멍이 여기에도 있다. 땅 밑으로 들이친 파도는 쉭쉭 소리를 내는 것을 신호로 포말을 흩뿌리고 곧 사람 키 두세 배는 됨 직한 물기둥을 분출한다. 실수로 발을 헛디디기라도 하면 함정 속으로 빨려들고 말리라. 마침 어린 어부 둘이 은신처를 떠나 나무배를 저어 바다로 나아간다. 그들은 수평선 위로 점이 되어 가뭇없이 사라졌다.

무슨 조화로 바닷가에 이런 호수가 생겨났을까. 자연이 재간을 피웠나, 조물주가 마법이라도 부렸나. 감탄을 금치 못할 따름이다. 만도락에서 1킬로쯤 더 가면 나오는, 땅 밑으로 바다와 연결된 호수 웨에꾸리. 낭떠러지 하나를 사이에 두고 바다와 나누어졌다. 눈에 보이지 않는 틈새로 바닷물이 들랑거린다. 밀물이 들면 호수면은 올라가고 썰물에는 수영을 그만두고 두 발로 걸어 다녀야 할 만큼 얕은 바닥을 드러낸다. 바다가 진청색이면 호수는 투명한 연초록을 띤다. 하늘빛에 따라 색조를 달리한다.

나는 호수 둘레를 돌아 바다와 맞닿은 절벽에 오른다. 짐승 발톱같이 날카로운 바윗돌이 발바닥을 쪼아댄다. 벼랑 끝자락에 서서 낚싯줄을 드리운 이가 위태로워 보인다. 조용하던 호수가 떼로 몰려온 젊은이들로 제법 시끌벅적해졌다. 포즈 잡고 사진 찍느라 물에 뛰어들어 헤엄치느라 야단이다.

벌거벗은 아이들과의
슬픈 추격전

헐벗은 사내아이 대여섯이 떼를 지어 소리치며 악착같이 내 뒤를 쫓아왔다. "우앙uang, 우앙!" 돈을 내놓으라는 외침이다. 조금 전까지만 해도 물고기 잡고 물장구치고 놀며 카메라를 향해 익살맞은 표정을 짓던 녀석들이다. 개중에는 십자가 목걸이를 목에 건 아이도 있다. 칼을 지닌 젊은 치까지 합세했다. "띠닥 아다 우앙(돈 없어)!" 덤불을 헤치며 앞서가던 내 발걸음은 빨라졌다. 고함지르지 않으려 안간힘 쓰며 짐짓 씩씩하게 걸었지만 마음속에 일말 두려움마저 들었다. 아무도 다니지 않은 바닷가에 나를 곤경에서 빠져나오게 해줄 행인이라고는 없었기 때문이다. 그렇게 이삼백 미터를 따라온 후에야 녀석들은 지쳤는지 더는 뒤쫓아오지 않았다. 관광객들 발길이 이런 외진 마을마저 오염시켜놓았을 줄이야. 한숨이 흘러나왔다. 나 혼자 걸어서 깜뽕 라떵가로에 들렀다 나오는 길에 생긴 일이다.

이날 아침, 나는 용기를 내어 강 건너 멀리까지 가보기로 했다. 사흘째 절벽 이녘에서 하구 모래톱을 휘감아 도는 강물과 그곳을 드나드는 고깃배를 망연히 내려다보기만 하던 차였다. 뻬로에서 전통 마을 깜뽕 라떵가로와 깜뽕 와이냐뿌를 방문하려면 보통은 강에 놓인 다리를 찾아 차를 타고 뼁 둘러가는 방법을 택해야 하지만 나는 해안 지름길을 따르기로 했다.

　나룻배 사공으로 변신한 어부는 노 젓는 대신 물에 뛰어들어 헤엄을 치며 나를 태운 카누를 밀었다. 물길 하나를 건넜을 따름인데 마치 하데스(명계)의 강을 지나오기라도 한 듯 사뭇 딴 세상이 펼쳐졌다. 바위투성이는 사라지고 모래사장이 해안선을 따라 이어졌다. 수평선을 가늠하기 어려울 만큼 하늘도 바다도 그지없이 푸르렀다. 줄지어 달려오는 물결을 곁에 끼고 줄곧 걸었다. 구름 그림자 말고는 그늘 한 점 없는 길이었다. 한 시간 반 남짓 걸었지만 도중에 만난 사람이라고는 해변 모래를 삽으로 퍼 담던 남자들밖에 없었다. 흠씬 젖도록 땀이야 흘렸지만 홀로 바다를 고스란히 차지한 기분이었다. 도시 매연과 열기에 허덕이며 헤맬 때에 비한다면 차라리 상쾌한 편이었다.

　커다란 탁자 모양의 고인돌 여럿이 해풍을 맞고 서 있다. 표면에 남겨진 창문 표시는 묘실에 주검을 안치하고 봉인한 자국일 테지만 마치 무덤이라는 집에 혼령이 드나들도록 통로를 내놓은 듯 여겨진다. 물소 뿔이나 말 그림이 새겨진 돌무덤 주위로 살아 있는 물소와 말이 풀을 뜯는다.

강물이 마을 앞을 흘러 바닷물과 뒤섞인다. 하늘이라도 찌를 듯 뾰족하게 솟은 지붕들이 거기가 깜뽕 라떵가로임을 알려준다. '악어 강' 너머로는 깜뽕 와이냐뿌가 틀림없지만, 물이 빠져 모래가 드러나는 썰물 때가 아니고서야 맨발로 강을 건널 도리는 없다.

나는 묘석들이 늘어선 길목을 지나 라떵가로 마을로 들어섰다. 그늘에 도사리고 앉은 남자들이 눈동자를 굴리며 이맛살을 찌푸리며 혼자 찾아든 방문객을 쳐다본다. 모두들 허리에 칼을 하나씩 차고 있다. 팔과 가슴에 기이한 문신이 그려진 남자가 사람 얼굴을 새긴 목각을 내밀었다. 샴쌍둥이인 양 머리 둘이 붙은 목각 인형도 있다. 머리 부분을 돌려 열었더니 그 안에서 삐낭이 나왔다. 일종의 담뱃갑이다. 내가 목을 꺾어 지붕을 올려다보며 감탄을 드러내자 이 마을에서 제일 높은 지붕은 25미터에 달한다며 자랑했다. 그 정도면 웬만한 아파트 10층과 맞먹는 높이다. 숨바 전통 마을 가운데 아니 이 섬 건물 전부를 통틀어 제일 높은 지붕이 아닐까 싶다. 불과 몇 년 전인 2012년에 화재가 나는 바람에 전소된 것을 부유한 인도네시아 여성의 지원을 받아 새로 지었다고 하더니, 열한 채 초가지붕은 한결같이 햇빛을 받아 광택을 번뜩였다. 족장으로 보이는 남자는 바다가 내려다보이는 데로 나를 데려가더니 손끝으로 바닷가 거석 무덤을 가리켰다.

아이들과의 추격전에서 벗어나 한참을 걸었다. 보이는 거라고는 풀밭에 그어진 오솔길뿐, 해변에는 아무도 아무것도 없었다. 청회색 구름이 하늘을 가리는가 싶더니 물방울이 떨어지며 모래톱에 둥근 흔적을 남겼다. "시니, 시니(여기요 여기)!" 외치며 나는 건너편을 향해 애타게 손을 흔들었다. 이번에는 말 그대로 벌거숭이 소년이 뱃사공 카론* 역할을 하며 빗속에서 나를 구해주었다. 비는 소년의 벗은 등에 얼룩을 그었다. 배에서 젖은 나무 냄새, 생선 냄새가 났다. 주머니를 뒤져 긁어모은 동전 뭉치를 아이에게 뱃삯으로 건네었다. 동전 하나가 굴러 강물로 빠졌다. 나루터에서 숙소로 뛰어가는 사이 비는 폭우로 바뀌었다. 테라스에서 책을 읽고 있던 율리아가 놀란 눈으로 나를 맞이했다.

* 그리스 신화에서, 저승을 감싸고 흐르는 스틱스 강을 건네주는 뱃사공. 망자는 반드시 카론에게 뱃삯을 내야 한다.

모두 떠나고 난 다음 날 아침, 나도 배낭을 꾸렸다. 햇살 드는 테라스에 앉아 커피를 마시며 여행자들의 흔적을 뒤적였다. 호주, 프랑스, 네덜란드, 미국, 독일, 벨기에, 드물게 일본…. 몇 장 앞으로 넘기자 방송 촬영팀으로 보이는 한국인들 이름이 눈에 들어왔다. 방명록 끄트머리에 내 이름과 국적을 남겼다.

숨바에는 와잉아뿌, 와이따부라 두 곳에 공항이 있다. 와이따부라는 새로 들어선 공항 덕에 땀보라까로 불리기도 한다. 발리 덴빠사르와 서티모르 꾸빵을 연결하는 비행기가 땀보라까 공항에서 매일 뜨고 내린다.

섬 내륙과 해안을 가로지르는 포장도로가 확장되는 중이다. 리조트를 세우려는 외지인들이 땅을 사들이고 있다는 풍문이 들린다. 지금은 빠솔라 축제 철이 아니면 여행객이 드물다 못해 희귀한 형편이지만, 이 가난하고 한적한 섬나라도 교통편이 점차 좋아지고 비경이 입소문을 타게 되면 언젠가 발리나 롬복에 버금가는 휴양지로 변모하지 않을까. 염려스럽게도 그런 때가 숨바 섬에 닥칠 것만 같다.

여행 후유증

꾸빵

인도네시아에서는
인도네시아식으로

티모르 섬에 동서를 가르는 선이 그어진 것은 민족이나 문화의 차이와는 상관없이 과거 그곳을 지배한 외세가 하나가 아니라 둘이었다는 불운에 기인한다. 네덜란드령 동인도라는 굴레에서 벗어나 인도네시아라는 나라가 탄생했을 무렵, 티모르 동부는 여전히 포르투갈이 장악하고 있었다. 1974년 포르투갈이 물러가면서 동티모르는 독립의 기회를 맞았으나 곧 인도네시아에 병합되었다. 동티모르 반군과 인도네시아 정부군 간에 전쟁이 일어났고 학살이 벌어졌다. 1998년 인도네시아 수하르토 정권이 무너지면서 동티모르에는 독자적인 국가를 수립하려는 분위기가 무르익었다. 유엔 감시하에 주민투표가 실시되었고 그 결과 동티모르는 2002년 독립을 이루었다. 당시 우리나라도 유엔평화유지군을 파병했다. 이후에도 분리 독립을 반대하는 친 인도네시아 민병대가 폭동을 일으켜 수천 명이 희생되기도 했다. 지금은 평온을 되찾아 동서를 오가는 데 제약이 없는 상태다.

숨바를 떠난 비행기가 얼마 후 내린 곳은 서티모르 꾸빵이다. 공항 대합실을 나서는 순간 뜨거운 기운이 그림자처럼 달라붙었다. 이제껏 경험해보지 못한 폭염이었다. 사거리까지 걸어 나가 베모를 타려던 결심은 그늘 밖으로 몇 발짝 들여놓지도 못하고 꺾이고 말았다. 소에Soe행 버스가 다니는 터미널로 데려가 달라고 했더니 택시 운전사는 2킬로쯤 천천히 움직여 버스가 서 있는 도로변에다 나를 떨구었다. 찜통이나 다름없는 버스 칸으로 옮겨 앉기가 무섭게 땀이 비 오듯 쏟아졌다. 알알이 맺힌 땀방울이 목이며 등줄기에 선을 그으며 흘러내렸다. 온도계라도 있었다면 45도는 거뜬히 넘겼으리라. 에어컨 바람이 솔솔 흘러나오는 택시와 열 덩어리 살을 맞댄 버스는 천당과 지옥 차이. 또다시 로컬버스와의 친근한 고생길이 시작되는 순간이었다.

새벽같이 일어나 비행기, 택시, 버스를 번갈아 타며 이동하느라 피곤했을 법도 한데, 나는 숙소에 짐을 내려놓고 숨 고를 여유도 없이 또 오토바이에 올랐다. 쌀밥에 돼지고기로 점심을 급하게 때우고서 오에할라 폭포라는 데를 찾았다. 둥근 탁자같이 생긴 커다란 바위들이 층층 일곱 계단을 이루었는데 그 위로 폭포수가 실타래를 풀어놓은 듯이 미끄러지며 잇달아 떨어지는 광경이 자못 놀라웠다. 폭포에 비가 내렸다. 모자 달린 재킷을 챙겨 입고 빗속을 뚫고 질주하는 동안 언제 더위로 허덕였나 싶게 선득한 기운이 몰려왔다.

숨바에서 문제였던 게 티모르의 숙소에서도 말썽이다. 때와 장소를 가리지 않는 흡연. 손님이고 직원이고 할 것 없이 복도나 다른 사람 방 앞이나 상관하지 않고 담배를 피워대는 통에 코를 자극하며 스며드는 연기가 신경을 곤두서게 했다. 갑작스런 정전. 처음에는 방 안에다 사당을 차려놓고 기도라도 올리는 줄 알았다. 건넛방 아주머니가 문을 활짝 열어놓은 채 촛불을 밝히고 웅크려 앉아 있었기 때문이다. 전기가 들어오지 않으니 고물 선풍기나마 돌릴 수 없어 괴로움은 갑절로 늘어난다.

화장실 역시 심란하긴 마찬가지다. 화장지는 당연히 없고 샤워기도 없다. 까마르 끄찔kamar kecil이 '작은 방'이라는 뜻으로 화장실을 가리키듯이 까마르 만디kamar mandi는 '목욕하는 방' 다시 말해 욕실이다. 둘은 한군

데 합쳐져 있다. 타일 발린 욕조처럼 생겼다고 해서 알몸으로 뛰어들기라도 하면 큰일이다. 그것은 물을 담아두는 수조로 쓰이기 때문이다. 거기 물을 플라스틱 바가지로 퍼 담아 몸에 끼얹는 식으로 샤워를 해야 한다. 그런데 이곳 '호텔'에서는 수도꼭지조차 장식품에 지나지 않았다. 창문 틈으로 바깥에서 고무호스를 끌어와 물을 받아야 했다. 그걸 몰랐던 나는 부옇게 고인 물로 양치를 하고 세수를 했다. 뒤늦게 모기 유충인 장구벌레가 물속을 헤엄치고 다니는 걸 목격했다. 별 몇 개짜리 호텔에 머무는 것도 아니면서 샤워 꼭지를 틀면 온수든 냉수든 펑펑 쏟아지기를 어찌 바라겠는가. 인도네시아에 왔으니 불편하더라도 인도네시아인의 생활 방식을 따르는 수밖에.

사람이 사람을 사냥하던 곳

숨바에서 전통 마을에 여러 번 들른 적이 없었더라면 예고도 없이 혼자서 노네None에 찾아가는 일을 망설였을지도 모른다. 티모르의 옛 마을 사람들은 인도네시아어를 외국어로 여기고 가이드와 동행하지 않으면 무례로 비칠 수도 있다고 하니 말이다. 더구나 노네에는 다른 부족과 싸움을 벌여 사람 머리를 잘라오는 풍습이 불과 두 세대 전까지만 해도 남아 있었다고 하지 않는가.

버스에서 내려 흙길을 걸었다. 시냇물 흐르는 숲길을 예상했는데 흙을 새로 깔고 폭을 넓힌 신작로가 이어졌다. 마을 족장일까. 치마 같은 옷을 아래에 두른 남자가 나타나 앞장서며 길을 안내했다. 그는 아이를 목말 태운 채 맨발로 걸었다. 그의 아들도 아버지처럼 동생을 목말 태워 따라왔다. 다정한 아비의 모습을 엿보았을 뿐, 그에게서 '머리 사냥꾼'이라는 말이 주는 두려움은 느낄 수 없었다. 내 인도네시아어 인사말에 웃음 짓기까지 했다.

돌담으로 둘러싼 마을 입구에 '번떵 노네'(번떵은 '요새·성벽'이라는 뜻)에 온 것을 환영한다는 현판이 걸렸다. 파라솔 모양을 한 초막은 '로뽀', 반구형 지붕이 땅 가까이 드리운 초가집은 '우메 부부'라 한다. 숨바 섬의 높다란 집과 비교하면 소박하기 그지없다. '우메 부부' 하나가 한 가족의 거실과 침실, 부엌과 곳간을 겸한다. 아기가 태어나면 태반을 집 안에다 묻는다고 한다.

나는 로뽀 아래로 들어가 방명록에 이름을 적고 기부금을 내는 것으로 예를 표했다. 남자는 사람들이 모인 데로 나를 데려갔다. 사람 얼굴이나 문양을 새긴 목공예품, 팔찌나 목걸이 같은 장신구 등속을 내놓고 아낙네들이 말없이 둘러앉아 있었다.

마을 뒤편은 천연 요새 노릇을 하는 까마득한 벼랑이다. 햇살을 흩뜨리며 한 그루 반얀 나무가 신령스러운 기운을 드러냈다. 몇 아름에도 밑동을 감싸 안지 못할 만큼 굵고 큰 나무였다. 아홉 세대를 거슬러 올라가 여기에 터를 잡고 살기 시작할 무렵 심은 나무라고 하니 수령이 이백 년은 넘었을 것이다. 그 옆 돌무더기에는 토템 기둥이 세워져 있다. 머리 사냥을 떠나기 전에 전사들은 반얀 나무 둘레에 모여 승리를 기원하는 의식을 치렀으리라.

문명과 야만을 가르는 기준은 무엇일까? 숲을 헤집고 다니며 맹수를 때려잡던 사냥꾼이 지금은 문명이라는 이름 앞에서 야만인 취급을 받으며 사냥감으로 전락하고 말았다. 원시 수렵 사회에서는 가장 힘이 세고 거칠고 용감한 전사가 무리의 지도자로 추앙받았으나 현대에는 그런 폭력적인 사람은 철창신세를 지기 십상이다. 전쟁에서 적군을 많이 사살한 군인은 국가 영웅으로 떠받들어지곤 하지만 전장에서 돌아와서도 총칼을 휘두른다면 그는 악당으로 낙인찍히고 말 것이다.

사람들이 모여 있던 초막에 다시 들렀더니 아무도 없었다. 그들은 방문객이 찾아오면 기념품으로 팔 물건을 들고 일시 모였다가 손님이 떠난다 싶으면 그새 자리를 털고 일어나는 모양이었다. 어느 초가 아래에 나무로 깎아 만든 총과 창이 쓸모를 잃고 놓여 있었다. 인간 사냥꾼으로서의 삶을 추억하는 유물이었다.

마을을 벗어나 걷던 참이었다. 가슴께가 무언가에 눌린 듯 갑갑해져왔다. 이때만 해도 이것이 심각한 병고를 알리는 징조인 줄은 깨닫지 못했다.

열병을 앓으며 찾아간
금기의 장소

온몸이 불덩이. 밤새 끙끙 앓았다. 밖에서는 우기를 알리는 비가 지겹도록 내렸다.

　노네 마을을 다녀온 날, 나는 곧장 께파메나누로 가는 버스에 올랐다. 티모르 섬에 머물 기간이 닷새에 지나지 않았던 까닭에 강행군을 계속할 수밖에 없었다.

　비는 내리고 손님은 없어 객실을 마흔 개나 갖춘 호텔이 을씨년스레 느껴졌다. 지폐를 받으며 장부를 내미는 여주인에게서 '사업가도 아닌데 무슨 일로 이런 데까지 왔느냐'며 묻고 싶어 하는 기색이 읽혔다. 마치 신용카드를 신청할 때처럼 신상 정보를 빠짐없이 기록해야만 했다. 경찰서에 제출할 서류라고 했다. 동티모르 국경과 멀지 않은 곳이니 그럴 만도 했다.

　빗줄기가 가늘어진 틈을 타서 식당을 찾아 나섰다. 이때 이미 어지럼증을 동반한 두통이 시작된 뒤였다. 인도네시아 다른 섬에서는 그렇게 흔하던 빠당식 음식점을 여기서는 구경조차 할 수 없었다. 빠당 요리라면 미리 차려놓은 여러 음식 중에 이것저것 골라 먹는 재미가 있는데 말이다. 어제도 먹은 돼지고기. 겨우 하나 찾아낸 식당에서 돼지고기 말고는 선택할 만한 음식이 없었다. 빈 위장에 입맛이 돌지 않았다. 한국에서 즐겨 먹던 삼겹살을 기대한 건 아니지만, 게다가 설익은 밥에 딱딱하고 짜기만 한 고기라니. 씹기조차 힘들었다. 반이나 남기고 수저를 놓았다. 그래도 빈속을 억지로라도 채운 건 약을 먹기 위해서였다.

침대 속으로 사지가 가라앉았다. 어지럽고 메스꺼웠다. 가랑이 쪽에서 시작된 고열이 이마까지 올라왔다. 갈수록 온몸이 느른해지고 다리가 쑤시듯 아파왔다. 몹쓸 꿈 조각들에 시달리며 선잠에 들었다 깨기를 몇 차례나 반복했는지 모른다. 통증을 참지 못하고 한밤중에 일어나 두통약을 삼켰다. 저녁 여덟 시경에 누웠다가 이튿날 아침에 일어났으니 열두 시간 넘도록 침대에서 뒤치락거린 셈이다. 설사 기운이 있어 복용한 지사제 탓인지 아랫배가 묵직한데도 변이 나오지 않았다. 입 안에 쓴맛이 가득했다. 바지를 걷어 올렸더니 무릎 아래로 붉은 반점투성이라 깜짝 놀랐다.

두 번씩이나 먹은 돼지고기가 상한 것이었나. 비록 기독교 지역에 머물렀지만 이슬람에서 금하는 돼지고기는 입에 대지 말았어야 했던 걸까. 욕실 수조에 담긴 지저분한 물로 양치질을 하고 덥다고 식당에서 주는 대로 얼음 넣은 차를 마셨는데 그게 문제였을까. 모기에 수없이 물렸는데 혹시 뎅기열이나 말라리아에 걸린 건 아닐까. 덜컥 겁이 났다. 열이야 차츰 내렸으나 머리가 멍하니 어지럽고 위장이 뒤틀리는 증상은 그다음 날도, 발리로 이동해서도, 방콕을 거쳐 한국으로 돌아오는 하늘 위에서도 사라지지 않고 나를 괴롭혔다.

여행자의 의무감, 멀리 여기까지 왔는데 마냥 누워 있을 수만 없다는 생각 때문이었을까. 열에 들뜬 상황에서도 나는 뗌께씨라는 전통 마을을 방문하기 위해 길을 나섰다. 버스터미널에서 한 청년을 만났고 그가 모는 바이크를 타게 되었다. 원래는 베모와 오젝을 갈아타며 이동할 작정이었으나 인근 마을로 가는 베모가 두 시간 후에야 출발한다는 사실을 알고는 계획을 변경할 수밖에 없었다. 청년이 자신을 뗌께씨 아랫마을 마누푸이 출신이라고 밝힌 덕분이기도 했다. 그의 이름은 '천사' 엔젤. 뗌께씨 마을을 방문하려면 가이드가 필수라는데, 지역어를 할 줄 아는 그가 주민들과 나를 연결해주리라 믿었다. 오토바이로 한 시간 반을 내달렸다. 도로 위로 엎어진 트럭이 맥주병을 쏟아놓고 알코올 냄새를 풍겼고, 어디에서 왔는지 나비 떼가 눈 앞을 가리며 떠다녔다. 바깥바람을 쐬니 몸 상태가 호전되는 듯했다. 일주일에 한 번 열린다는 숲속 장터에 들러 산골 사람들과 어울리는 행운도 누렸다. 거기서 뗌께씨 주민에게 선물할 삐낭을 한 봉지 샀다.

그야말로 산중에 은거한 신비로운 마을이다. 우거진 숲에 가려 산비탈에 숨은 원주민 부락을 알아낼 도리가 없어 보였다. 원뿔 모양의 초가 이십여 채가 토템 기둥을 가운데 두고 모여 있었다. 문지기 역할을 하는 남자가 먼저 손님을 맞이했다. 신고식을 치르듯 그에게 삐낭을 건네고 한국에서 온 여행자임을 밝혔다. 어떤 초가집을 향해 카메라를 들었더니 사진을 찍지 말라고 손사래를 쳤다. 아닷(관습)에 따라 사진 촬영이 금지된 곳이라고 했다. '악령의 집'이 있다고 하더니 그곳인 모양이었다.

주름진 흙빛 얼굴들이 나를 둘러쌌다. 신을 신지 않은 발이 마른 나무토막처럼 거칠고 뭉툭했다. 나는 족장에 대한 존경의 표시로 삐낭과 함께 한국산 담배를 건넸다(한국 담배는 예기치 못한 상황에 돈을 대신할 선물로 쓰일 수 있지 않을까 싶어 준비해둔 것이다). 담배를 한 대씩 피워 문 남자들이 흡족한 표정을 지었다. 볼을 오목하게 만들며 연기를 들이켤 때면 놋쇠 팔찌가 팔목에서 흔들렸다. 기부금으로 3만 루삐아를 건네니 받을 수 없다는 반응이 돌아왔다. 3은 부정적인 숫자라서 곤란하다는 이유였다. 한국인에게는 4가 불길한 숫자인데 말이다. 땅에 떨어뜨린 물건을 직접 주워서는 안 되는 금기도 있다고 하더니. 터부가 많은 부족이라는 생각이 들었다.

한두 낱말로 던진 인도네시아어에 내 의도를 이해했는지 족장은 잠시 머뭇거리는가 싶더니 여자아이 하나를 불러 마을 앞 바위산에 오르는 길을 안내하도록 했다. 소녀는 슬리퍼를 신은 채 가파른 벼랑을 거침없이 올랐다. 그 뒤를 나는 후들거리는 다리로 숨을 헐떡이며 쫓았다. 기력이 쇠잔한 형편이라 힘이 부쳤다. 정상에 서니 얼굴을 어루만지는 바람이 불어왔다. 마을 전경 너머로 능선이 굽이치며 흘렀다. 낮은 감탄사가 절로 나왔다. 세상 꼭대기에 닿은 기분이었다. 엔젤이 말하길, 청명한 날이면 멀리 동티모르에 속한 외꾸시 지역이 눈에 들어온다고 한다. 추측이 맞는다면 내가 오른 곳은 희생 제의가 치러지는 바위 제단일 터이다. '세상 꼭대기'에 오른 젊은 전사는 염소를 죽여 하늘에 제물로 바치고 또한 염소를 통째로 구워 남김없이 먹은 후에야 거기서 내려올 수 있었다. 그것은 풍작에 감사하고 비가 그치거나 내리기를 기원하는 의식의 일부였다. 이들은 외부 문명과 동떨어져 수천 년 전과 별다를 바 없는 방식으로 살아가고 있었다. 이 바위산은 긴 세월에도 변함없는 마을을 지켜봐왔으리라.

마을을 나와서야 타이어 바퀴에 못이 박혀 펑크가 났다는 걸 알게 되었다. 이제 50킬로 넘는 길을 걸어서 가야 할 거라며 농을 던지는 엔젤. 그가 수리점이 있는 마을까지 오토바이를 끌고 가서 되돌아올 동안, 나는 단체로 방문한 인도네시아 사람들에게 점심거리로 닭고기를 얻어먹었다. 그들은 현지 주민에게 생닭을 몇 마리 사서 그 자리에서 털을 벗기고는 모닥불을 피워 능숙하게 고기를 구워냈다. 한 시간을 기다려도 엔젤이 나타나지 않자 그들은 자기네 승합차를 타고 같이 떠나자며 나를 부추겼다. 그건 안 될 말. 나는 오토바이가 내려간 방향으로 잠시 차를 얻어 타고 가다가, 돌아오는 엔젤과 다시 만났다.

몰려드는 먹구름을 앞지르려는 기세로 오토바이는 내달렸다. 호텔 마당에 들어서는 시간에 맞추어 빗줄기가 퍼붓기 시작했다. 그리고 잠시 잊었던 병마가 되살아났다.

께파에서 꾸빵으로 돌아간 날은 일요일이었다. 예배를 마친 사람들이 교회에서 쏟아져 나왔다. 결혼식 하객같이 한껏 멋을 낸 옷차림으로 가슴에는 성경책을 안고. 여자들은 예쁘게 화장한 얼굴로 화사한 원피스를, 남자들은 깨끗한 흰색 셔츠를 입고서. 어제만 해도 한 마을을 왕국으로 삼아 과거의 시간을 사는 이들을 만났었는데….

여행자의 감정

될 수 없는 무엇이 되고 싶어/ 그들은 거기서 나는 여기서 죽지요/
그들은 거기서 살았고 나는 여기서 살았지요 _ 최정례 〈레바논 감정〉

눈꺼풀 안쪽에 일렁이는 물빛 무늬, 평생 달의 뒷면을 볼 수 없다는 우울함,
익숙한 곳에 왔는데도 느끼는 낯섦, 떠나간 데로 다시 떠나온 여행자의 감정.
그런 것을 레바논 감정이라고 해야 할까.

(레바논 감정: 세상에 있는 단어로 설명하기 힘든 감정)

발리 울루 와뚜로 옮겨와, 긴 잠을 잤다. 발코니 의자에 기대어 바다의
푸른 선을 하염없이 바라보았다. 꼼짝없이 이틀을 더 앓았다. 이상하리
만치 마음은 고요했다.

그동안 참 많은 섬을 여행했다. 그건 삶이라는 섬이기도 했다. 세상 속
이었고 세상 바깥이었다. 하루분의 여정은 힘들었으나 거짓말처럼 여행
지의 시간은 쉬이 흘러갔다.

기내식으로 나온 음식을 목구멍으로 넘기다 말고 하마터면 외마디 비
명을 지를 뻔했다. 창밖 구름을 물들이던 태양이 머리 속으로 들어와 샛
노랗게 폭발했다. 식은땀이 쏟아졌다. 나는 기력을 짜내어 손을 번쩍 들
었다. 승무원이 준 알약을 삼켰다. 옆에 앉은 여자가 걱정스러운 목소리
로 괜찮으냐고 물었다. 나는 조금 어지러웠지만 괜찮다고 그저 여행 후
유증일 뿐이라고 되뇌었다.

여행을 시작할 때의 나와 지금의 나는 어떻게 다른 나일까. 유리창에 비친 얼굴을 응시했다. 몸에 묻혀온 열대의 바람 냄새를 맡았다. 내가 만난 많은 사람과 지나온 길을 헤아렸다. 만일 죽을 장소를 택할 수 있다면 하늘 위는 어떨까 하는 생각을 해봤다. 고도 만 미터. 어디에도 속하지 않고 영원히 멈춰 선 듯했다. 밤의 바다를 날아 집으로 돌아오는 비행기 안에서였다.

소설로 읽는 인도네시아

교육이 운명을 거스르는 다리가 되어줄 수 있을까?
《무지개 분대 Laskar Pelangi》(안드레아 히라타, 2009)

영화가 그렇듯이 우리나라에 나와 있는 인도네시아 문학 작품은 거의 없다시피 하다. 내가 유일하게 손에 넣은 소설이 《무지개 분대》이다. 《무지개 분대》(인도네시아어 원제는 '라스까르 뻴랑이Laskar Pelangi')는 인도네시아 작가 안드레아 히라타가 자전적 경험을 바탕으로 쓴 소설이다. 이 책은 인도네시아 내에서 베스트셀러에 올랐고 우리나라에도 《벨리퉁 섬의 무지개 학교》라는 제목으로 출간되었다.* 동명 소설을 원작으로 만들어진 영

....

* 안드레아 히라타 《벨리퉁 섬의 무지개 학교》(김선희 옮김, 이론과실천, 2011)
  여기 기술한 내용은 이 책을 텍스트로 했다. 일부 단어(블리뚱, 라스까르, 뻴랑이 등)는 인도네시아어
  발음에 맞게 고쳐 썼음을 밝힌다.

화는 인도네시아에서 450만 관객을 동원하며 큰 성공을 거두었다. 모르긴 몰라도, 할리우드 영화가 점령한 인도네시아에서 국내영화사상 최대 흥행을 기록한 작품이 아니었을까 싶다. 영화 〈무지개 분대The Rainbow Troops〉는 2009년 부산국제영화제, 한—인니 수교 40주년을 기념하여 열린 〈2013 인도네시아 영화제〉를 통해 한국에 소개되었다. 소설과 달리 영화에서는 블리뚱 섬의 현실에 대해 깊이 다루지 않는다. 원작에는 없는 교장 선생님의 친구를 등장시켜 그들 간에 대화를 통해 교훈을 전하려 든다. 수업 중에 빤짜실라Pancasila[**]를 낭송하는 장면을 두 차례나 넣어 국가 이념을 홍보하려 했다는 인상을 준다.

소설 《무지개 분대》의 배경이 된 곳은 수마트라 동남쪽 바다 가운데 떠 있는 블리뚱(벨리퉁) 섬이다. 블리뚱은 이웃한 방까 섬과 더불어 주석 군도로 불리며 일찍이 영국과 네덜란드에 의한 자원 수탈에 시달렸다. 이권이 PN 티마(PN은 국영 기업, 티마Tima는 주석을 의미한다)로 넘어간 후에도 개발 이익은 회사가 독차지했고 주민들에게는 아무런 혜택도 돌아가지 않았다. 섬에는 말레이인, 중국인, 사왕족, 사롱족 등 여러 종족이 어울려 살고 있다. 이들은 네덜란드에 의해 끌려 온 노동자이거나 토착민이지만 처지는 매한가지이다. 악순환의 고리는 대를 이어 지속된다. 아비들은 주석을 나르는 중노동자로 일하며 쥐꼬리만 한 임금으로 가족들을 근근이 먹여 살릴 수밖에 없고, 그 자식들 또한 PN의 일꾼이 되거나 아니면 어부, 농사꾼, 배 수리공, 가게 점원 따위의 신분을 벗어나지 못할 게 뻔하다. 외부에서 온 회사 관리자들은 사유지라 불리는 지역에 견고한 담장을 치고 호화 저택을 짓고 산다. 섬 전체가 회사의 지배를 받으며

....
[**] 인도네시아 건국 5대 원칙(신에 대한 믿음, 인본주의, 하나의 인도네시아, 대의 민주주의, 사회정의)을 가리킨다.

부는 사유지 안에 집중되어 있다. 인도네시아 현실의 축소판을 보는 듯하다.

사람들 간에만 차별이 존재하는 건 아니다. 학교에도 카스트가 있다. PN 학교, 공립학교, 마을학교. PN 학교 교문에는 "권리 없는 자, 출입금지"라는 경고문이 붙어 있다. 원주민 아이들에게는 좋은 교육을 받을 기회조차 주어지지 않는다는 뜻이다. '무하마디아'는 블리뚱 섬에서 가장 오래된 초등학교이다. 하지만 학생 열 명을 채우지 못하면 학교는 문을 닫아야 할 형편이다. 과연 선생님과 아이들은 가르치고 배우려는 의지, 꿈을 향한 열망만으로 시련을 이겨내고 희망을 키울 수 있을까? 교육이 운명이라는 강줄기를 가로지르는 징검다리가 되어줄 수 있을까?

학교 건물은 비만 오면 천장이 새고 거센 바람이 불기라도 하면 금방이라도 쓰러질 듯 기울었다. 교실에 걸린 장식물이라고는 벽에 난 구멍을 가리는 당듯(인도풍의 인도네시아 대중가요) 가수 로마 이라마의 포스터뿐이다. 이런 악조건 속에 교장 빡 하라판과 어린 여선생님 부* 무스, 두 사람은 학교를 포기하지 않고 고군분투하여 학생들을 가르친다.

우리는 재빨리 필리시움 나무로 우르르 몰려가, 각자의 나뭇가지를 차지했다. 비가 내리고 나면 우리는 늘 나무 위에 올라가 무지개를 바라보았다. 이런 습관 때문에, 부 무스 선생님은 우리에게 무지개 분대(Laskar Pelangi)라는 별명을 붙여주었다. 라스까르는 '전사'를 뺄랑이는 '무지개'를 뜻하는 말이다. 그래서 문자 그대로, 무지개 분대였다.

....

* 빡pak은 바빡bapak의 줄임말로 아버지, 삼촌, 선생님이라는 뜻이고, 남자 연장자에 대한 존칭이다. 부 bu는 이부ibu의 줄임말로 어머니, 부인이라는 뜻이며 여자에 대한 존칭이다.

무지개 분대의 개성 넘치는 대원들을 소개한다. 입학식 날 뒤늦게 나타나 학교를 폐교 위기에서 구한 '어른 아이' 하룬, 영양실조로 눈의 초점을 맞추지 못하지만 정치적 술수에는 무척 능한 반장 쿠카이, 꽃미남에 마마보이인 트리파니, 작은 몸집에 제일 많이 먹는 사흐단, 거짓말을 할 줄 모르는 소녀 사하라, 넓적한 사각형 얼굴의 중국인 소년 아 키웅, 삼손처럼 근육을 키우는 데만 관심 있는 보렉, 상상력이 풍부한 괴짜 예술가 마하르, 까막눈 어부의 천재 아들인 린탕, PN 학교에서 전학 온 엉뚱 소녀 플로, 이 책의 화자이자 글쓰기를 좋아하는 이칼. 가난한 아이들에게도 저마다 품은 남다른 희망이 있다. 사하라는 여성운동가. 아 키웅은 선장, 쿠카이는 정치인, 사흐단은 배우, 트리파니는 선생님, 마하르는 심령술사, 보렉은 경비원, 린탕은 수학자, 이칼은 배드민턴 선수와 작가가 꿈이다.

소설은 몇 가지 에피소드로 이어진다. 이칼은 분필을 사러 간 잡화점에서 중국계 소녀와 첫사랑에 빠진다. 마하르는 기발한 아이디어를 발휘해 독립기념일 축제에서 PN 학교의 행진 악대를 누르고 트로피를 무하마디아 학교에 안긴다. 린탕은 학교 대항 퀴즈 대회에 나가 어려운 수학 과학 문제를 척척 풀며 승리를 이끈다. 그것도 우승을 막으려는 PN 학교 물리 교사의 엉터리 논리를 보기 좋게 뒤집으며. 마하르와 플로를 비롯한 유령클럽 회원들은 주술사를 찾아 해적 섬으로 모험을 떠난다.

이런 신나는 사건들 사이로 끊임없이 나쁜 소식이 날아든다. 교육감이 찾아와 학교를 폐쇄하겠다며 으름장을 놓는다. 학교를 '배우는 즐거움이자 문명의 빛'이라고 생각했던 교장 선생님이 숨을 거둔다. 교실 밑에 묻힌 주석을 캐낸다며 준설기가 굉음을 내며 운동장을 파헤친다. 기계의 공포에 질려, 몇 푼 돈벌이에 빠져, 아이들이 하나둘 학교에 나오지 않는다.

"단 한 명의 학생이라도 잃는 것은 내 영혼의 절반을 잃는 것과 똑같아." 부 무스 선생님은 바느질해서 모은 돈으로 빚을 대신 갚아주고 후추 농장에서 일하던 쿠카이를 데려온다. "공적 이익이라고 하셨나요? 시민은 교육받을 권리가 있다는 걸 제가 직접 말해야 하나요? 이 나라 헌법에 적혀 있어요. 헌법은 이 나라에서 최고의 법이죠." 공사 책임자에게 선생님이 던지는 말이다. 학교를 지켜내기 위해 여선생님은 홀로 무소불위의 거대 회사 조직에 맞서 싸운다.

친구들에게 등대 같고 별 같은 존재였던 아이에게 시련이 닥친다. 졸업 시험을 세 달 앞두고 아버지가 돌아가시는 바람에 줄줄이 딸린 식구들을 먹여 살릴 의무를 짊어지게 된 린탕. 인도네시아에서 가장 부유한 섬에 살면서도 천재 소년은 가난 탓에 학교를 떠나야 한다. 얼마나 많은 아이들이 모차르트나 아인슈타인, 빌리 엘리어트*가 될 잠재성을 지니고 태어나서도 그것을 꽃피워 볼 기회조차 얻지 못하고 어느 산골 이름 없는 사람으로 살다가 사라지는지….

그로부터 세월이 흐른 뒤, 이칼은 블리뚱 섬을 다시 찾는다. 그동안 그는 유럽 대학에서 공부했고 배낭을 메고 세계 여러 곳을 여행하며 삶을 배웠다. 우편물을 분류하는 일로 돈벌이를 하느라 젊음을 허비한 적도 있었다. 그는 어쩌면 운이 좋았는지도 모른다. 세계 주석 가격이 폭락하면서 블리뚱 섬의 주석 회사는 하루아침에 무너졌다. 직원들은 해고되었고 사유지는 버려졌다. 린탕은 무엇을 하고 있을까? 어른이 된 다른 친구들은 어떻게 변했을까? 어릴 적 꿈을 이루었을까?

....
* 영화 〈빌리 엘리어트〉의 주인공. 탄광촌 광부의 아들, 발레 소년

'오늘날 학교는 더 이상 인성을 배양하는 곳이 아니다. 그저 부자가 되고 유명해지는, 학문적 타이틀을 과시하고 권력을 획득하는 자본주의적인 계획의 일부일 뿐이다.'라는 글은 한국의 사회 현실에도 들어맞는 엄연한 사실이라서 더욱 뼈아프다. 그럼에도 작가는 불우한 환경 속에 자라온 아이들에게도 삶을 바꾸고 꿈을 꿀 당연한 이유가 있다고 말한다. 이 책은 나에게, 눈물을 자아내는 감동적인 동화라기보다는 가난 속에서도 행복할 수 있다는 믿음을 심어준 선생님에게 드리는 헌사이자 배움이 인간의 기본적인 권리라고 주장하는 다큐멘터리로 읽혔다.

교실 벽에 당돗 가수와 함께 걸린 존 레넌의 포스터, 거기에는 이런 말이 쓰여 있다. "삶이란 당신이 다른 계획을 세우느라 바쁜 와중에 당신에게 일어납니다!"** 내일을 걱정하고 준비하는 데 매달리느라 삶의 소중한 순간들을 자꾸만 놓치고 있는 건 아닌지 자신을 돌아보라고, 존 레넌이 동그란 안경 너머로 세상의 아이들에게 그리고 당신에게 넌지시 말을 건네는 것만 같다.

**　"Life is what happens to you while you're busy making other plans." – 존 레넌 〈beautiful boy〉 중에서

플로레스, 마우메레

북 말루꾸, 띠도레

이 책에 나온 책들

박노해 《다른 길》(느린걸음, 2014) 19쪽
　　　　《아체는 너무 오래 울고 있다》(느린걸음, 2005) 4쪽

칼 세이건 《코스모스》(홍승수 옮김, 사이언스북, 2006) 215쪽

윤성희 소설집 《웃는 동안》(문학과지성사, 2011) 81쪽

다이앤 애커먼 《감각의 박물학》(백영미 옮김, 작가정신, 2004) 19쪽

미셸 투르니에 지음, 에두아르 부바 사진 《뒷모습》(김화영 옮김, 현대문학, 2002) 12쪽

권혁웅 《꼬리 치는 당신》(마음산책, 2013) 254쪽

C. 레비-스트로스 《슬픈 열대》(박옥줄 옮김, 한길사, 1998) 678쪽

잭 케루악 《길 위에서》(이만식 옮김, 민음사, 2009) 2권 197쪽

최정례 시집 《레바논 감정》(문학과지성사, 2006) 22쪽

삶을 연장하려면 추억을 많이 쌓으라고 한다.
거기에 여행의 기억만 한 것도 없으리라.
늙든 젊든 여행하는 자의 심장은 늘 청춘이다.

여행은 길이 되고
삶은 흘러 여행이 된다.

발리보다 인도네시아

초판 1쇄 발행 2018년 04월 06일
초판 2쇄 발행 2019년 10월 17일
지은이 김무환

펴낸이 김양수
편집·디자인 이정은
교정교열 박순옥

펴낸곳 휴앤스토리
출판등록 제2016-000014
주소 경기도 고양시 일산서구 중앙로 1456(주엽동) 서현프라자 604호
전화 031) 906-5006
팩스 031) 906-5079
홈페이지 www.booksam.kr
블로그 http://blog.naver.com/okbook1234
이메일 okbook1234@naver.com

ISBN 979-11-961897-7-8 (03910)